百道砂丘から生まれたまち

西新町クロニクル

山崎　　剛
編著　古野たづ子

木星舎

本書が対象とする「西新町」の町名と面積と人口
（住民基本台帳〈日本人〉男女別人口及び世帯数
2024 年 9 月末現在）

百　道	1～3 丁目	49.74ha	6,804 人
百道浜	1～4 丁目	103.06ha	7,263 人
藤　崎	1～2 丁目	17.11ha	2,971 人
西　新	1～7 丁目	79.65ha	12,574 人
城　西	1～3 丁目	28.10ha	5,788 人
曙	1～2 丁目	13.52ha	2,497 人
高　取	1～2 丁目	26.67ha	6,423 人
祖　原		13.94ha	2,604 人
昭　代	1～3 丁目	31.04ha	5,887 人

（ha ＝ヘクタール）

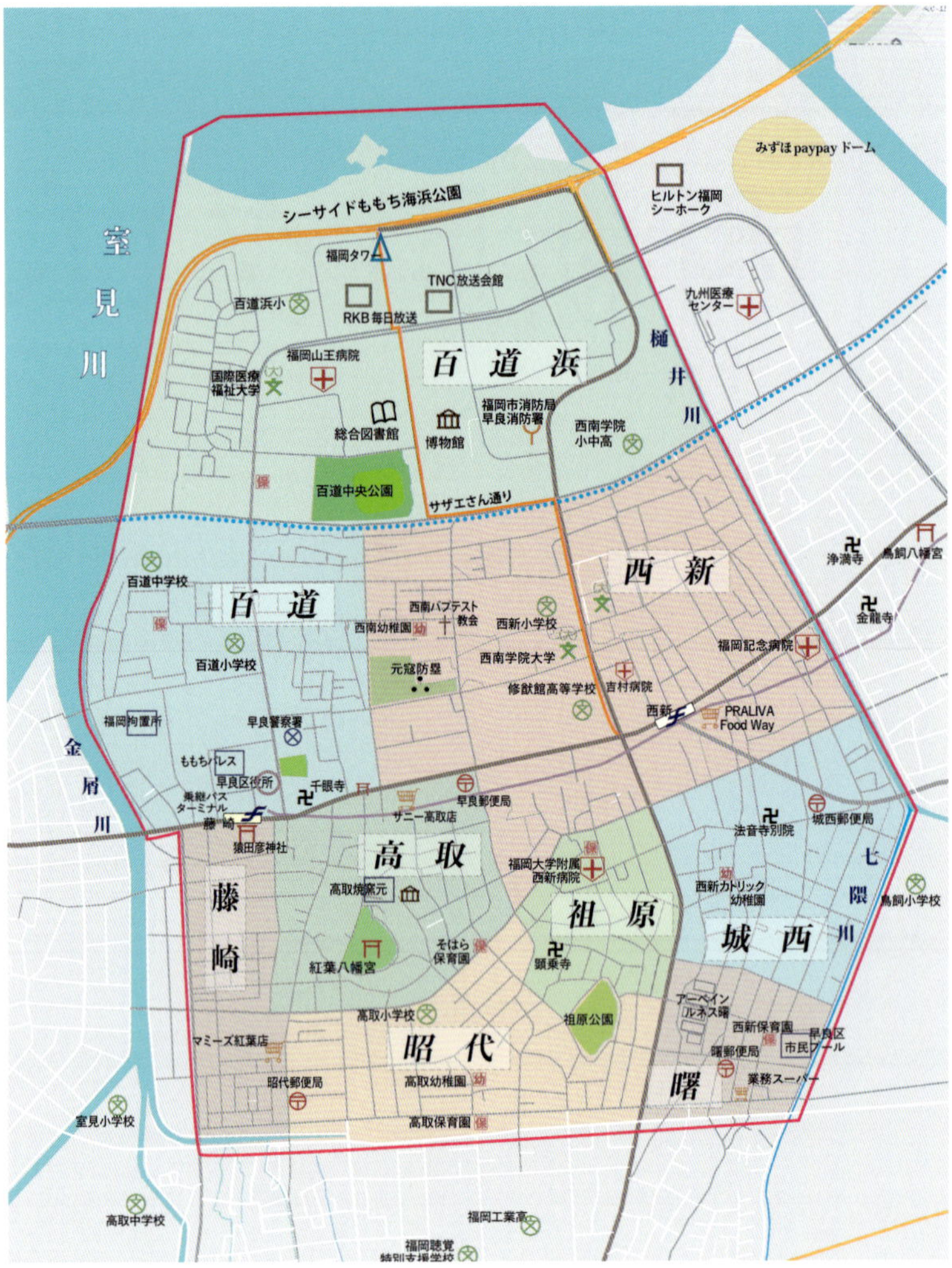

まえがきにかえて 「西新町」エリアのこと

山崎　剛

令和四年（2022）、西新町が福岡市制に編入されて百年を迎えました。

本書が対象とする「西新町」は、大正十一年（1922）に西新町が福岡市制に編入されたときの範囲と（正確には、編入された当初は現在の荒江三丁目の一部が入っていました）、昭和六十一年（1986）に百道海岸を埋め立てて造成された百道浜地区です。

東は樋井川の河口から七隈川に架かる小さな上竜王橋まで、西は金屑川と合流する室見川の河口から途中、暗渠となる汐入川に架かる新開橋まで、南は元ＪＲ筑肥線の鉄路が走っていた現・鳥飼姪浜線、北はシーサイドももち海浜公園が広がる海岸です（ⅵページ地図参照）。成人男性の足で歩くと約一万歩（六・七キロ）、約一時間四十五分くらい、軽いジョギングで四十五分くらいの範囲です。

その中に西新と藤崎の二つの地下鉄の駅があり、幹線道路・明治通りが走り、北側には百道海岸の埋め立てによってできたよかトピア通りが、二・七キロと短い区間ですが、室見川河口に架かる愛宕大橋までつづいています。また、百道浜には都市高速道路の百道ランプの出入り口があり、さらに、明治通りから南に向かう城南線、早良街道、原通りと大きな道路が三本走っているなど、大変交通の便に恵まれたまちです。

「西新」はその名前が付く前から唐津街道が通り、三瀬街道の起点となるなど江戸のころから交通の要衝で、百年を遡ってみても、常に人々の往来が途切れることのない活気に満ちた生活者のまちでした。近代以降は商業が発展しつづけ、明治までは今川橋を渡った片原町（現西新オレンジ通り）辺りに集中していた商店が、徐々に西に広がっていきました。郡役所や警察署、郵便局など主だった行政機関が西新に移ってきたこと、炭鉱や窯業、煉瓦工場などの産業があったことがこのまちの発展に大きく寄与しました。

さらに太平洋戦争末期の福岡空襲のおりに、中央に比べると土地や家屋に大きな被害が出なかったことも、戦後、早い時期から西新町に人足が繁くなった要因のようです。

現在に戻ると、平成に五つの商店街を総称してその名がついた「サザエさん商店街通り」をはじめ、明治通りの南側にはさまざまな商店がひしめき合う商業地域が急速に広がりつづけています。

その一方で、西新町は五つの小学校、二つの中学校、伝統ある二つの高等学校、二つの大学、インターナショナルスクール、専門学校など学校が複数あり、市内でも有数の文教地区として知られています。また、二つの博物館と二つの公共図書館があり、文化色豊かな環境もこのまちの大きな魅力になっています。

医療機関も多く、入院や専門外来をもつ病院や各専門分野を標榜するクリニックも多数あり、都会の生活者にとって住みやすい環境が整っています。そうしたことから、「西新」は福岡市の住みたいまちのトップ10に常に入っており、高取や藤崎などの南側の住宅地にも、近年頓《とみ》に高層集合住宅が増えてきました。

県の内外からの移住者が多いこと、一方で転勤族や学生など出入りが多いこともこのまちの特徴と言えます。最近は、道を歩いていてもさまざまな言語で会話している人たちとすれ違います。英語圏ばかりでなく、中国、台湾、韓国、インド、ネパール、インドネシアといったアジアの人たちなど国籍、人種が異なり、またヒジャブを被ったイスラム圏の人など宗教が異なる人たちが普通に行き交うまちになってきました。そこには西新の本質が息づいていると考えます。それは、立ち止まることのない生きたまちであること、多様性を飲み込むまちであるということです。

西新は海に面したまちです。百道海岸は埋め立てにともない数百メートル沖に造成され、洒落た海岸は人気のスポットになりましたが、玄界の沖から吹いてくる潮風は昔もいまも変わらず、時折、船の汽笛を運んできます。渡り鳥たちも変わらずにやってきます。そんな海風が西新を常に活性化し、新陳代謝を促しているのかもしれないと思うのです。

ダイナミックに変容しつづける西新町を多くの人に知っていただきたい。古代からつづく海に開いたまち・西新町を、このまちに住む人はもちろんのこと、通り過ぎていく人にも知っていただきたいと思い、本書の出版を思い立ちました。

本書を作成するにあたり、多くの資料を提供していただき、助言をいただきました。なかでも、「西新　創立百周記念誌」（福岡市立西新小学校創立百周年記念会　昭和四十八年十一月十一日）の内容は小学校に基点を置いて幅広く西新校区全体を視野に入れたもので、明治、大正の卒業生の寄稿文や聞き書きなど素晴らしく、多大な恩恵を賜り、本書で多く引用させてもらいました。さらに、藤本光博氏が膨大な資料を渉猟し調査し、当時を知る方の証言を蒐集し作成された「西新　作り始めて３５０年」の詳細な記述の資料集もまたすばらしく、氏にご提供いただいた写真、情報に教えられたことが多くありました。心より敬服し感謝いたします。

そのほかにも、多くの写真、証言、情報をいただいた方々、関係機関のご担当者に満腔より御礼申し上げます。ありがとうございました。

二〇二四（令和六）年　晩秋

著者　山崎　剛（Yamasaki Tsuyoshi）

昭和23年生まれ。平成15年、陸上自衛隊定年退職。西新１丁目３区自治会長、西新校区副会長。主に西新町を中心に郷土史の研究に取り組み、「歴史は宝」とフットワークのよさで写真をはじめ貴重な資料を蒐集、公民館活動や小学校の社会の授業などで講師を務め、郷土の歴史の語り部として活躍。西新校区自治協議会公式ブログに「西新町風土記」をシリーズで発表（https://nishijin-jitikyou.blogspot.com/）。「西日本文化」に「福岡城下 西の基点『西新町』の成長略史」掲載。

もくじ

表紙写真
（表）中村　博　吉安　寅彦
（裏）提供・藤本　光博／高井　誠／吉村　修一／中村　博輔
「百人家族」（福岡県立百道松風園）

本文挿絵　長岡　盛雄　本文撮影　吉安　寅彦

——の線に囲まれた地域が本書が対象とする「西新町」です。「西新町」は樋井川と金屑川（室見川）にはさまれており、13の橋があります。

❶なぎさ橋　❷よかトピア橋　❸ふれあい橋（下手から）　❹百道浜橋（ふれあい橋から望む）　❺新今川橋
❻今川橋　❼上今川橋　❽城西橋（城西橋から南を望む。右が七隈川、左が樋井川）　❾上竜王橋（上竜王橋から下流）
❿新開橋（新開橋の袂から東に。姪浜鳥飼線）　⓫飛石橋（西の袂から）　⓬百道橋　⓭愛宕大橋

一　百道砂丘から生まれたまち〈古　代〉

草香江《くさかえ》の入江《いりえ》に求食《あさ》る葦鶴《あしたづ》のあなたづたづし友無しにして

大伴旅人

右の歌は『万葉集』巻四に収められた歌で、「令和」の由来となった「梅花の宴」を大宰府で開いた大宰帥、大伴旅人によるもので、筑紫で大宰府長官の任務を終えて都に帰るおりに詠んだとされます。

草香江の入り江に餌を漁る葦鶴《あしたづ》（のたづにかけて）のように、たづたづし（＝たどたどしい・心もとない）、友がそばにいないので、という意味です。

この草香江には、難波（現東大阪市）と、福岡市城南区草香江を指すという二説あります。

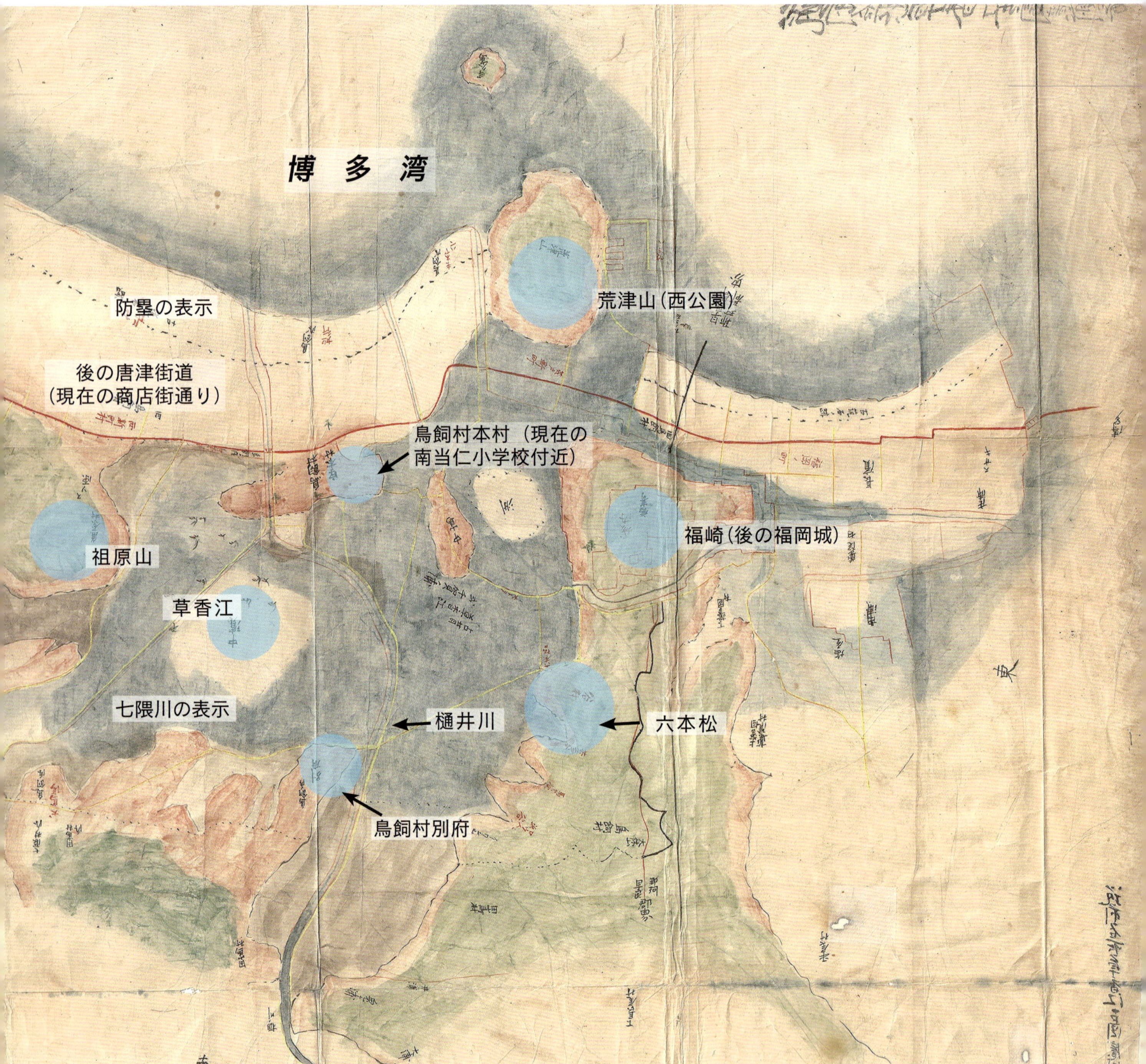

上野就賢「筑前名所　草香江図」（56 × 75cm　九州歴史資料館収蔵）に加筆

一枚の絵図

福岡市早良区西新は古代どのような地形にあったかと、いろいろな資料を見ながら自分なりに想像をめぐらせて絵図を描いていると、「西新町」のことをさまざまな資料を渉猟し、多角的に調べ「西新　作り始めて350年」（非売品）という本にまとめておられる藤本光博氏から、「あなたが描いている絵とほとんど同じ絵地図があるよ」と教えてもらいました。

早速、その絵図があるという九州歴史資料館を訪ねて見せてもらい「なるほど」と感心、それが右の絵図です。地図の片隅には詞書《ことばがき》があり、明治十七年（1884）、上野就賢《としかた》が七十三歳のときに上古の福岡を（憶〈億〉測して）描いたもので、「筑前名所　草香江図」と題したものです。

地図を見ましょう。北側が博多湾になるように上下をひっくり返してみました。詞書には「薄墨青ノ地上古海面ナラン。後世田園トナリ又福（岡）城建設ノ後城市など或ハ川替道筋ハ朱筋以現今ヲ記ス。古名ハ墨書ヲ以シ朱書ハ後世ノモノトス」とあります。

鳥飼村、スソ原、麁原《そはら》村、荒江村、七隈村、古築石跡など墨で書き込まれたものは古くからの地名で、西新町村、地行、荒戸新町、六本松、アタコ山など朱筆で書き込まれたものは上野がこれを描いた当時の地名、東西の赤い線は唐津街道です。

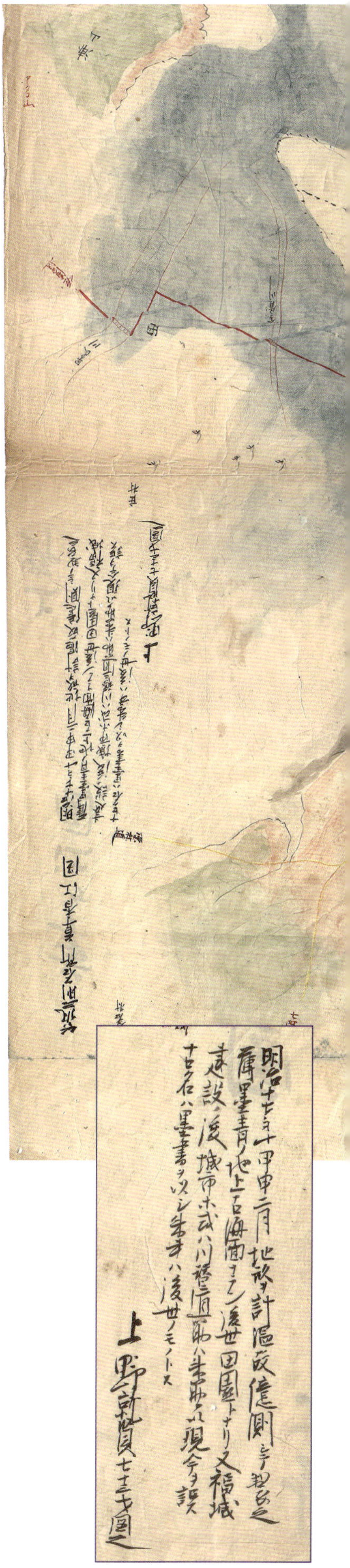

明治時代に作成されたので、当時の樋井川、七隈川、薦川《こもがわ》、黒門川も図中に薄く描かれています。また、明治通り（明治四十三年開通）はなく、唐津街道と元寇防塁の線は描かれています。さらに菊池道も草香江の西縁（麁原山の東麓）に薄く描かれています。

図からは、百道海岸が博多湾と草香江の間にある荒津山（西公園）に通じる海岸砂丘だったことや明治通りは海岸砂洲の分水嶺になっており、往時の福岡に、海が深く侵食していた様子がよくわかります。

百道海岸の砂丘からは、弥生時代から古墳時代にかけての遺跡が発掘されています。

上野就賢（一八一二―一八九七）は福岡藩士でした。現在、福岡県立図書館に自筆の「上野就賢覚書」が収められています。身近なところでは、城西橋を鳥飼側に渡って最初の角を曲がり、住宅街を東に二〇〇メートルくらい行ったところにある埴安《はにやす》神社。その境内に、明治の元勲である「金子堅太郎先生生誕地」という石碑と庚申碑が建っていますが、その後ろに建つ「艸香《くさが》江《え》碑」という題字がある大きな石碑に福岡藩と鳥飼周辺の歴史が自筆（と思われる）で刻まれており、最後に上野就賢の名前があります。

藤崎遺跡・西新町遺跡

弥生時代から古墳時代にかけて博多湾沿岸は海浜砂丘が広がっていました。百道海岸もまた、「草香江図」（二―三ページ）に描かれているように室見川から荒津山までの海岸砂丘でした。

弥生時代といえば一般に水田稲作が始まった時代と考えられますが、農耕には適さない砂丘でしたから、漁村的な集落や墓地が営まれていたようです。

左図は国土交通省の都道府県土地分類基本調査（福岡）の中の五万分の一地形分類図で、一九八二（昭和五十七）年調査とあります。現在のよかトピア通りが百道海岸で、左の図の上で赤線で囲んだ「Ｓ４」とある黄色の地域は海浜砂丘・砂浜を表しています。藤崎遺跡と西新町遺跡はこの砂丘上に発掘されました。

二つの遺跡からは集落（漁村）と墳墓の遺跡が発見されていますが、その集落から漁撈具《ぎょろうぐ》が多く出土することから漁撈に携わる人々の集落であったこと、また、中国や朝鮮半島など大陸で生産された珍しい品々が出土していることから、海を介して対外交易なども行う人々の集落があったと考えられます。

『魏志倭人伝』に刺青をして海に潜って魚介を獲る

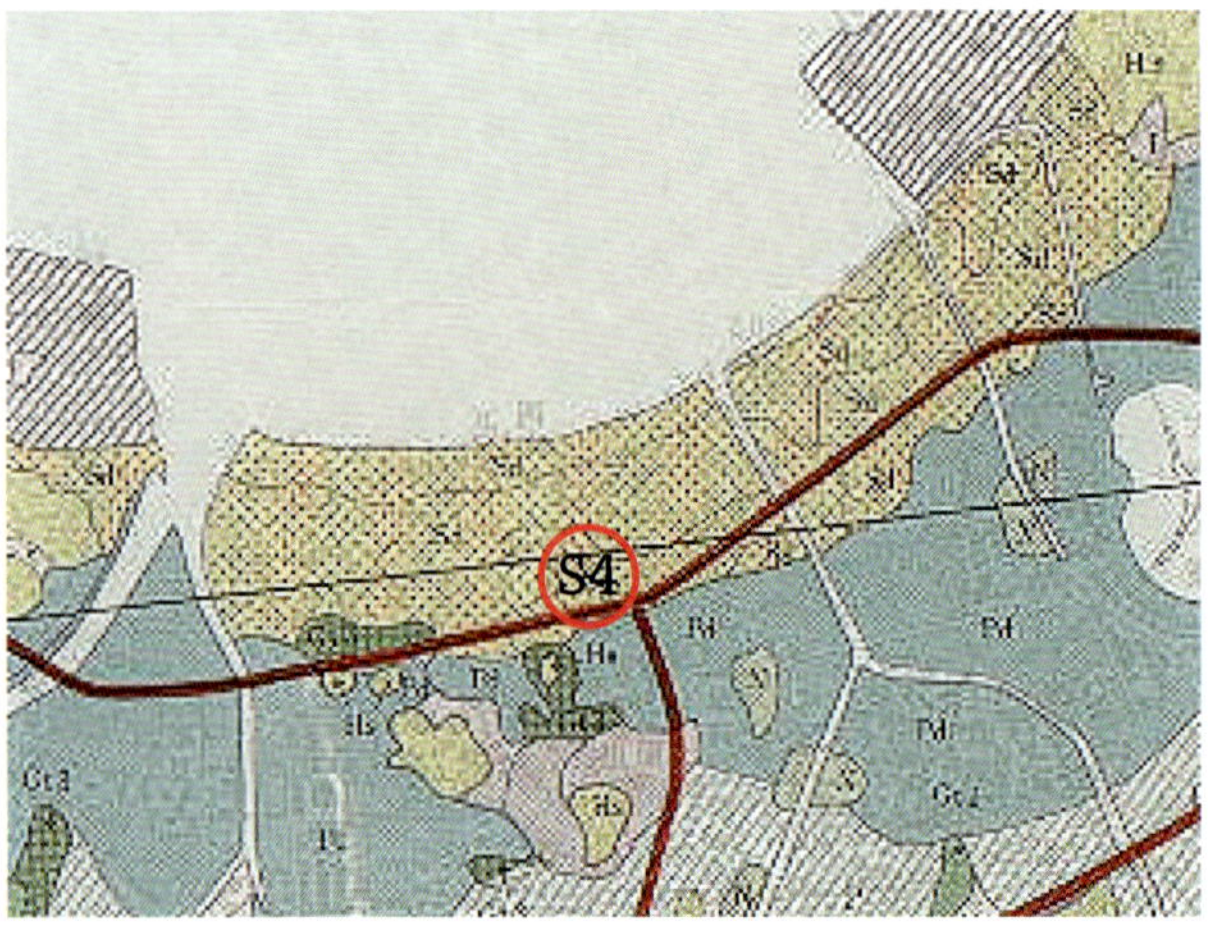

都道府県土地分類基本調査（福岡）50000 分の 1 地形分類図より　国土地理院　国土数値情報サイト

「水人《あま》」が出てきますが、そうした人々であったのかもしれません。

時代が少し下り紀元初の頃（弥生時代中期後半）、平地である西新町の南西部（藤崎・鹿原）に集落が形成されます。

一方、弥生時代を遡って縄文時代後・晩期に相当する土器も西新町から見つかっています。砂丘の形成が縄文海進のピークが過ぎた約三千年前からはじまると考えられますが、形成前の遺物と推定されます。

しかし、砂丘の形成過程にある縄文時代後半期には、人々が暮らした形跡は認められません。

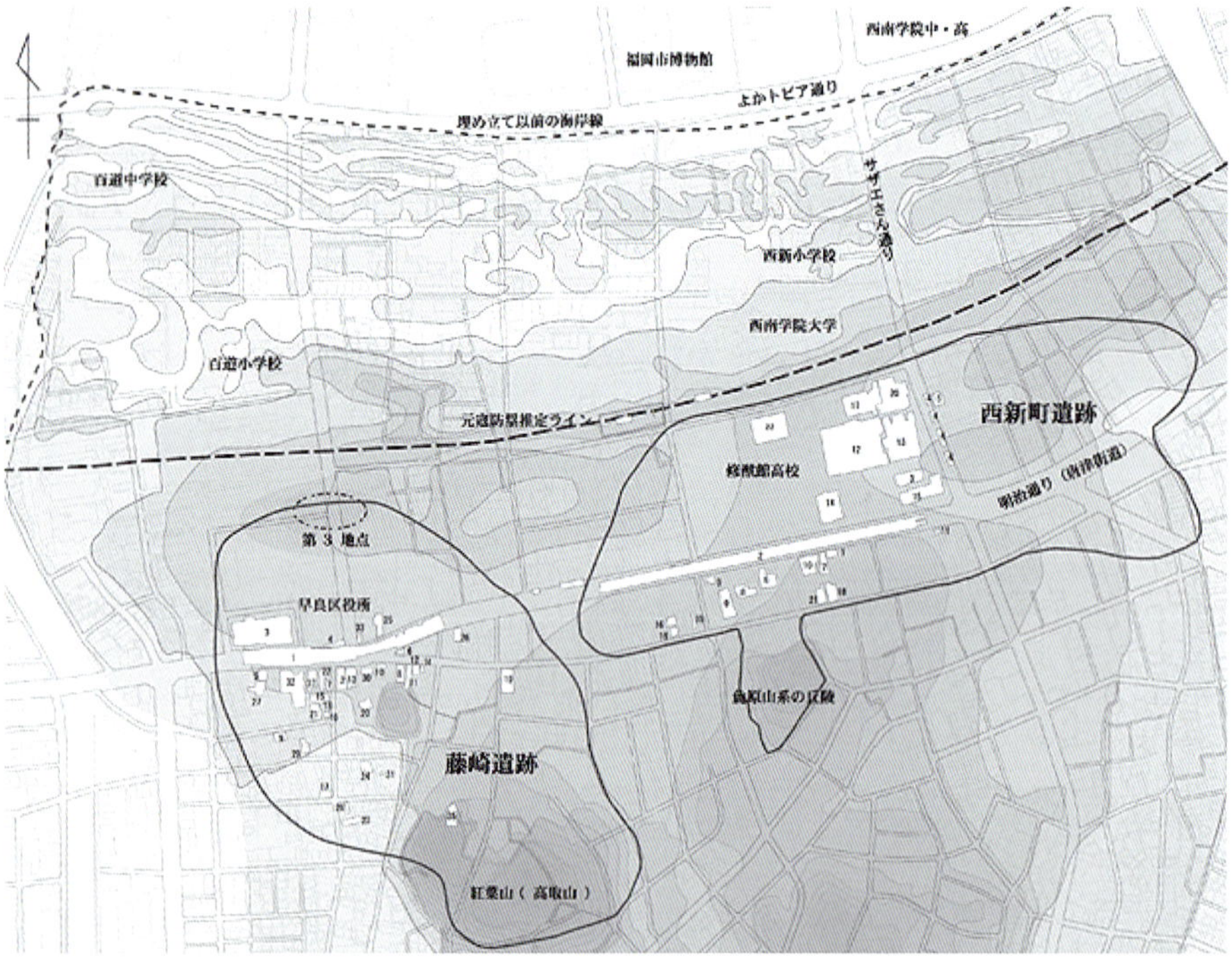

西新町遺跡・藤崎遺跡位置図（福岡市博物館　もよりの砂丘遺跡より）

藤崎遺跡

藤崎遺跡は現在の百道・藤崎に点在し、室見川河口右岸の湾岸砂丘上に位置する弥生期早期（紀元前五〇〇年）～古墳時代初期（西暦三〇〇年頃）の墓跡群が主体となる複合遺跡です。古墳時代前期には、博多平野や糸島平野で前方後円墳が見られますが、藤崎遺跡を含む早良平野には前方後円墳が見られないという特徴があります。

明治四十五（1912）年、箱式石棺から三角縁盤龍鏡《さんかくぶちばんりゅうきょう》、素環頭大刀《そかんとうたち》が出土したことで「藤崎古墳」と呼称され、全国に広く知られることになりました。その後も発掘調査が重ねられ、大正六年（1917）、箱式石棺より方格渦文鏡出土。さらに昭和五年（1930）には、弥生前期の甕棺、副葬小壺、また箱式石棺が出土し、藤崎石棺群と呼ばれました。昭和三十年代にも工事中に弥生中期の甕棺墓群が出土しています。

なかでも一九七七～七八年、福岡市地下鉄の工事に伴って福岡市教育委員会が行った第三次発掘調査は大規模なもので、バスターミナル、早良区役所周辺から古墳時代前期の方形周溝墓九基、古墳時代～奈良時代の住居跡七軒などが発掘されています。方形周溝墓からは土師器や勾玉、鏡、主体部からは刀子、素環頭大刀、三角縁二神二車馬鏡などの副葬品が出土しました。

弥生期は甕棺を主体とする墓地群ですが、石棺も発見されています。古墳時代には二〇メートル近くの長さの盟主墳（リーダーの墓）が発掘され、副葬品の鏡などから大和政権との関係がうかがわれます。

1977-78 年に福岡市が行った藤崎遺跡の発掘作業現場

西新町遺跡

西新町遺跡の本格的な発掘調査は県立修猷館高校の校舎改築に伴うもので（一九九八～二〇〇六年）、弥生期中期（紀元初頭）～古墳時代初期（西暦三〇〇年頃）の生活住居群を主体とした出土品が多くあります。石包丁など稲作農耕に関する遺物はほとんどありませんが、漁網などの錘《おもり》

彩文土器壺　第 13 次

1980（昭和 55）年、藤崎遺跡の方形周溝墓から発掘された三角縁二神二車馬鏡。古墳時代前期（福岡市埋蔵文化財センター所蔵）

1912（明治 45）年、箱型石棺から素環頭大刀とともに出土した三角縁盤龍鏡。古墳時代（東京国立博物館所蔵）

丹塗りの土器甕　第 2 次

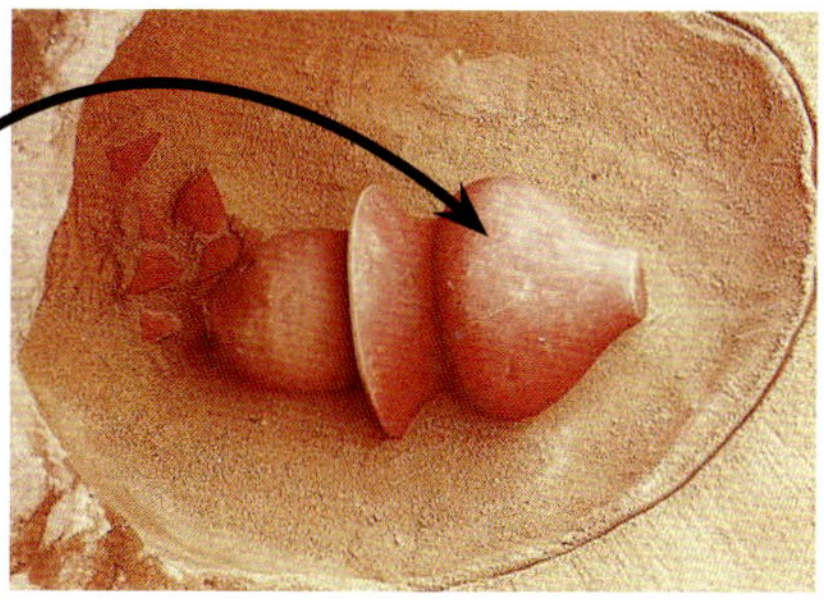

丹塗りの小児の甕棺　第 2 次

西新町遺跡の中心となる修猷館高校の発掘作業現場。東西800m、南北300mで修猷館高校の敷地のほぼ全域を占める

となる滑石製の石錘《せきすい》や鉄製の釣針、飯蛸壺などの漁撈具が多く出土し、漁撈民が暮らしていたと思われます。

また、遺跡からは板状の鉄斧や鋳造の鉄斧の破片・ガラス製トンボ玉など海外からもたらされた珍しい品々が出土し、甕棺墓に埋葬されたゴホウラ貝を加工した腕輪をした人骨も出土しています。ゴホウラ貝は南西諸島で採れる貝であることなどからも対外交易の拠点だったことがうかがえます。そうしたことからも、西新町遺跡の集落に住む人々は、航海技術に長け、交易や航海の水先案内を担った海民と考えられます。

さらに、西新町遺跡集落は古墳時代が始まるころ北に拡大して竪穴住居が急激に増加し、砂丘一帯では五〇〇棟を超え、その二割以上が竈《かまど》を備えています。三～四世紀の日本列島では地床炉《じどころ》（じしょうろ、とも。床面を浅く掘っただけの炉）などが一般的ですが、朝鮮半島では竈が普及していたので、渡来人がその構築技術と生活様式をもたらしたものと思われます。

下のすずりは、二〇〇七年度までの発掘調査の出土品で、砥石と思われていましたが、二〇一八年に柳田康雄教授（当時・国学院大学客員教授）が他の遺跡の出土品と比較し、形状などからすずりと判断されました。これは、西新町遺跡が交易拠点であり、古代社会の経済活動で文字が使われていた可能性を示唆するものと考えられます。

西新町遺跡は古墳時代後半になると遺構が減少していき、古墳時代前期の後半以降、西新町・藤崎遺跡からの出土品は多く見られず、中世の埋葬や居館の一部にとどまっています。そこには環境の変化や対外交易ルートが移っていったなどの諸説があります。

西新町が歴史の舞台で注目されるのは、中世の日本を大きく揺るがした元寇（文永の役〈一二七四年〉、弘安の役〈一二八一年〉）の二度にわたる蒙古襲来のときです。

西新町遺跡の出土品から確認された古墳時代前期に使用されたとみられるすずり（柳田康雄氏提供）

西新町遺跡（修猷館）から発掘された朝鮮半島系土器（九州歴史資料館所蔵）

出土したトンボ玉。直径17.5mm

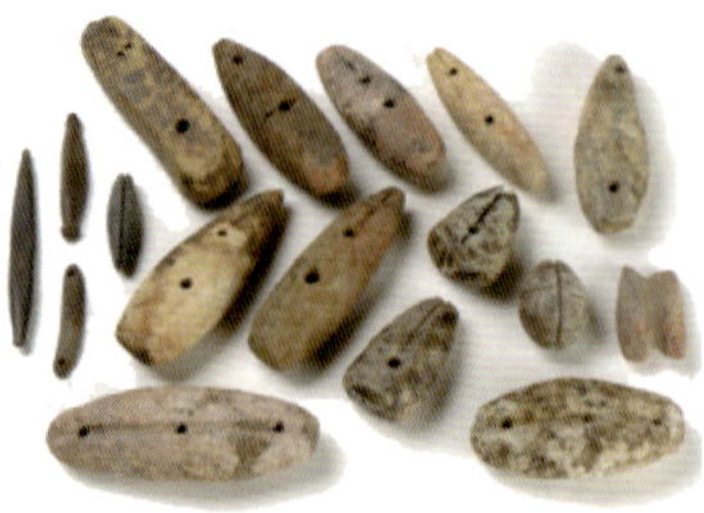

漁撈具（石錘など）

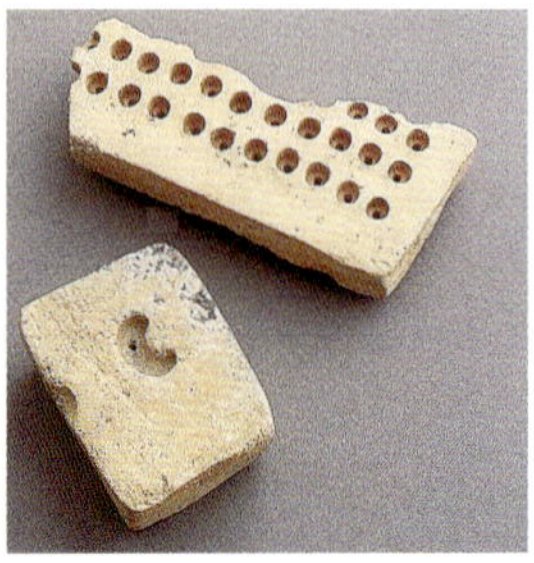

鋳造器

竪穴式住居に造りつけられた竃

甕棺墓から発掘されたゴホウラ貝の腕輪をした弥生人

二　蒙古襲来の舞台〈中　世〉

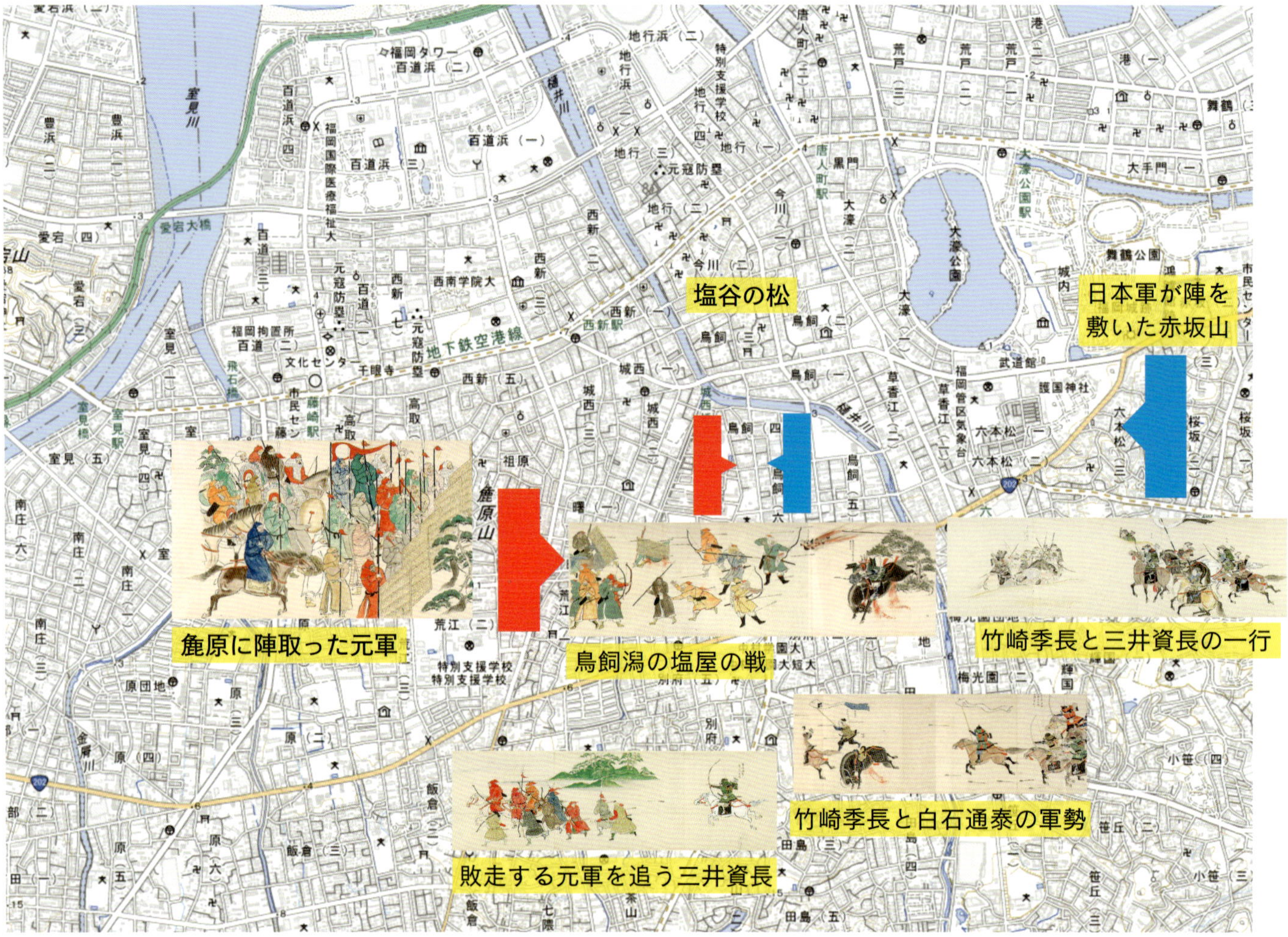

国土地理院の現在の地図に元寇の折の元軍、日本軍のおおよその位置を加筆

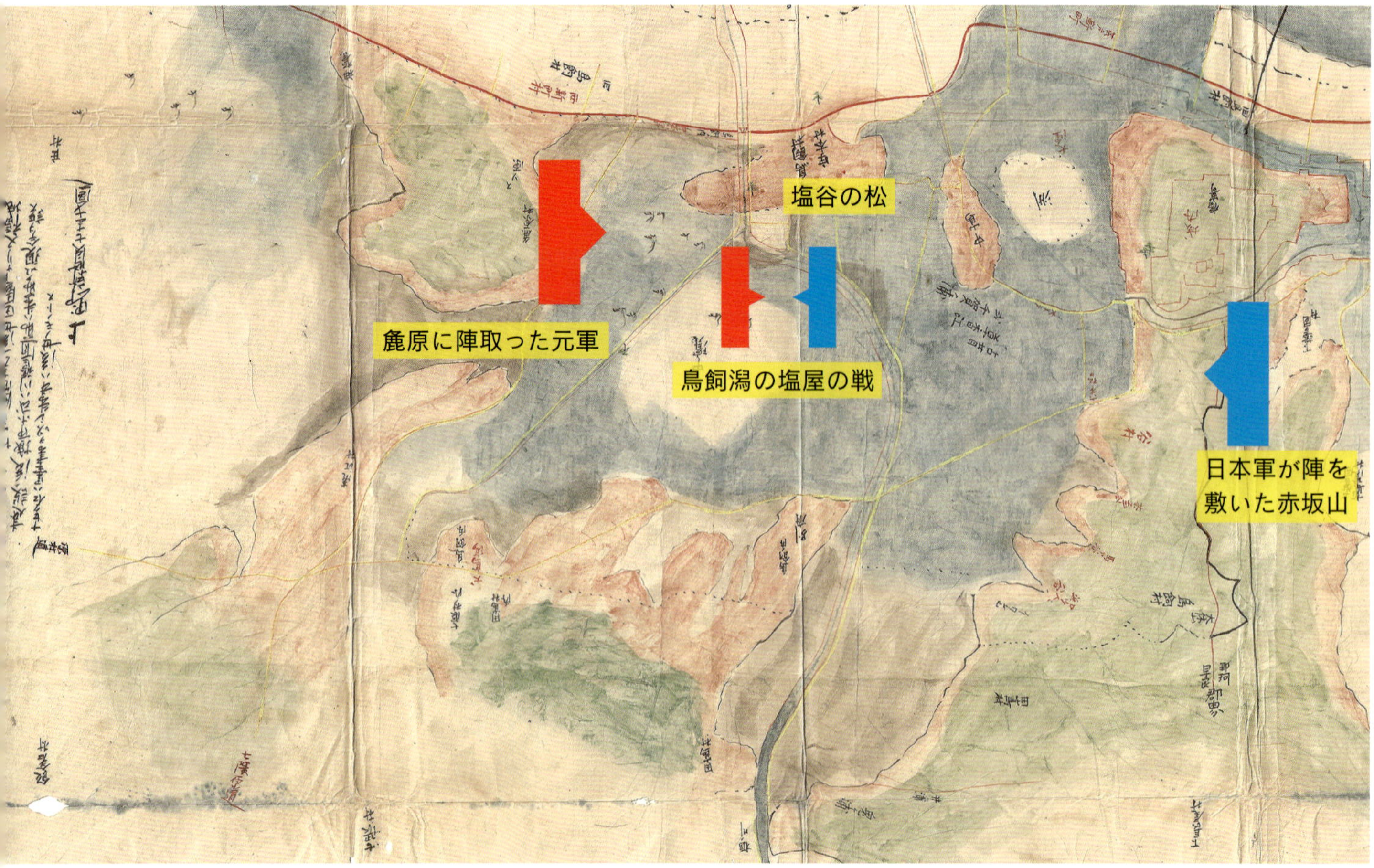

上野就賢「筑前名所　草香江図」（九州歴史資料館収蔵）に元軍、日本軍の布陣をおく。塩谷の松がある場所は色が濃くなり周囲の入江から小高くなった陸地であることが推測される

蒙古襲来（元寇）

元寇は、東ヨーロッパから北・東アジアを支配していたモンゴル帝国・元による侵攻をいいます。

元は日本に侵攻する前、高麗とは二十七年間、南宋とは一二七九年までの四十年間、断続的に戦争をしていました。しかし、高麗の内乱（三別抄の乱）を制圧した元は一二七三年に高麗を完全に属国としました。この間、元は日本に属国になるように促す使者を六回送りましたが、日本の鎌倉幕府（執権、北条時宗）は断固拒否しました。

元が日本を属国にしようとした一因に、日本が高麗や南宋と貿易をしており、日本から銅や金銀や工芸品などとともに火薬の原料となる硫黄を輸出していたことが挙げられています。

刀伊《とい》の入寇

日本に外敵が侵攻したのは、元寇以前にもありました。九～十一世紀にかけて新羅・高麗などの海賊による襲撃があり、なかでも「刀伊の入寇」と呼ばれる寛仁三年（1019）の中国北部満州の女真族《じょしんぞく》による侵攻では、突如、兵船五十余隻が対馬、壱岐を襲い島民の殺戮や略奪、数百人を拉致するなど暴虐のかぎりを尽くしています。大宰府が一報を受けた時には、糸島沿岸に現れ、怡土郡、志麻郡、早良郡に侵攻。能古島に布陣した刀伊に対して日本側は警固所を設けて応戦しています。

この時の襲撃は博多にも及び、時の政府、藤原政権の大宰権帥藤原隆家をはじめ大宰府から派遣された将兵や地元の武将によって撃退されています。

「蒙古襲来絵詞」の舞台

中世最大の出来事が元寇であったことは間違いありません。その大舞台の一つが西新町の麁原であり、樋井川と七隈川の間、当時干潟であった鳥飼潟であったことが、竹崎季長《たけざきすえなが》が描かせた「蒙古襲来絵詞」に記されています。

匈奴（＝元軍）、（菊池二郎）武房に、赤坂の陣を駆け落とされて、二手になって、大勢は麁原《（す）そはら》にむきて退《ひ》く。小勢は別府の塚原に退く。塚原より鳥飼の汐干潟を（通って）大勢になりあわんと退くを（竹崎季長が）追いかけるに、馬を干潟に馳せたはして（＝倒して）、その仇《かたき》をのがす。

匈奴は麁原に陣をとりて、いろいろの旗を立て並べて乱鐘《らんしょう》暇《ひま》なくして（＝銅鑼や太鼓を打ち鳴らして）ひしめきあう。季長、馳せ向かうを藤源《とうげん》太資光《たすけみつ》申す。「御《（味＝み）》方はつづき候ん。御まち候て、証人を立てて御合戦候え」と申すを、（季長は）「弓箭の道先をもって賞とす。ただ駆けよ」とおめいて（＝叫んで）駆く。（中略）

匈奴、麁原《（す）そはら》より鳥飼潟の塩谷の松のもとに向け合わせて合戦す。

一番に（季長の）旗差し、馬を射られて跳ね落とさる。季長以下三騎痛手を負い、（季長の）馬が射られて跳ねしところに、肥前の国の御家人白石六郎通泰が後陣より大勢にて駆けしに、蒙古のいくさ引き退きて麁原に上がる。…………

（『蒙古襲来絵詞』詞四より）

■塩谷の松

八ページ上の地図上「塩谷の松」としている場所には、埴安神社（中央区鳥飼三丁目）が建っています。その拝殿に掲げられている額が、枯れた塩谷の松から伐り出したものとされることから、この辺りにあったことが推測されます。また、三ページの上野就賢の「艸香江《くさがえ》碑」にも「塩谷の松」と呼ばれる大きな松がここにあったことが記されています。

「蒙古襲来絵詞」の中の西新、鳥飼、草香江辺りでの戦い

弓を射る三井資長（季長の姉婿）と敗走する蒙古兵

旗差が馬を射られたり苦戦する竹崎季長の援軍に駆けつける肥前国の御家人白石六郎通泰

応戦する蒙古兵を追って鳥飼潟に駆け入った竹崎季長の馬が射られたところ。画面中央に「てつはう」と記されており、蒙古軍が黒色火薬を充填した玉（てつはう）を投擲したことがわかる

麁原山で陣を組む元軍

小高い祖原山の中腹に海に向かって建つ石碑

二度の侵攻

文永の役　百道原から赤坂の陸戦

元は高麗を属国としたのち一二七四年十月三日に第一次侵攻（文永の役）を開始、最初に十月五日（旧暦）に対馬、同十四日（旧暦）に壱岐を攻め、同二十日（現暦十一月二十六日）早朝、一旦博多の町を占領しようとしましたが、日本軍の頑強な抵抗にあい上陸できず、防御が手薄だった百道原と今津から上陸を開始しました（一部は、長崎県松浦市鷹島に上陸）。

上陸した元軍は赤坂山まで進攻しますが、日本軍が押し返し、肥後御家人菊池武房が赤坂山を奪還すると、攻め落とされた元軍は二軍に分かれて陣を敷いた麁原山まで敗走しました。

こうして赤坂山の日本軍と麁原山の元軍が対峙するかたちになり、その決戦地となったのが鳥飼潟でした。ここでいう「赤坂山」とは、現在の福岡城址の南、けやき通りをはさんだ南側に広がる丘陵地をさします。

国土地理院の現在の福岡市の地図に両軍のおおよその位置を置いてみました（八ページ上図）。鎌倉時代には町や道や城はなく、大堀（大濠）は草香

草香江橋から北を望む干潮時の樋井川。「蒙古襲来絵詞」にある鳥飼潟の戦がぬかるみの中の戦であったことが想像できる

敵味方の区別なくこの地で亡くなった人を弔う元寇神社。元寇防塁が国の史跡になった昭和6年に創建。現在は建て直され、紅葉八幡宮が管理し、毎年10月20日「元寇祭」が行われる

元軍が陣を敷いた祖原（麁原）山（標高33m）に建つ石碑。現在は周囲に立ち並ぶマンションに遮られるが、往時は全方位が見晴らせ、海もすぐそばに見えたであろう。「元寇麁原戦跡」と刻まれている

城西中学（鳥飼6丁目）グラウンドの前の道を挟んで南側に建つマンションの一角に塀に囲われた小さな境内に祀られる祠。この辺りは「阿弥陀ケ浜」（アミダガハマ）と呼ばれ、激戦地で多くの戦死者が出たという。地元民が戦死者を供養して建てた祠が旧国鉄筑肥線敷設のために壊されて地中にあったものを、福博トラックが再建したもの

高取1丁目にあった弓田神社。亡くなった日本、モンゴル両国の兵を供養して、地元民が中心となって建立。現在は元寇神社に合祀されている。この辺りは激戦地で、元軍が使用した弓矢が多く出土したことから「弓田町」という町名がつき、昭和44年まで町名が残っていた

江として鳥飼辺りまで延びており、樋井川は草香江に流れ込んでいました。草香江入江は最深二メートルくらい、博多湾の干満差は一・五メートルくらいなので、激戦の舞台となった鳥飼潟（別名アミダガハマ）が干潟の泥地で、馬も人も足を取られ文字通り「泥沼の戦い」になったことが推測されます。

「蒙古襲来絵詞」はその合戦の様子を生き生きと描写しています。

「蒙古襲来絵詞」の主人公、竹崎季長は別府塚原（福岡市城南区別府）に向けて退く小勢を追撃、麁原《そはら》（早良区祖原）の大勢と合流しようとして鳥飼潟を抜ける元軍を追っていきますが、馬がぬかるみに足を取られ逃してしまいます。それでも季長は元軍が麁原から塩谷の松に向けて応戦するなか、味方を待つようにと進言する郎党・藤源太資光の制止を振り切って先駆け、旗を持つ郎党は射られて落馬し、供をする郎党も深手を負い、季長自身も矢を射られた馬が暴れて危ないところを、後から大勢で追ってきた肥後御家人白石六郎通泰に助けられました。

多くの死傷者が出た鳥飼、草香江、西新、高取には、敵味方の区別なく彼らを弔う神社や祠、石碑が残っています。

鳥飼潟の戦いには豊後・豊前・肥前・肥後・筑後の武士の参戦が認められ

元寇防塁遺跡（西新７丁目）。同敷地内に元寇神社が建っている

西南学院大学構内に保存されている元寇防塁の石積（西南学院大学ホームページより）

石築地の上部が露出した防塁（早良区百道１丁目）

生の松原の海岸沿いに残る防塁

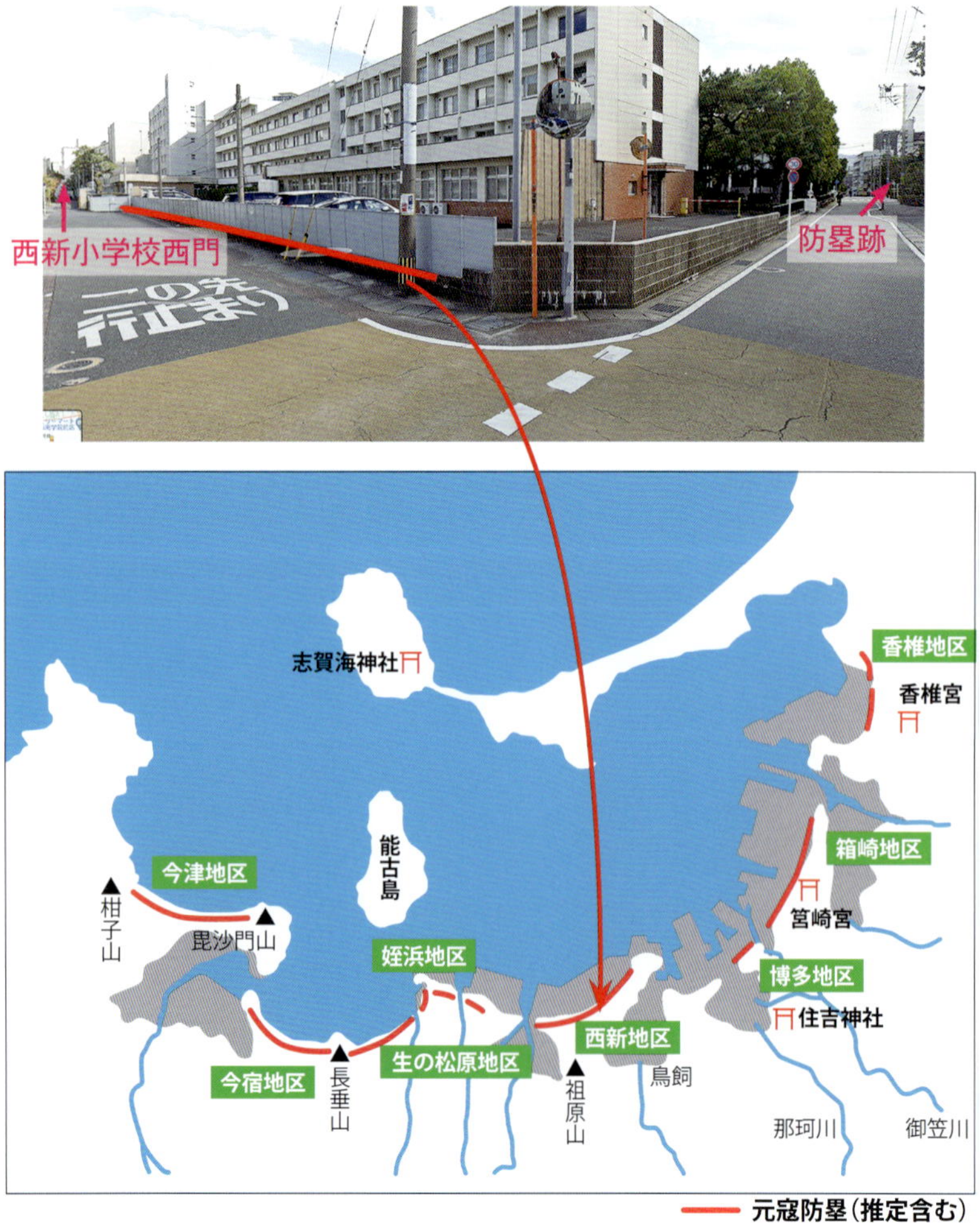

防塁から約50m北が当時の海岸線と推定される。左上の写真は西新小学校西門通りと西南学院大学の北側の壁を撮ったものだが、赤線の部分が海岸線にあたると推定される

ており、日本武士団が総力を挙げた一大決戦であったことがうかがえます。「蒙古襲来絵詞」に見るように、元軍の集団歩兵戦法に対し日本は騎馬集団戦法でした。騎馬は現代の戦車です。後の弘安の役が海が主な戦場で、海戦であったことに対して、文永の役は陸戦だったと言えます。

鳥飼潟で合戦があった翌十月二十一日の朝、博多湾に元軍の船は一隻も見えず全て引き揚げていました。この奇跡的な展開の原因については副将の負傷をはじめ諸説があります。また、「元史」によると日本の抵抗が激しく、弓・矢等の物資が足らなくなったからとされています。

鎌倉幕府は次の襲来に備えて、九州各地の御家人に命じて、建治二年（1276）三月から約半年間という突貫工事で、博多湾沿岸に防衛強化を目的として約二〇キロにわたる石築地と呼ばれる石塁を構築。石塁は高さ平均約二メートルと高くはありませんが強固で、元軍の上陸を阻みました。

「元寇防塁」という名は、今津の防塁が発掘された折（大正二年〈1913〉）に、中山平次郎博士（病理学者・考古学者）により名付けられました。それまでは「石築地」という呼び名が一般的でした。

文永の役で一旦は大陸に退いた蒙古でしたが、南宋を滅ぼしたのち、第二次侵攻・弘安の役を起こしました。

弘安の役　玄界灘、鷹島沖の海戦

文永の役から約六年半後、弘安四年（1281）五月、蒙古は東路軍（元・高麗）と江南軍（元・南宋）合わせて軍船四五〇〇艘、兵員十四万人という大軍で再び攻めてきました。先発した東路軍が対馬、壱岐を攻め、六月六日に博多に侵攻しましたが、鎌倉幕府が備えていた石築地が強固な防壁となって上陸できず、築かれなかった志賀島だけが戦場になりました。

しかし、ここでも日本軍の猛攻にあい博多を攻めあぐねた元軍は、一旦壱岐まで撤退し、方針を変えて平戸方面に拠点を移し、主力となる江南軍と合流した七月、鷹島に移り上陸攻撃しようとしました。しかし、それまでの長引く海戦で疲弊していたところに、台風に襲われたために多くの船が沈没し、戦力の大半を失ってしまいました。こうして元は二度目の侵攻も、たくさんの犠牲者を出して敗退しました。

石築地は博多湾沿いに築かれたので、博多は湾上から見ると石垣に囲まれた都市に見えたそうです。これ以降、博多を「石城」と呼ぶようになりました。これはいま、博多区石城町にその名を残しています。

「蒙古襲来絵詞」

肥後御家人竹崎季長の文永の役、弘安の役における活躍を描いた「蒙古襲来絵詞」は二巻の美しい彩色画と詞書からなり、年月を経て劣化もあり途中何度か加筆され改ざんもあるそうですが、元寇に関する第一級の資料です。絵詞は甲本、乙本として二組作られ、甲本は甲佐阿蘇神社に奉納され、乙本とされるのは季長の子孫に伝えられたもののようです。現在、乙本はほとんど残っていません。本書は九州大学図書館所蔵の「蒙古襲来絵詞（模本）」から転載しています。

内容は、肥後御家人竹崎季長の二つの役《えき》での働きや見聞したもの、また論功行賞をもらいに鎌倉まで出向いたことなどが書かれていますが、その目的は自身の活躍を子孫に残すこと、絵詞に登場するともに戦った少弐景資、菊池武房、安達泰盛など、戦後不遇に終わった武将への鎮魂の意味もあったといわれます。制作時期や絵師も定かではありませんが、弘安の役（1281）から十年以上過ぎた永仁年間（1293～1299）、さらに十四世紀初めの頃までの期間が推測されています。

老境に入った季長の脳裏に残る光景を再現したものでしょうか。なかでも、鳥飼潟の戦いを鮮やかに描き残してくれたことで、西新町の中世の歴史が脚光を浴びることになりました。

弘安の役の蒙古軍と日本軍の海戦図

残敵掃蕩のため生の松原から鷹島にむけて出発する竹崎季長の兵船

鎮西御家人らによる蒙古兵掃蕩戦

蒙古船団（左）と蒙古の船に乗り込む鎮西御家人（右）

元寇　その後

異国の侵攻を阻んだという元寇は、明治以降、日本人の勇猛果敢さを示す偉業として国民の護国精神の発揮を促す格好のプロパガンダとなりました。

大正十三年（1924）十月二十日、元寇防塁遺跡の前で福岡市助役、市会議員、軍人、修猷館館長や小学校校長など各界の代表が参列するなか、住吉神社宮司が祭主を務め元寇六五〇年を祝う元寇記念祭が挙行されました。式典後、小中学生も参列し、連合運動会などが開かれています。

その後の日本が戦争に向かうなか、元寇は戦意高揚に利用され、ついには「神風特別攻撃隊」など痛恨の犠牲を払うに至りました。

令和六年（2024）現在、「元寇七五〇年記念プロジェクト」が進行しています。九州大学で開かれる国際歴史シンポジウムをはじめモンゴル民族音楽コンサートなどさまざまなイベントがあり、十月二十日には、紅葉八幡宮で、平山晶生《ひらやまあきお》宮司の祝詞《のりと》をあげた後、モンゴルの寺院から僧侶を迎え、雷山千如寺大悲王院（糸島市）と南蔵院（糟屋郡篠栗町）の僧侶が神前読経し、「平和への祈り」が執り行われました。この国際的プロジェクトは、福岡県西方沖地震で倒壊した蒙古山（西区）に建つ「蒙古山之碑」をアルタンイルデンモンゴル国名誉領事と九州沖縄・モンゴル友好協会が修復したときに、石碑が敵味方なく両国の犠牲者を供養していることを名誉領事が知り、日本人の心に感動されたことから始まったそうです。

西新町では、同年十一月に七五〇年を記念して西新と高取校区自治協議会が実行委員会を立ち上げ、西南コミュニティーセンターで「蒙古襲来絵詞展」を開き多くの来場者を得ました。

元寇六五〇年記念祭から百年の時を経た令和六年の元寇七五〇年記念プロジェクトをはじめとするイベントには、平和を希求する人々の思いがこめられています。

＊本章に掲載した「蒙古襲来絵詞」の図は九州大学附属図書館の「蒙古襲来絵詞（模本）」より一部を転載

三　松風がわたる街道のまち〈近世・江戸時代〉

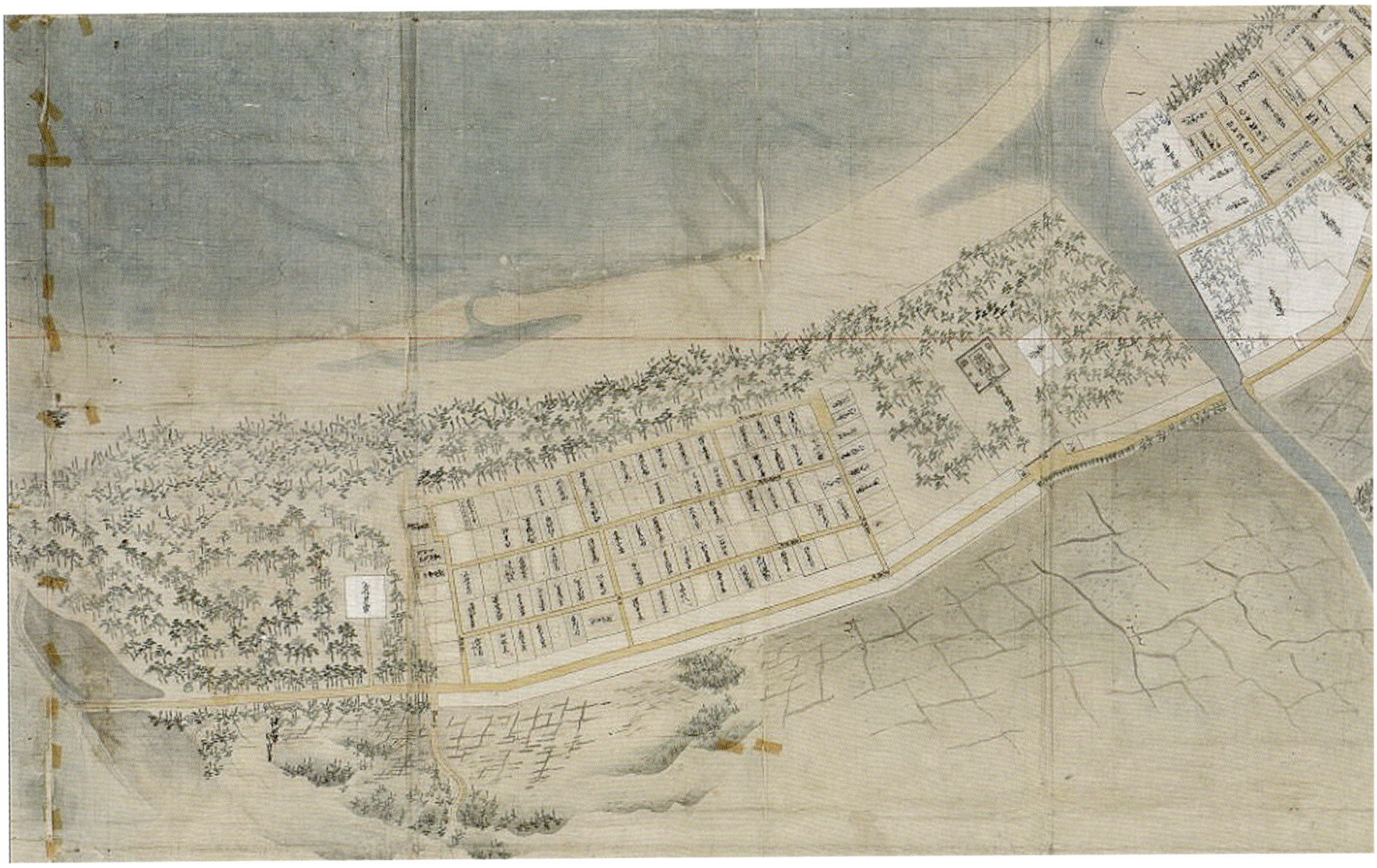

江戸期の始まり

福岡城築城

福岡藩初代藩主黒田長政〈永禄十一―元和九年（1588-1623）〉は慶長五年（1600）、関ヶ原の戦いで徳川家康率いる東軍側の将として戦い、大きな軍功を上げ、論功行賞として豊後中津から筑前五十万石（後に五十二万石）に加増転封されました。

筑前藩主となった長政は、当初、小早川秀秋の居城であった名島城（福岡市東区名島）に入りました。三方を海に囲まれた名島城は要害堅固でしたが、城下町を形成していくには不向きであったため、翌年から七年かけて福崎（那珂郡警固村＝現・中央区舞鶴公園）に内郭だけで四一万平方メートルという巨大な城郭を築きました。

この地は唐や新羅からの外交使節を迎えたり、遣唐使を送迎する古代の迎賓館にあたる鴻臚館があった場所で海に開かれており、背景には元寇の戦で日本軍の陣となった赤坂山がありました。

福岡城は現在建物のほとんどが失われていますが、石垣は当時のままに残っており、ありし日の威容を想像することができます。高石垣の上に建つ本丸からは博多湾を見晴らせ、東西に広がる城下が一望できたことでしょう。

黒田長政のまちづくり　草香江埋立て、黒門川と菰川

ついで長政は干潟であった草香江を埋め立て、流れ込んでいた今の樋井川の水路を変えて直接博多湾に流れるようにしました。正保三年（1646）に

堀端からみた福岡城の多聞櫓（国指定重要文化財）

舞鶴公園に残る石垣

冬の大濠公園（撮影・満生美保）

◀「正保福博惣図」の一部（『唐津街道』図書出版のぶ工房）より一部引用）

つくられた「正保福博惣図」には大堀（大濠）の南側で大きく西に蛇行する樋井川（田嶋川）が描かれています。また、樋井川の整備のため、塩焼浜（現鳥飼六丁目・城西二丁目・曙二丁目一帯）を埋め立てました。

大堀（大濠）から海に流れる川は黒門川と菰川《こもがわ》があります。

現在、黒門川は明治通りから二五〇メートルほど先までが暗渠になり、一旦地上に出て、よかトピア通りのところで再び暗渠となり（埋立地地行浜ができる前はここが河口でした）、西に蛇行して菰川と合流します。

菰川は、県道東油山唐人線の道路の下で暗渠になっていますが、道路沿いに「やな橋」と刻まれた小さな碑があります。「簗《やな》」とは魚を捕るための仕掛けのことで、ここで川の流れを堰き止めて魚を生け捕っていたそうで、この近くに福岡藩の簗所があったことからその名がつきました。その少し下流には「米田《よねだ》橋」がありました。

簗橋、米田橋の名称は『筑前名所図会』（文政元年〈1818〉頃完成）にあり、また、古地図の「福岡御城下絵図」（元禄十二年〈1699〉）、「福岡城下町・博多・近隣古図」（文化九年〈1812〉）にも記されています。

唐津街道はこの簗橋を通って、西新に向かいます。

大濠から流れ出る黒門川

一旦地上に出た黒門川（左）は再び暗渠に（右）

菰川（暗渠）と唐津街道（現・今川1248号線）が交差する角に「やな橋」の小さな碑が建っている

「福岡御城下絵図」元禄12年（1699）の一部に加筆（福岡県立図書館所蔵「福岡県史編纂資料」651号より）

百道松原がつくられた

『筑前国続風土記』（宝永六年〈1709〉、改訂完了。貝原益軒編纂）の早良郡（上）に「紅葉松原」の項があり、左のような記述があります。

……昔は荒戸の西より百道原の末、早良川の遠干潟の際迄、平沙邈々として廣く、松林なくして不毛の地成しかば、長政公松を植て松原とすべし。とて、元和四年正月廿五日、家臣管和泉、宮部織部、小堀久右衛門に命じて、其事を司らしめ、福岡、博多、姪浜の町人に仰て、毎家一軒より高さ四五尺許なる小松、各一本宛植させられける。此松年を逐て漸長じければ、十年の後は廣き松林と成て、幾萬株と云事をしらず。今は喬木多くして、古へより名を得て久しき生の松原にもまさり、千早振神代に植し、箱崎の千代の松原にもひとし。

長政は博多から姪浜に至るまでの町人に命じて小松を一本献上させ、百道に松原が造成されました。かつて「白砂青松」と謳われた百道海岸はこのときに造られたものです。

現在、よかトピア通りの南側にある、西南学院大学、西新小学校、百道中学校、百道小学校の敷地内には松林が多く点在し、埋め立て前の百道海岸沿いの道路脇やマンションの敷地内にも松の古木が保存樹として残されているのを見ることができます。

西南学院大学のキャンパスの松林

福岡藩の西の最終防御線　飛石橋

樋井川の変更された水路は福岡藩の西の防御線となり、東側に金龍寺（一六四七年開山）・浄満寺（一六七一年）が配置されました。当時の寺は、敷地が広く部隊の駐屯、兵站の集積等軍事拠点でした。

さらに長政は金屑川を西の最終防御線とし、金屑川には橋を架けずに石を並べ、飛石橋《とびいしばし》としました。

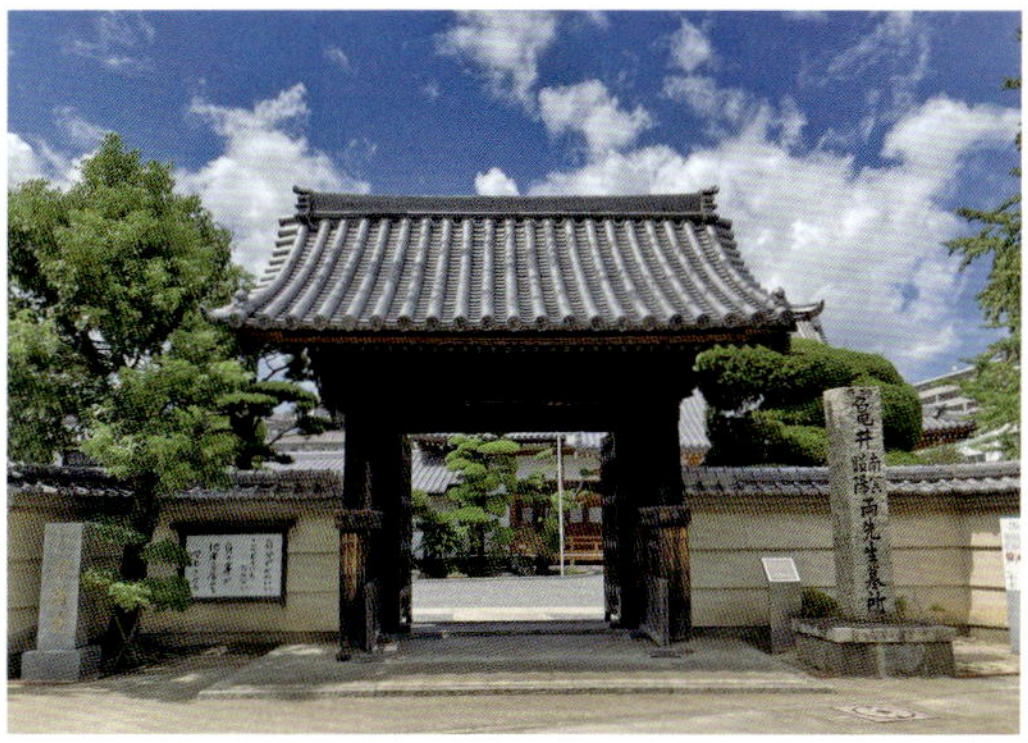
浄満寺正門。境内には亀井南冥、昭陽の墓がある

金龍寺の広い境内。右は現在の正門。境内には貝原益軒の墓がある

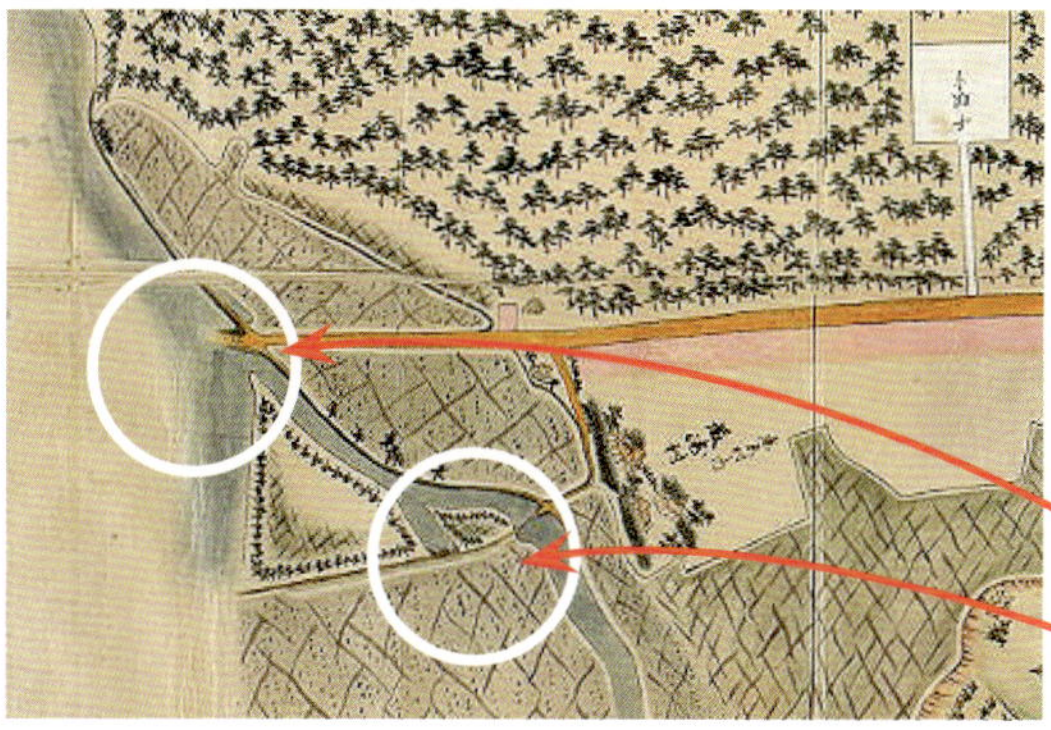
飛石橋　軍事戦略上、藩から架橋の許しが出なかったため、当時、川に飛び石を置いて渡っていた。言い伝えでは、「河床に木製の梯子土台を設けその上に長さ 1.5 m幅 60㎝位の角石を敷いて、飛渡り通行していた。……」。位置は、現飛石橋の下流 20 m位の地点。「福岡御城下絵図　梁橋ヨリ藤崎川ニ至ル」安永 6 年（1777）の一部に加筆（福岡県立図書館デジタルライブラリより）

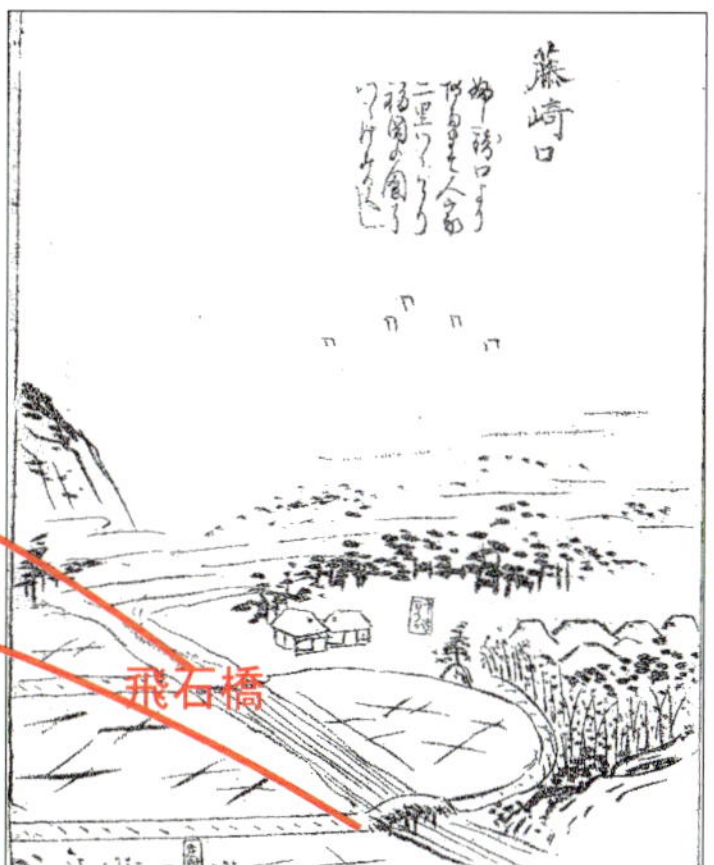

『筑前名所図会』（奥村玉瀾著）より「藤崎口」

江戸時代の西新町

「西新町」がつくられた　うてミ橋

本書は大正十二年（1922）に福岡市に編入した「西新町」と百道浜を対象地域（本扉裏地図）にしていますが、「西新町」という名称が使われる前は早良郡に属す鳥飼村、鹿原村（内、藤崎村）、荒江村でした。「西新町」の名称が最初に認められるのは、九州大学所蔵の「檜垣文庫目録〈御絵図および郷帳〉」（元禄十四年〈1701〉）にある左の記事です。

うてミ橋から紅葉八幡宮（野芥村道から東側）まで鳥飼村の内にして、紅葉八幡宮から藤崎までを鹿原村の内とする事西新町は寛文三年（一六六三）より作出候　（「檜垣文庫目録〈御絵図および郷帳〉」傍点は編者）

「うてミ橋」とは、長政が水路を変更して博多湾に直接流入させた川（当初は「田嶋川」と呼んでいました）に架かる今川橋のことです（「うてミ」とは長政の出身である岡山では「越水」と書くそうです）。河川が西側に曲げられたため、鳥飼村が分断されました（現在、鳥飼が中央区と城南区の二区にまたがるのはその名残とされています）。その後新川（七隈川）ができて、田嶋川と樋井川との合流点から下流を「今川」と呼び、「うてミ橋」を「今川橋」と呼ぶようになりました。

「御絵図および郷帳」が記された年より百十年ほど後に描かれた「福岡城下町・博多・近隣古図」（文化九年〈1812〉）には、今川橋、田嶋川（現在の樋井川）、龍王寺川（新川、現在の七隈川）が描かれています。

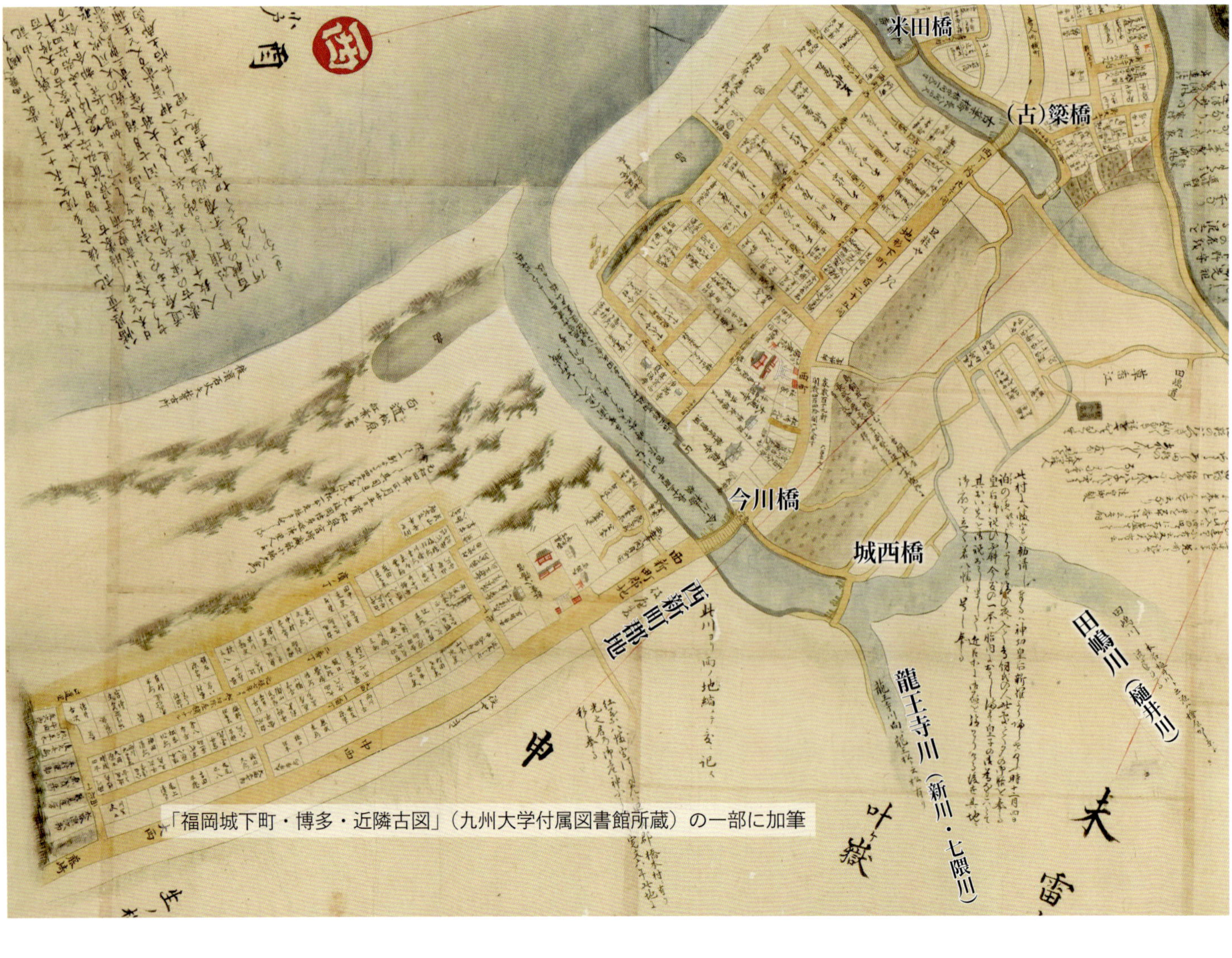

「福岡城下町・博多・近隣古図」（九州大学付属図書館所蔵）の一部に加筆

筑前三大地誌の中の西新町

筑前三大地誌に『筑前国続風土記』（宝永六年〈1709〉、貝原益軒編纂）、『筑前国続風土記附録』（寛政九年〈1797〉、加藤一純、鷹取周成編纂）、『筑前国続風土記拾遺』（天保八年〈1837〉、青柳種信編纂）があります。

そのうち『筑前国続風土記附録』（以下『附録』）巻三十八、早良郡（上）に「西新町村」の項が設けられ、「西新町村」としての独立が元文四年（1739）と明記されています。

西新町村

寛文七年（1666）八幡宮を建立し給ひし比より漸人民来り住て町をなせり。元文四年（1739）鳥飼・麁原・荒江三ケ村の田甫を頒ちて一村とせらる。今川橋より百道原八幡宮辺りを里民片原町といふ。初北側斗に家居ありし故なり。其後南側にも家居をなせり。南側は鳥飼村に属し北側は麁原村に属せり。今川橋より皿山口肥前佐嘉往還まで町長サ十町廿九間あり。

（西暦は編者）

『附録』の四十年後に編纂された『筑前国続風土記拾遺』（以後『拾遺』）巻四十三に、まず「麁原村　付皿山」の項に、

民居は本村　藤崎　皿山にあり。村より北の地は皆當村の内なりしを近代《元文四年》西新町村出来て、今は別村となれり。百道原ももと當村の處分なりしか、今ハ西新町に属す。また本村いにしへは藤崎と皿山の圃に人居有しか、のちに今の地に移るといふ。年代詳ならす。

（傍点は編集）

これにつづいて、「西新町村」の項があり、

福岡西町の西　川を隔て人家あり。肥前佐嘉唐津平戸長崎等にゆく街路なり。東の入口今川橋より西の方、皿山口佐嘉へ行衢まで其間の町長十町二十九間あり。其地百道原の南辺にして、むかしハ漠漠たる白砂の地なりしを、寛文六年に八幡宮を橋本村より爰《ここ》に迁《うつ》し給ひしかは、其後漸人家立て遂に村居をなせり。其初道路の北の傍にのミ人家立しに依て、其所を片原町といふ。其後漸く左右ともに民居をなせり。其西につゝきて中西　大西等の名出来たり。……

「檜垣文庫目録〈御絵図および郷帳〉」の記述には、西新町は寛文三年（1663）からつくり始めたとあり、『附録』では、（紅葉）八幡宮を遷宮した寛文七年から徐々に人々が居住し町になっていき、元文四年（1739）に鳥飼・麁原・荒江三ケ村から分かれて村ができたとあります。また『拾遺』には、同じく元文四年に西新町村ができたこと、紅葉八幡宮を遷宮して以来徐々に町が広がっていき、八幡宮に隣接して百道松原を伐採し、「新屋敷」と呼ばれる藩士の居住区ができたことがわかります。

なお、「福岡御城下絵図」（元禄十二年〈1699〉）に記されている「新西町」を「シンニシマチ」と読み、「にしじんまち」は「シンニシマチ」が変化したという説がありますが、「ニシジンマチ」と「シンニシマチ」は同時に存在します。この絵図にある「新西町」は「シンニシチョウ」と読み、「小字」または「筋」と考えるのが妥当です。さらに「西新町村」は「福岡の町」に対応する言葉であり、西町（現在の今川）に対する言葉ではありません。

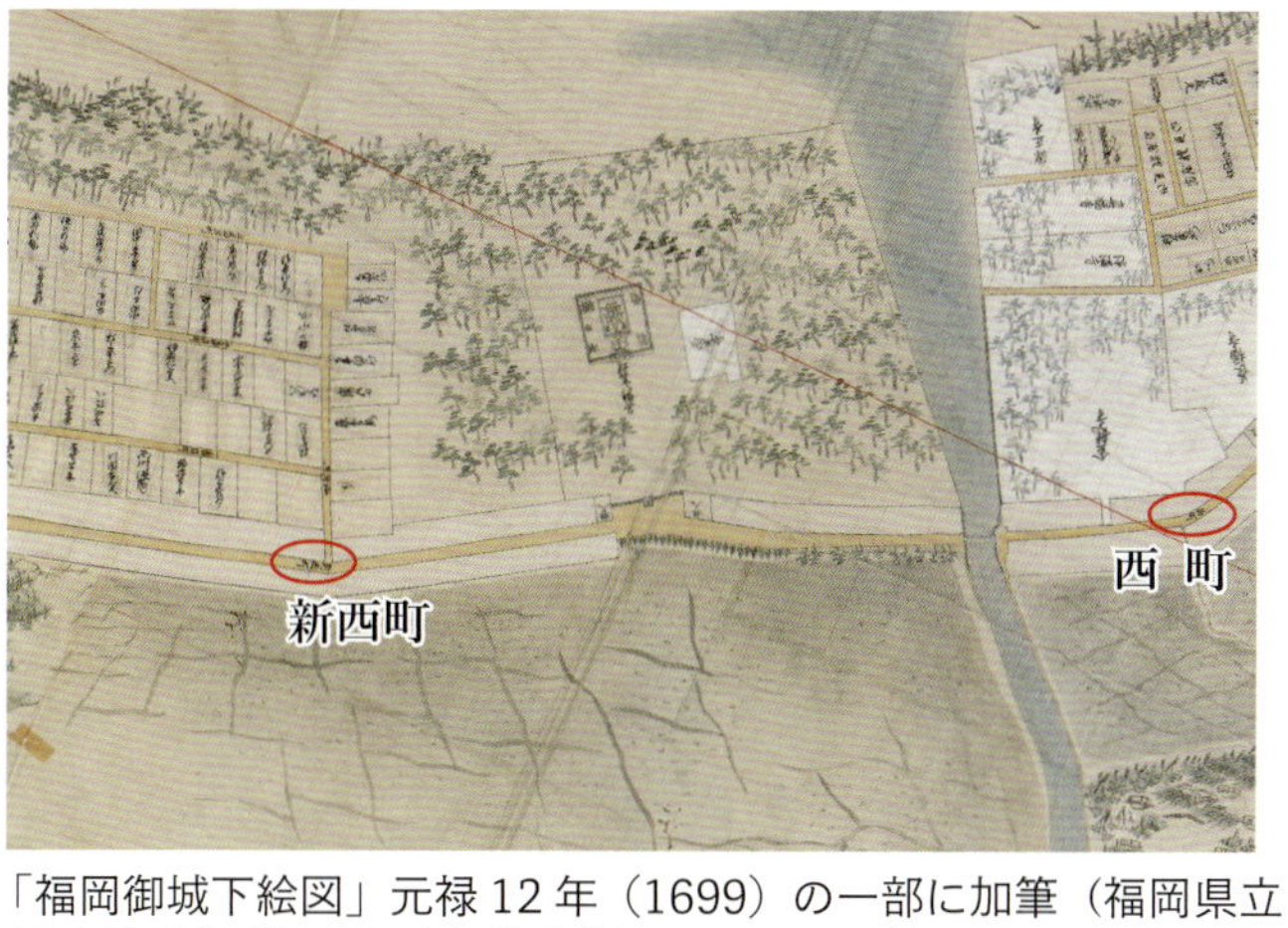

「福岡御城下絵図」元禄 12 年（1699）の一部に加筆（福岡県立図書館所蔵「福岡県史編纂資料」651 号より）

西新町の発展

江戸時代の西新町について、資料にみられる主な出来事などを年次にしたがって抜粋してみました。

一六〇〇年代

1663 （寛文三年）小字西新町がつくられた。

1666 （寛文六年）紅葉八幡宮、橋本より遷座。西光寺移転。

1673 （延宝元年）鹿原村の菩提寺として顕乗寺が鹿原字中尾（鹿原山南西）に建立（昭和五年〈1930〉現在地に移転する）。

1674 （延宝二年）西新町橋の架け替えが行われた（『博多津要録』巻之三西新町橋夫事）。

1694 （元禄七年）福岡藩は家臣に与える土地に苦心し、百道松原に新屋敷（概ね現在の修猷館高校一帯）を開発。

又元禄七年（1694）より大西の北の松原を伐拂ひて諸士の宅地となる。一番町、二番町、濱ノ町、東枕町、西枕町すべて五町となれり。此五町となれり。此五町をすべて新屋敷といふ。

（『拾遺』四十三巻）

1698 （元禄十一年）黄檗派大悲山曇華庵《どんげあん》（千眼寺）が藤崎（現・百道一丁目）に開山。

1700 （元禄十三年）藤崎一帯で七月二十二日に六千人を寄せて新田を開発。

藤崎一帯の新田開発

新田開発の前年（1699年）に作成された「福岡御城下絵図」

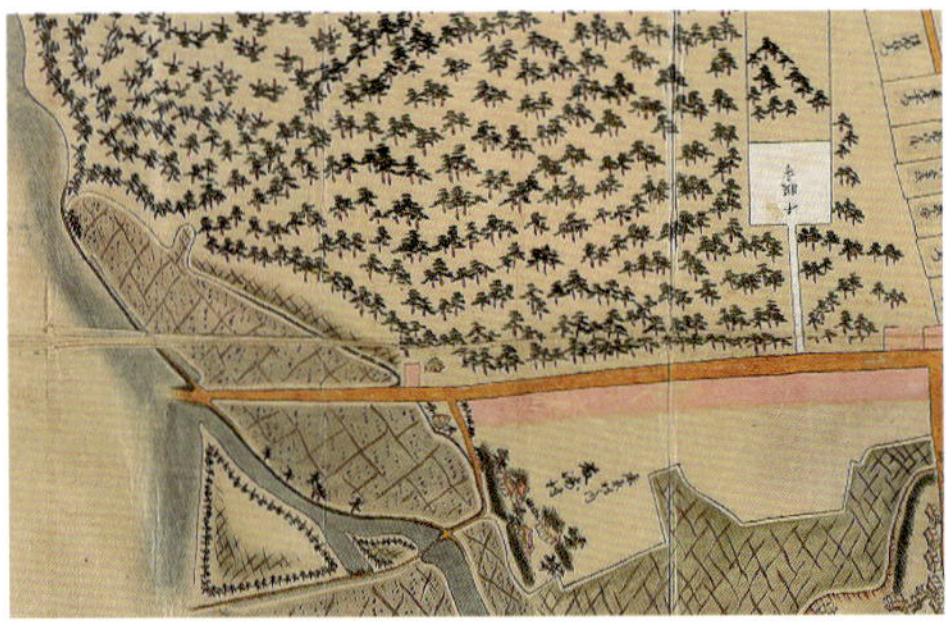

1700年の新田開発の後に作成された「福岡御城下絵図　梁橋ヨリ藤崎川ニ至ル」安永6年（1777）より

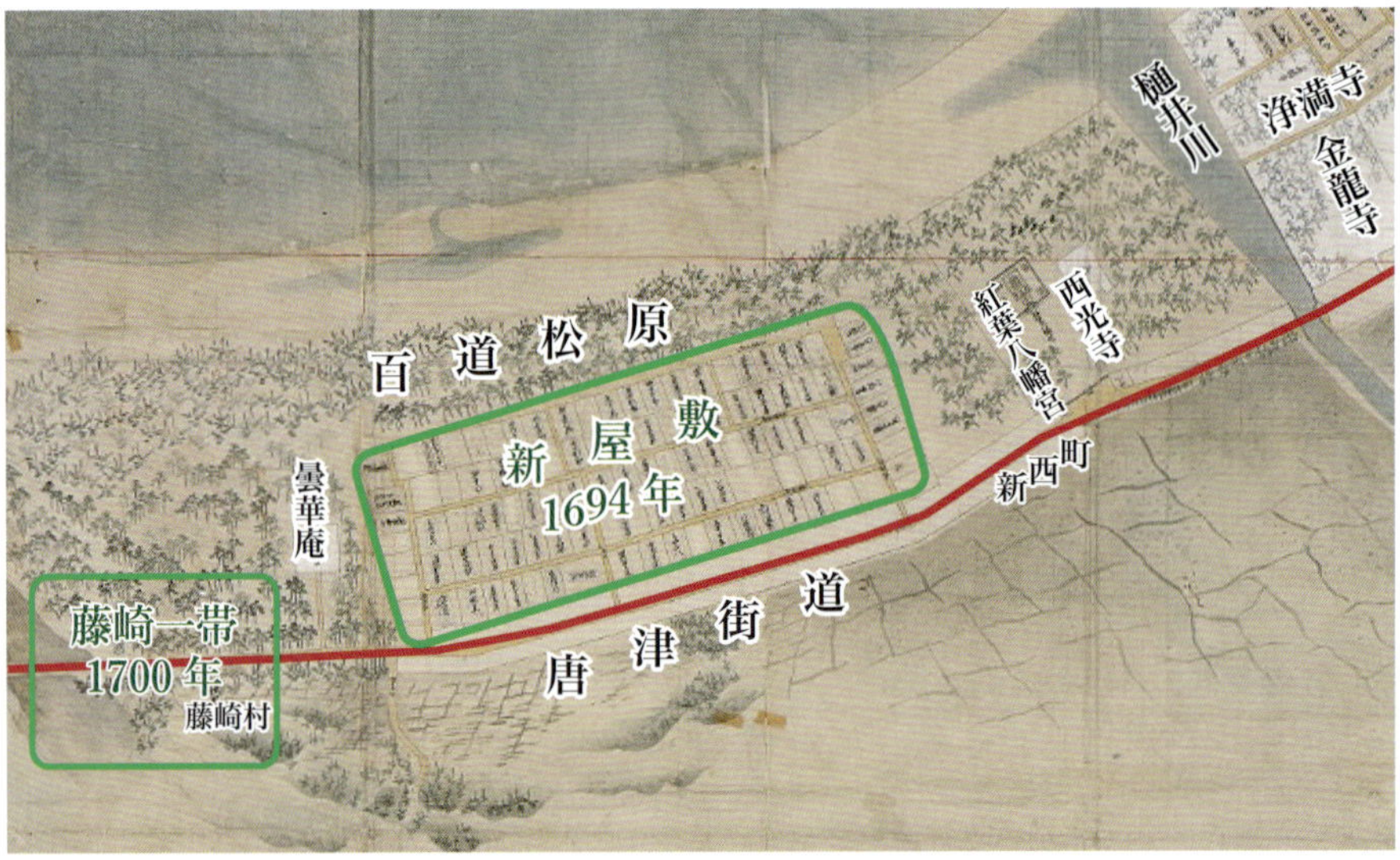

「福岡御城下絵図」元禄12年（1699）の一部に加筆（福岡県立図書館所蔵「福岡県史編纂資料」651号より）

ちんちく堺　新屋敷などに住む下級武士の家屋は土塀や石垣などで囲わず、珍竹（蓬莱竹）を生垣にしていた。珍竹は有事の時には、火縄の材料になるなど、利便性に優れている。昭和までは、鳥飼、西新、室見周辺で見られたが、現在は室見に数軒残すのみになった

三代藩主黒田光之が遷座した産土神・紅葉八幡宮

福岡市早良区高取一丁目二六—五五

西新町の開発の起点は、三代藩主黒田光之が橋本（福岡市西区）にあった紅葉八幡宮と護摩堂、秋葉神社を産土神《うぶすながみ》として西新に遷したことにあります。遷座の年は『筑前国続風土記』では寛文六年（1666）、『附録』は寛文七年と一年違いますが、場所は、大正二年（1913）、現在地に移るまでは、西新二丁目一〇（旧西新パレス付近）でした。

現在の紅葉八幡宮は皿山（紅葉山）の中腹にあります。藤崎の交差点より五〇メートルほど東、明治通りに沿って大きな石の鳥居が建っています。そこから入って商店街を横切って紅葉山（皿山）に向かう坂道を上ると味楽窯《みらくがま》の表示があり、その少し先、東側に石の鳥居が建っています。

此御社、始は橋本村に在。鎮座の時代詳ならず。前國主光之君、橋本村に生れ給ふ故に、産神なればとて、寛文六年、橋本村より今の地に移され、本社、拝殿、神厨等新に造立有て、社僧、祝人侍り、月毎の祭禮怠らず。祭る所の神三座、中殿則八幡大神にして、左右は神功皇后、寶満明神也。……

神領百石、国君より寄附し給ふ。四辺の松原をも附せらる。宮司の寺を妙雲山松壽院西光寺といふ。真言宗也。是は忠之君、慶安三年、橋本の社邉に立給ひしを、寛文六年に此地に移さる。又貞享二年、光之君神前に石の鳥居を新に立給ふ。……

末社に松河原大明神、印鑰《いんやく》大明神　此二社は橋本村より迁《うつ》し祠る　稲荷社　夷社　天満宮　観音堂　本地堂　鐘楼及隋神門　瑞籬　石鳥居　能舞台等建並ひて甚壯麗なり。御社の東傍に宮司の坊松壽院妙雲山西光寺あり　……

（『続風土記』）

神社境内に安置されている光之公奉納の鳥居の笠木

紅葉八幡宮社殿。遷宮当時は木造だったが、昭和期に不審火により焼失。現在の社殿は鉄筋コンクリート造り

大鳥居。三代藩主光之が奉納した石鳥居を復元したもので、7.5m の高さ、県内の石鳥居では最大級とされる。古い鳥居の笠木は境内に安置されている

光之公の産土神となった由来については、紅葉八幡宮のホームページに次のようにあります。

　江戸時代初期、神社北側の藩主別荘茶屋へお越しになっていた二代目藩主黒田忠之侯は、美しい村娘と出会います。村娘は後に継室となり、三代目藩主となる光之侯をお産みになりました。光之侯はご幼少の頃、生母の里 橋本村で養育されたこともあり、当神社を産土神様として篤く崇敬されました。以後黒田家、黒田藩守護神としてご参拝されることが慣例となります。

以降、大正二年（1913）、北筑軌道が境内を横切るため現在地・高取一丁目（紅葉山　西皿山）に移るまで、おおよそ二百五十年間その地にありました。

西光寺

紅葉八幡宮の神宮寺です。橋本より紅葉八幡宮とともに移転した護摩堂が、妙雲山松壽院西光寺として建立されました。

　寛文六年に此所に迁し玉ひし時より傍に西光寺をも建立し給へり。橋本に在し時は社内に始て護摩堂を建て、……いまだ西光寺の号はなし。（『拾遺』）

　明治に入り「神仏分離令」が出されるまで、本地垂跡《ほんじすいじゃく》説に則り、神社を管理する神宮寺が神社の横にはありました。本地垂迹説は平安期以降本格的に唱えられ、仏が神の姿をして顕れるという神道と仏教を習合するものです。

　西光寺の歴代の住職は紅葉八幡宮の宮司を兼務しており、歴代住職の墓は顕乗寺の境内にあります。

　明治元年（1868）に明治政府が発布した神仏分離令により、紅葉八幡宮に属する西光寺は廃寺となりましたが、当時住職であった藤井照幢と大西明道がともに尽力し、明治十七年、再興が叶いました。

　しかし、元の寺号「西光寺」は継承できず、博多区東長寺末の閑松院（対馬小路《つましょうじ》にあった廃寺）を移転し、本尊兜跋毘沙門天《とばつびしゃもんてん》（慶応二年〈1866〉、福岡市の仏師佐田法喬が謹刻）を勧請。再興後の住職は大西明道が就任しました。

　現在、西新に閑松院は残っていません。紅葉八幡宮が高取の現在地に移転したのちも大正十三年（1924）までありましたが、十五年、福岡市西区長垂《ながたれ》に移転し、寺号を「長垂寺」と変え、現在もあります。

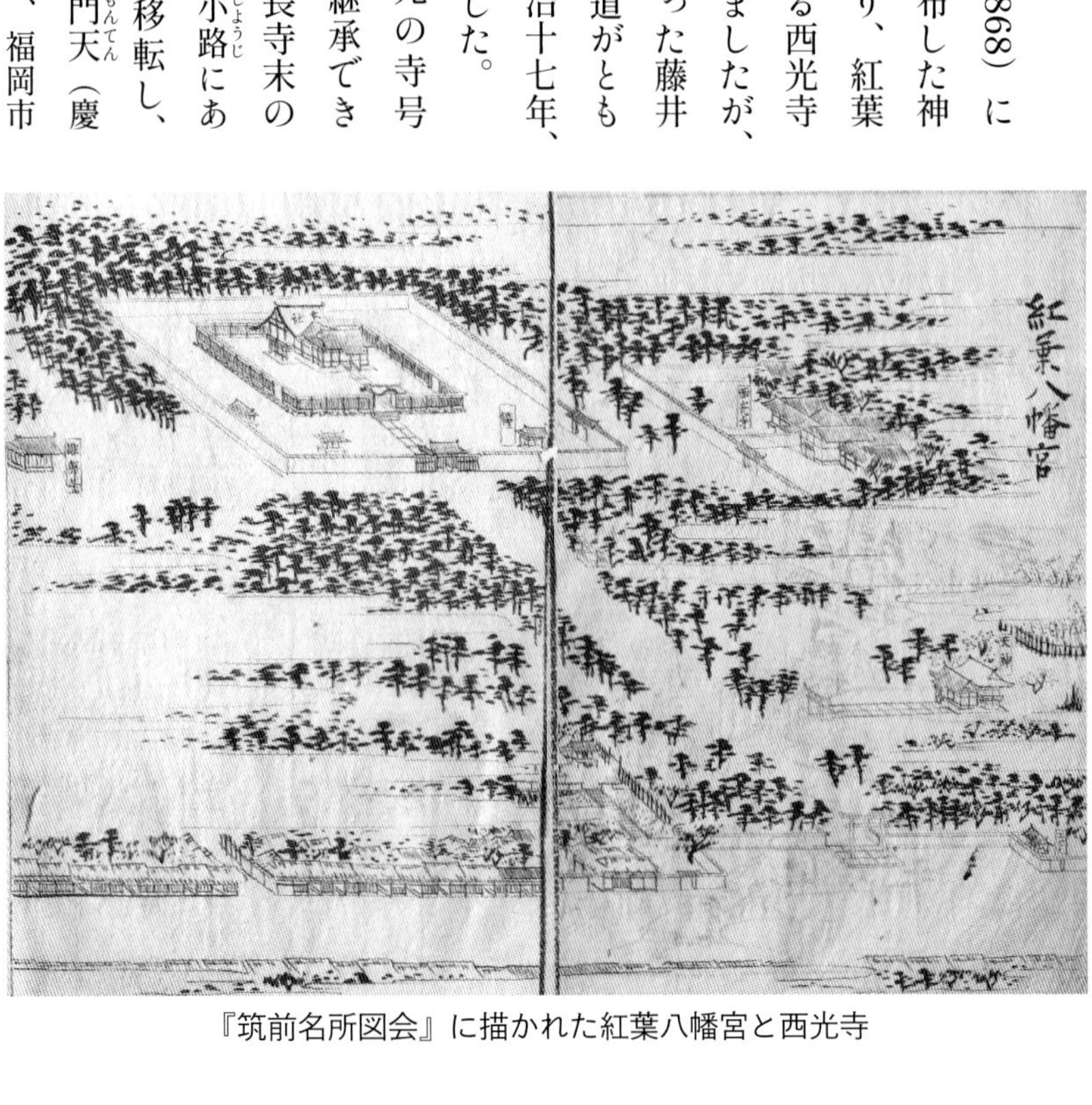

『筑前名所図会』に描かれた紅葉八幡宮と西光寺

＊＊

　江戸期までの寺には藩の安寧を祈禱する官寺・神宮寺、菩提寺等があり、西新町では官寺が千眼寺、神社の管理をする神宮寺が西光寺、祖先を弔う菩提寺が顕乗寺でした。官寺・神宮寺は藩の扶持《ふち》米で管理され、菩提寺は檀家の布施・寄付等で管理されていました。

麁原村の菩提寺　松林山顕乗寺

福岡市早良区祖原二六—四

顕乗寺は麁原村の菩提寺として延宝元年（1673）に建立されました。浄土宗本願寺派に属しています。麁原山の麓の現在地には昭和五年（1930）に麁原字中尾より移転したといいます。開基は釈法円で六代性空までは東本願寺派でしたが、七代性合の時に西本願寺派に変わりました。

境内には、紅葉八幡宮の神宮寺であった西光寺の歴代住職の墓があり、その隣、大木の下に『筑前国続風土記拾遺』を編纂した青柳種信の墓がひっそりとあります。

寺の境内の一画には地蔵堂があり、麁原村の菩提寺として、享保の飢饉で亡くなった村人を弔う飢人地蔵尊が祀られています。

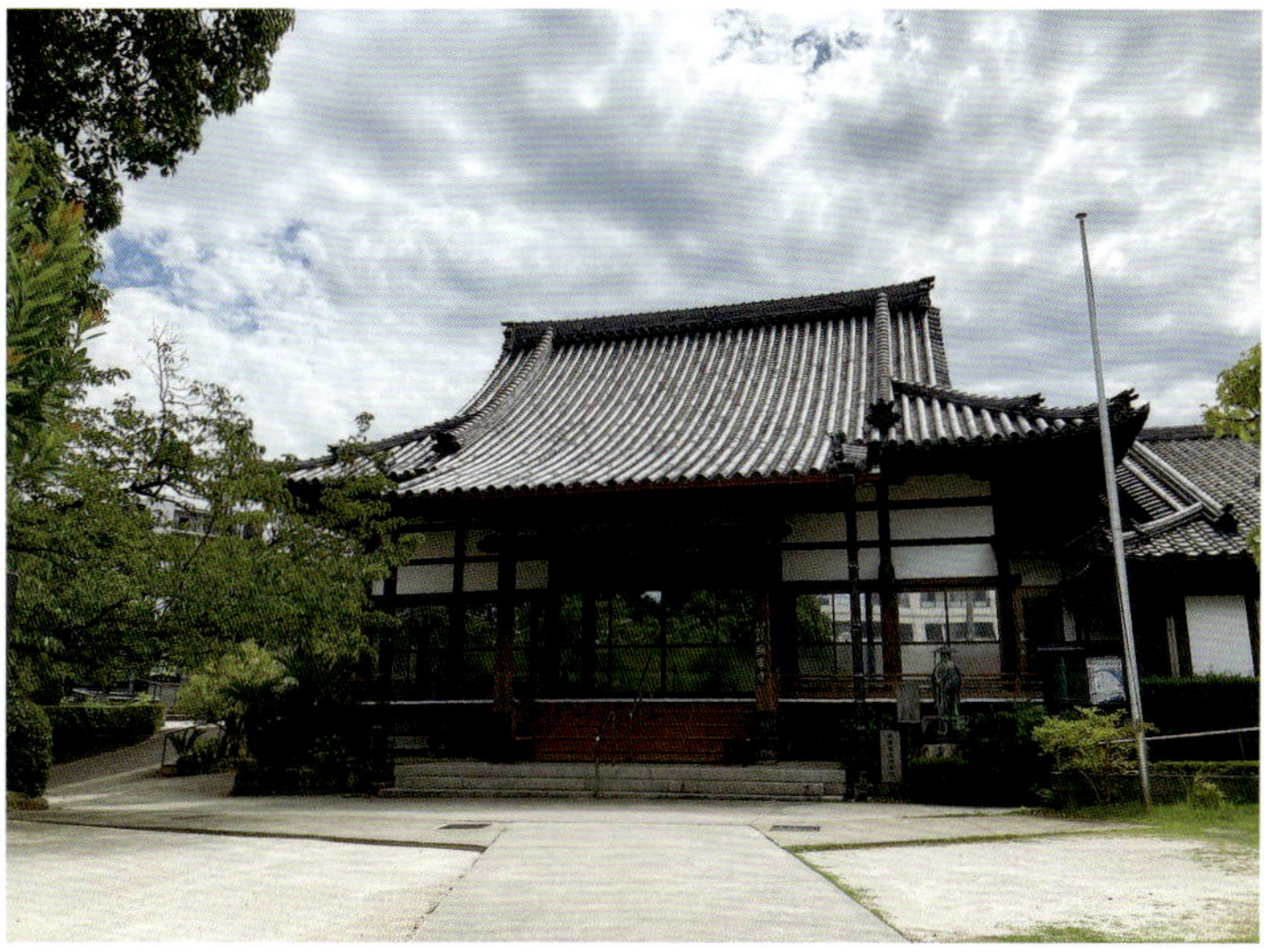
松林山顕乗寺の本堂

飢人地蔵尊

■麁原村の享保の大飢饉

西日本を中心に甚大な被害を出した享保の大飢饉（享保十七年〈1732〉）の折、福岡藩は四万三千石しか収穫がなく、当時の人口三十二万人の内六万六千人が餓死したといわれています。しかし、藩が幕府へ報告した死者数は千人としています。

幕府から救済米が五〇六七俵が払い出されましたが、これには返済義務があり、藩は民にその返済を強制しました。また、このとき民にあたえられた米はわずかで、九八％は家臣団に配られ、武士の餓死者は一人もありませんでした。麁原村での死者は八十三人でした。

■青柳種信　明和三年～天保六年（1766-1835）

江戸時代後期の国学者、歌人、考古学者。福岡藩士。地行六番丁（現地行）に生まれ、しばらく祖原にも住み、墓は顕乗寺にあります。

本居宣長に師事。『筑前国続風土記附録』編纂の記録助手を務め、伊能忠敬の第一回地理測量調査の折には案内役に奔走、その時に伊能に請われて『宗像宮略記』『後漢金印略考』をまとめ、絶賛されたとあります。福岡藩の御右筆記録方に昇進。『筑前国続風土記拾遺』の編纂をしていましたが、完成を見ずに逝去。息子の種正、種春、門人らが跡を継いで完成させました。

そのほかの著書には、『瀛津島防人日記』『筑紫官家考』、また考古学的に著名な『柳園古器略』などがあります。門下に伊藤常足（『太宰管内志』著者）、二川相近（二川流書道創始）、原田種彦（西洋医）らを輩出しました。

西光寺の歴代住職の墓

『筑前国続風土記拾遺』を編纂した青柳種信の墓。「柳園」は号

大悲山千眼寺（曇華庵《どんげあん》）

福岡市早良区百道一－三－六

大悲山曇華庵と号す。禅宗黄檗派なり　開山を天祐といふ。当国の人俗姓は岡崎なり。此宗派は承応三年中に明国の僧隠元禅師来朝して始て本邦に傳ふ。當國ハ天祐はしめて開派せり。……摂津守義行君の懇志にあひ、同君の請に依て光之公綱政公両君をして、かれか錫をとゝむへき地を此紅葉原に賜り、資財を与へて一寺を建立せしめ玉へり。最初は曇華庵と号す。……本尊の釈迦像は唐仏なり。

（『附録』）

藤崎交差点の北側、明治通り沿いに白壁塀につづき大悲山千眼寺と彫られた石柱の横に山門があります。そこをくぐって延命地蔵尊が祀られた前庭を右に進むと鮮やかな青の扁額が掲げられた第二の山門が建っています。

元禄十一年（1698）創建。開山の天祐は筑紫郡武蔵の天拝山城主帆足弾正忠勝の三男で黒田家に仕官していましたが、元禄十年、黒田綱政から寺院建立を為すようにとの命を受けました。

寺院の建物は、黄檗宗の清規により明朝様式で内部一面に四角瓦を敷き詰め中国流の唐幡が飾られています。当初、曇華庵と称していましたが、正徳三年（1713）に廃寺の号を取って千眼寺としました。

開山以来、筑前国の西の祈願所として一月一日より三日間の祈念修法のほか、享保期に早良郡に悪病が流行し死者がおびただしく出たため、早良郡中の庄屋が集まり悪病退散の大施餓鬼法令を設け七月二十三日より大施餓鬼修法を行っています。

千眼寺は、唐津街道と佐賀道（三瀬街道）の分岐点に位置しています。

なお、千眼寺は官寺であったがために檀家が少なく、明治維新後は藩の扶持米を失いましたが、広大な畑を有していたために危機をしのぐことができ、この間、伊佐・亀井家等有力な檀家ができました。

「西新　作り始めて３５０年」の中に著者・藤本光博氏が千眼寺、先代

千眼寺の中門

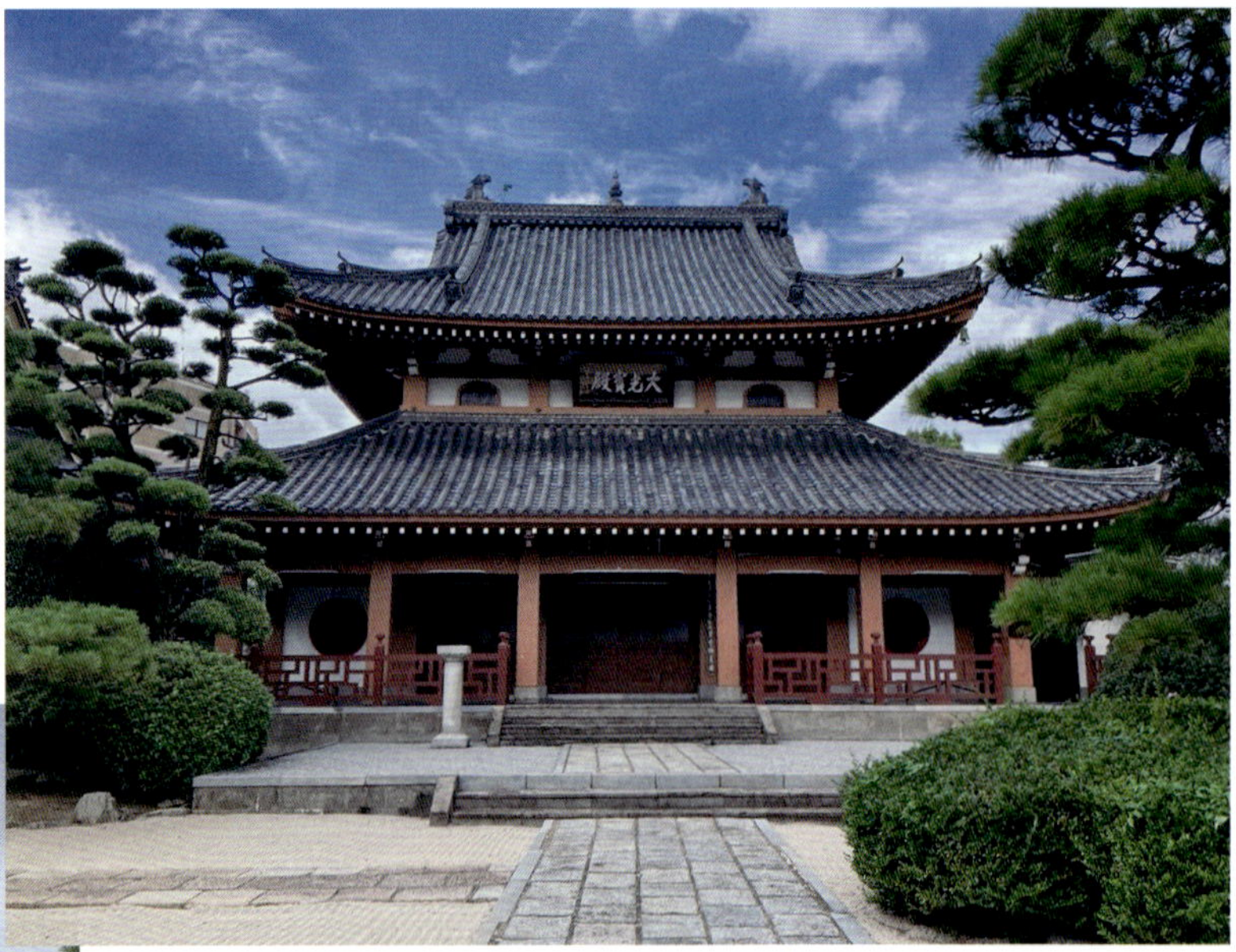

大悲山千眼寺本堂

往昔、百道松原を切り開いて建てられた千眼寺の境内

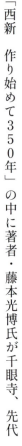

の行應和尚（昭和五年生まれ）とその妹深見郷子（昭和七年生まれ）に平成二十七年二月二日と九日に面談した時に聞かれた話が載っています。

「廃藩置県（明治四年）の時、千眼寺が社領の返納を申し出ると、黒田家から『これから自分達で生活していかねばならない。資本はどうする』と諭され五十二人扶持を与えられた。敷地は三町歩あった」。

松原の西藤崎川との往還道の左右に田地一丁八反許あり。曇華庵開作といふ。則寺の所分也。其内麁原村の田三反あり。（『附録』）

広大な畑は戦後の農地改革で失うことになりました。

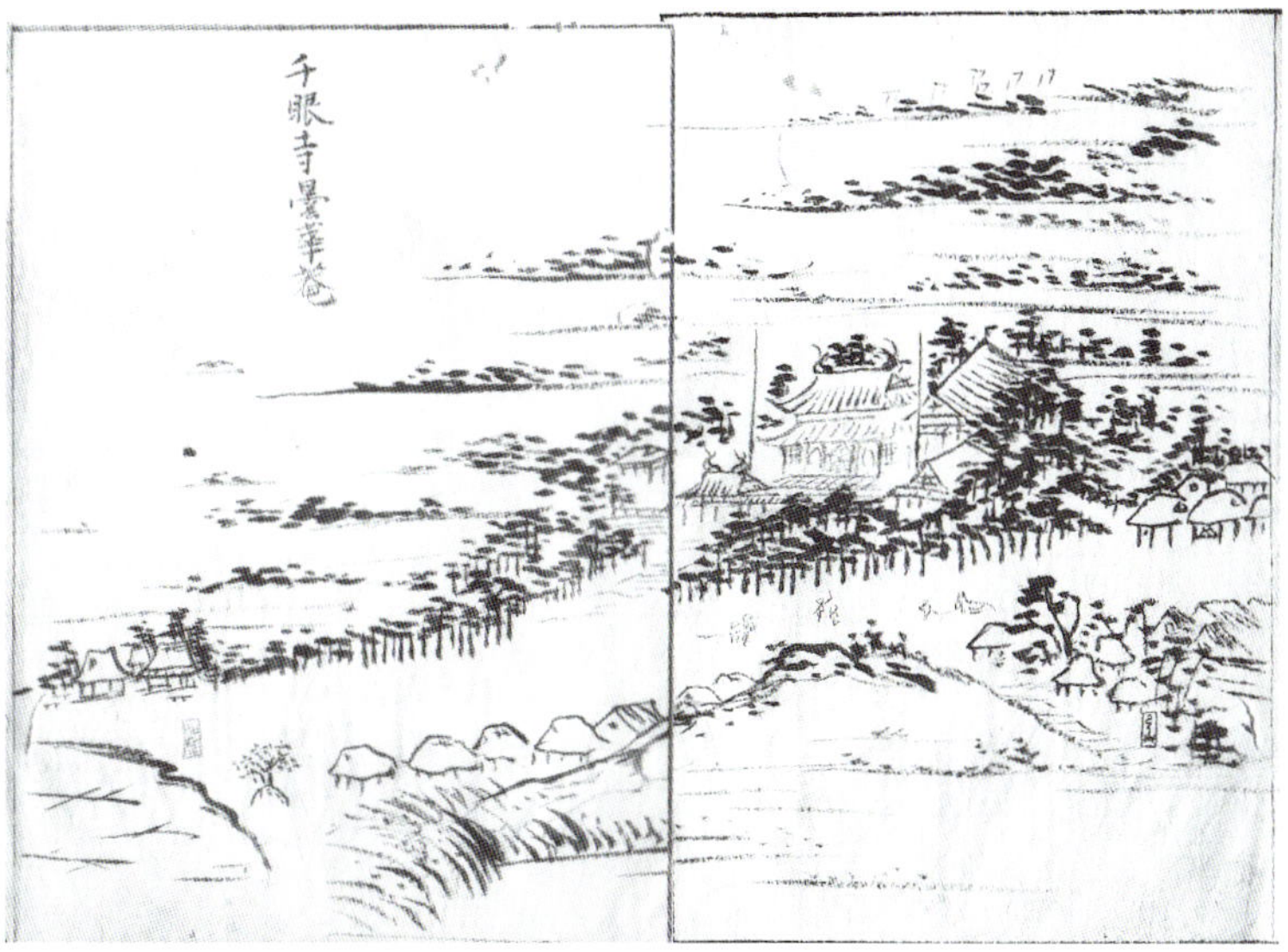

「筑前名所図会」に描かれている千眼寺

山門に掛かる青の扁額

明治通りに面した千眼寺の正門

宝篋印塔

近世西新町の主要な道路

江戸時代の九州北部の主要な街道に、長崎街道、唐津街道、日田街道、秋月街道、中津街道などが挙げられる中で、西新町に関わるのは唐津街道です。

唐津街道

唐津街道は、大里《だいり》（北九州市門司区）から小倉、芦屋、赤間、箱崎、博多、姪浜、今宿、前原、深江と玄界灘沿岸に沿って唐津（名護屋城址）までつづき、さらに伊万里から平戸まで延びる道をいいます。

西新町を通る唐津街道は江戸時代初期に初代藩主黒田長政が造成した百道松原の南を通る道を整備したことから、東西の人や品物が往来する要路として発展し、福岡藩をはじめ西国大名の参勤交代などにも使用されました。

今川橋から西新オレンジ通り商店街、西新中央商店街、中西商店街、高取商店街、藤崎通り商店街と五つの商店街が連なり（サザエさん商店街通り）、藤崎で明治通りと合流して飛石橋までが、江戸時代の唐津街道（下記の地図の赤線の部分）です。

❶今川橋を渡ってオレンジ通り商店街に入る

❷オレンジ通り商店街に入る

❸オレンジ通り商店街を抜けて、城南線の信号を渡ると西新中央商店街に入る

❹西新中央商店街から早良街道を横切ると中西、高取、藤崎通り商店街がつづく

❺藤崎通り商店街を抜けると、唐津街道は明治通りに合流する

❻飛石橋

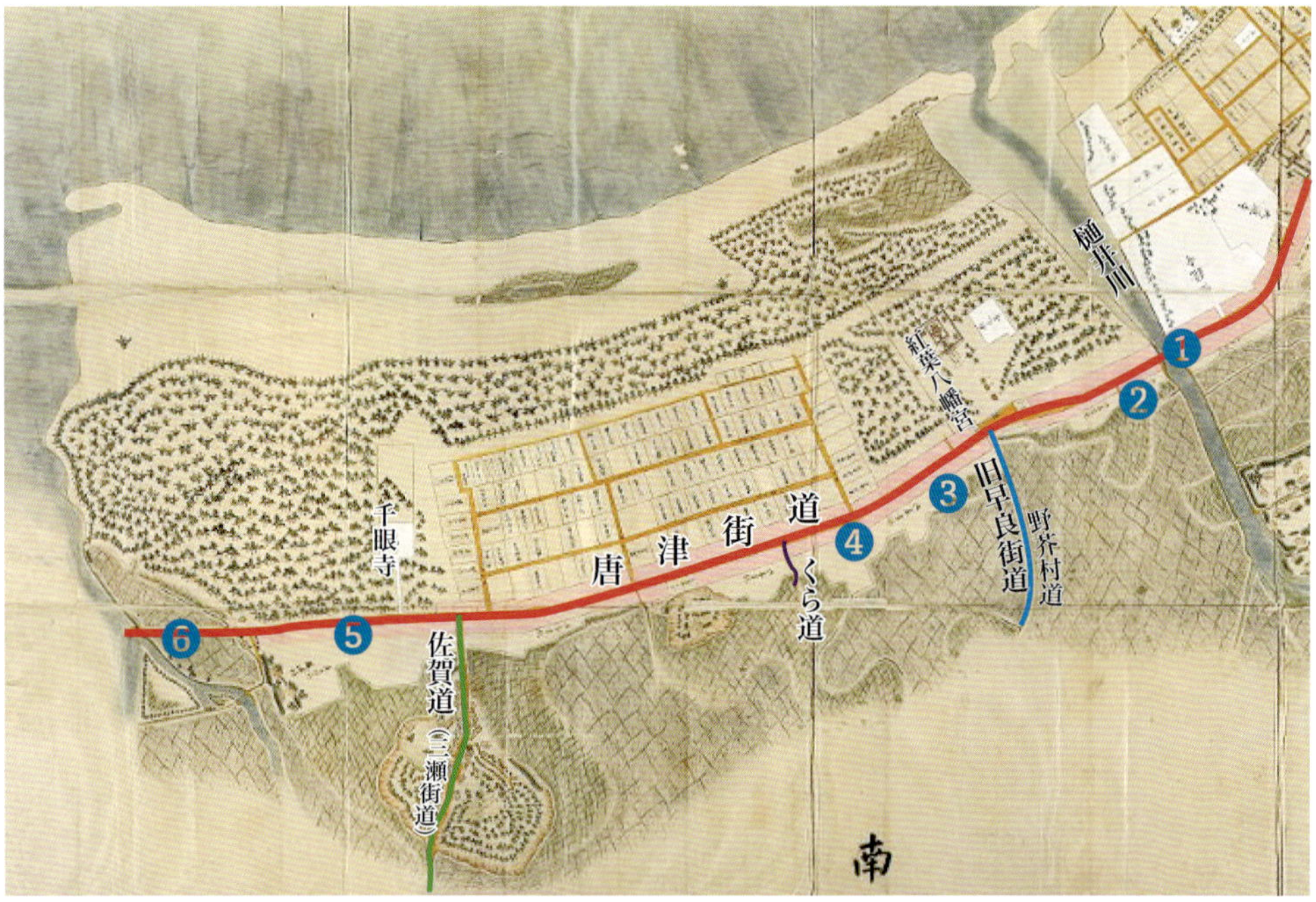

「福岡御城下絵図　梁橋ヨリ藤崎川ニ至ル」安永８年（1777）（「福岡県史編纂資料」652号）の一部

正月に三瀬街道の入り口（紅葉八幡宮の参道）に立つ女の子。両脇に町との端境を示す石柱が立っている（藤本光博氏所蔵）

（上）明治通りに向かって建つ紅葉八幡宮の鳥居をくぐり、（右）藤崎商店街通りを横切る角が三瀬街道の起点

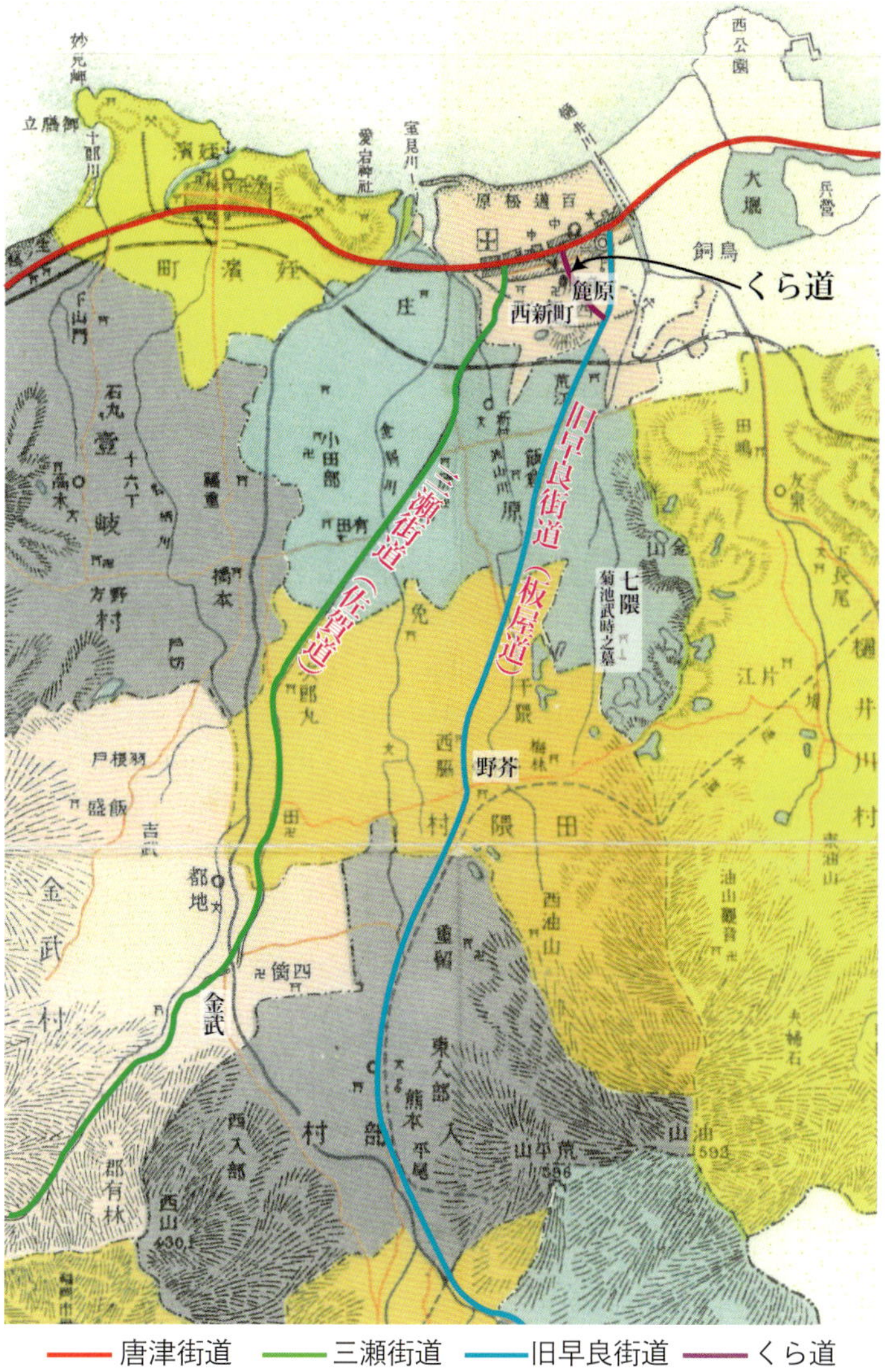

三瀬街道（佐賀道）

三瀬街道は「筑前国福岡から三瀬峠を経て肥前国佐賀を結ぶ道、唐津街道の鹿原村より分岐し金武、飯場を経て肥前国に至る」（『日本歴史地名大系41　福岡県』平凡社）。

藤崎通り商店街から紅葉八幡宮の参道へ向かう上り坂が三瀬街道（佐賀道）の入り口です。八幡宮の鳥居の前から坂を下ったところで住宅街に入り街道のあとが辿りにくくなりますが、西新町区域内では新開橋（汐入川）辺りから辿れるようになり、原往還、金武から脊振を越えて佐賀に向かう三瀬街道がつづきます。

早良平野には江戸時代中期頃から明治時代にかけて、佐賀と福岡とを結ぶ「三瀬街道」が通っていました。三瀬街道の要所にあたる金武には「金武宿」とよばれる宿場があり、筑前福岡藩領内の宿駅である筑前二十一宿の一つに数えられていました。肥前から筑前へは米や木炭などが、筑前から肥前へは塩や海産物などが運ばれました。……

（福岡市ホームページ「西区の宝」より）

左手の紅葉八幡宮の石の鳥居の辺りから坂道は下り坂に

汐入川（途中から暗渠）にかかる新開橋を渡ると、道はまっすぐ金武に向かう

「菊池霊社」の石柱が立つ路地

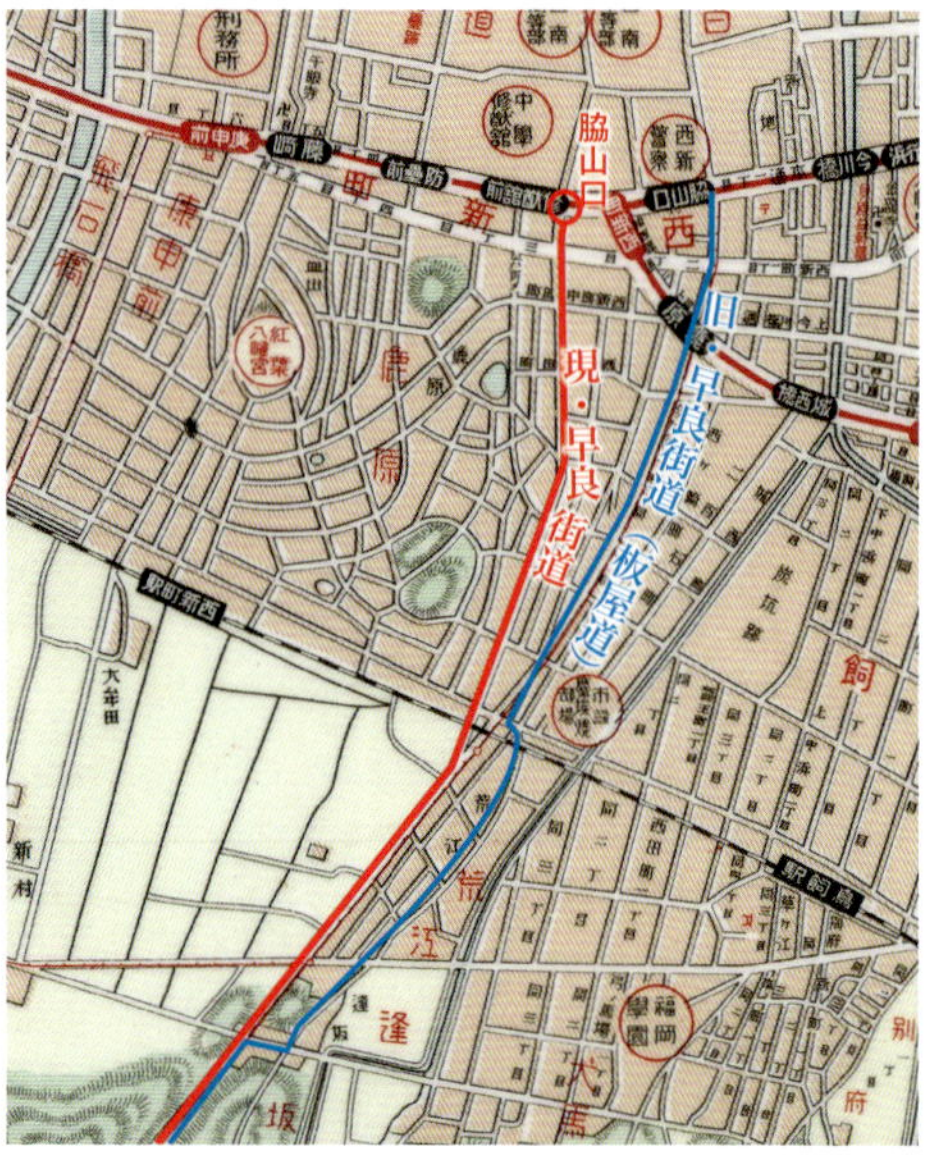

昭和11年発行「最新調査福岡市地図」に加筆（福岡県立図書館デジタルライブラリより）

旧早良街道（板屋道・野芥村道）菊池霊社道

明治通りとオレンジ通りの間に建つ高層ビル「ブリリアタワー西新」の南側にある路地、両側に飲食店が軒を連ねる飲み屋街です。その入り口に「菊池霊社」と彫られた石碑が立っています。もとは路地の両側に立っていました。この道は、七隈の菊池神社（南朝方の武将菊池武時を祭神に祀る。明治二年創建）に通じる道でした。また、菊池霊社道の石柱が立つ路地は、市制で福岡市西新町になる前は、鳥飼村と鹿原村との村境であり東側が鳥飼村、西側は鹿原村でした。

この道は江戸期には「野芥村道」と呼ばれ、石碑の立つ路地を抜けて城南線を横切って南に進み、曙二丁目から荒江に抜けて県道二〇二号線を渡ってツルカメ漢方本店から緩やかな坂道を上り逢坂へ、そこから野芥、入部を経て板屋峠→佐賀へと通じる道が江戸～明治期の主要道路・旧早良街道（板屋道ともいう）でした。

菊池霊社道沿いの民家に祀られた道祖神（早良区荒江）

現在の早良街道は脇山口が起点になっていますが、以前は西新二丁目信号の辺りが起点で、昭和十年（1935）に市が土地を買い上げて整備して市道脇山口荒江線を通し、荒江二丁目付近で旧道とつながったものです。

中西商店街から「くら道」に入る。通称「おもしろ21」通り

昭和40年頃のくら道を南側から撮った写真。旧西新病院が写っている（「西新　創立百周年記念誌」より）

くら道

江戸時代からある飯倉へ延びる道ですが、そのためこの名称がついたか否かは定かではありません。

中西商店街を西に進み、左側最初の角から路地に入るとくら道です。現在は通称「おもしろ21」通りと呼ばれ、飲食店、スイーツ、パン屋、衣料品店などの洒落た店が連なる横丁として若者に親しまれています。

横丁を抜けて、福岡大学西新病院を右に道なりに進むと祖原の交差点に出て現在の早良街道に合流します。

■一里塚

江戸時代、福岡城の上之橋御門を起点に東西南北に一里塚が設置されました。西は唐津街道沿いで現在の藤崎に設置され、「筑前名所図会」にも描かれています。現在の碑（福田眼科横）はこれを基に再現されたもので、以前は街道沿いにありましたが、脇道に移設されています。

江戸時代中期〜後期の西新町

一七〇〇年代

1708　（宝永五年）上の山（東皿山〈現西新五丁目浦賀神社付近〉）に高取八蔵・五十嵐次左衛門、窯（高取焼）を開く。

1710　（宝永七年）貝原益軒編纂『筑前国続風土記』改訂完了。

1713　（正徳三年）猿田彦神社を再建。

1715　（正徳五年）西新町瓶焼六郎次家より出火し町屋数軒と藩士宅を十数軒焼失。

1716　（享保元年）藩は、小石原から西皿山（現・高取一丁目）に陶工七人をもって民用のすり鉢等を作る窯を開く。この窯を奉行の統制下におく。

藩が窯元に金を貸して出来た器を納めさせていたが、窯元は庶民を対象とした器の作陶は利が薄くきらった。しかし、藩は日用品として必要なものを作らなければ他藩に金を出して買うことになり民の憂いとなる、として事業を継続させた。

（前略）藩より陶戸に本銭を貸して、その成せし器を収む。奉行を置いてその事業を掌しめ、士庶の乞う者には、廉価を以て売りいださしむ。有司其利至微なるを以て、廃せんと議せしかども、日用闕べからざる器なりし器なるに国製なくば他邦の高価なるを求めずば叶うべからずして、諸人の憂とならんとて其言を用いず（後略）

（「福岡藩民政誌略」）

1720　（享保五年）福岡藩の支藩東蓮寺《とうれんじ》藩（直方藩）が廃藩となり、藩士で中上級武士は福岡の町へ、下級武士の一部は百道松原に移住したと言われる。東蓮寺藩は嫡子長好が黒田本家の養子となり、長清没後、所領は福岡藩に還付される。

1733　（享保十七年）享保の大飢饉が発生。顕乗寺（鹿原、本書二五ページ参照）、圓徳寺（地行）、正光寺（唐人町）に飢人地蔵を建立。

1738　（元文三年）鹿原村に「駆け付け火消制度」が設けられる。

1739　（元文四年）西新町が「西新町村」として鹿原村・鳥飼村から独立。

……元文四年　鳥飼・鹿原・荒江三ケ村の田甫を頒ちて一村とせらる。（『附録』）

1741　（寛保元年）東皿山窯が大きく壊れ、西皿山に新大窯が造設。

同年　福岡藩より西皿山の二千坪の預かり山証文が奉行許斐次郎右衛門にくだされる。

1745　（延享二年）東皿山で御用製品の製作の内「造形・成形・釉薬作業」、西皿山で「焼きの工程」（西皿山焼）が行われる（「高取歴代記録」より）。

1746　（延享三年）新川（現・七隈川）が整備される。

1748　（延享五年）西新町汐入りの開地（開墾）願いが町人から出され、藩は年貢と江戸苦労銀（一種の税金）上納を条件に認める。合わせて旧塩焼浜（現・鳥飼四〜七丁目、城西二、三丁目、曙一、二丁目）の開墾が始まる。

1750　（宝暦三年）西皿山仕組が成立し、西新町で窯業（高取焼）が本格的に稼働する。

1778　（安永七年）片原町両側（現・西新一丁目）で火災、四十余軒焼失。

1797　（寛政十年）加藤一純、鷹取周成編纂『筑前国続風土記附録』上梓。

同年　西新町に町夫五十人による消防組織が公認の消防組として認可される。

高取焼の変遷

江戸期における陶器は幕府及び各藩の統制品であり、その製法等は門外不出でした。高取焼は、秀吉の朝鮮出兵時に黒田如水・長政により連れて来られた八山《はちざん》（高取八蔵）が直方市の郊外鷹取《たかとり》山麓にある永満寺宅間（福智町）に窯を開いたことに因んで「高取焼」と呼ばれるようになりました。

　慶長十九年（1614）には鷹取山の北斜面、内ヶ磯《うちがそ》に移動して、焚口一室、焼成室十四室が連なる巨大な登窯《のぼりがま》を築き、大規模でしかも高火度の作品が焼成できるようになっていました。帰国を望んだため八山父子は一時蟄居を命じられていましたが、二代藩主忠之の時に解かれ穂波郡で開窯。『高取歴代記録』によると、当時、茶人として第一人者だった小堀遠州《えんしゅう》のもとで学び、茶陶「遠州高取」の名が全国に知られるようになりました。

　この後も唐津の浪人五十嵐次左衛門（瀬戸の陶工）とともに転々として窯を開き、寛文五年（1665）には上座《じょうざ》郡鼓村で小石原鼓窯を、貞享年中（1684～87）には早良郡田嶋の大鋸谷《おおがたに》窯へと移り、宝永五年（1708）、四代藩主綱政のときに早良郡麁原村の上ノ山に窯を開いて茶器等を製作しました。

村の北西新町の南辺に小山あり。上ノ山といふ。宝永五年の春陶器所と定らる。即ち陶工高取五十嵐の二氏爰に居を移して……香爐　水指　天目香合等種々の器物を製せしめらる。良工なり。世の人爰を東皿山といふ

『高取歴代記録』

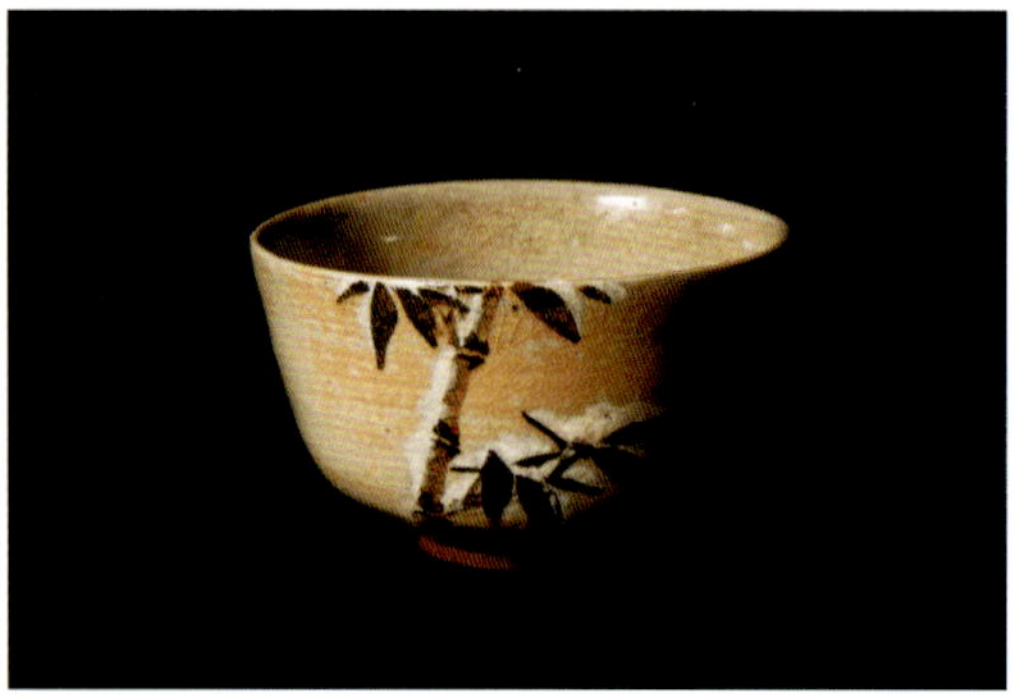

竹の絵茶碗　大鋸谷窯　四代黒田綱政公絵付
（「筑前黒田藩御用窯高取焼　味楽窯」ホームページより）

焼物の製造は、藩庁の経営（東〈皿〉山御焼物所）であり、献上品として東山高取と称し藩主の贈答用に使われました。

宝永五年の春より陶工高取・五十嵐二人を移して陶器を製せしめらる。今にしかり。寛文五年より元禄十七年まで八、上座郡鼓村にて陶工せり。元禄十七年の春、陶師高取某博多に居を移し、早良郡田嶋村の内六反間にても陶製せり。今も其跡あり。享保三年上座郡小石原村に居住せし陶工数人招かせられ、民用の陶器を製造せり。此所を土俗西皿山といふ。陶工の家廿七軒、窖所三ヶ所あり。

『附録』

京保元年（1716）、五代藩主宣政のとき、小石原から柳瀬三衛門を窯方頭取に早川・中川（後に亀井）の二陶工をもって西皿山（元・高取一丁目）に民用の窯を開き、奉行の統制下におかれました。また、前年、西新町瓶焼六郎次家より出火し十数軒が焼失したため、一時期御用製品が西皿山でもつくられました。

寛保元年（1741）東皿山窯が大破し、西皿山に新大窯が造られました。

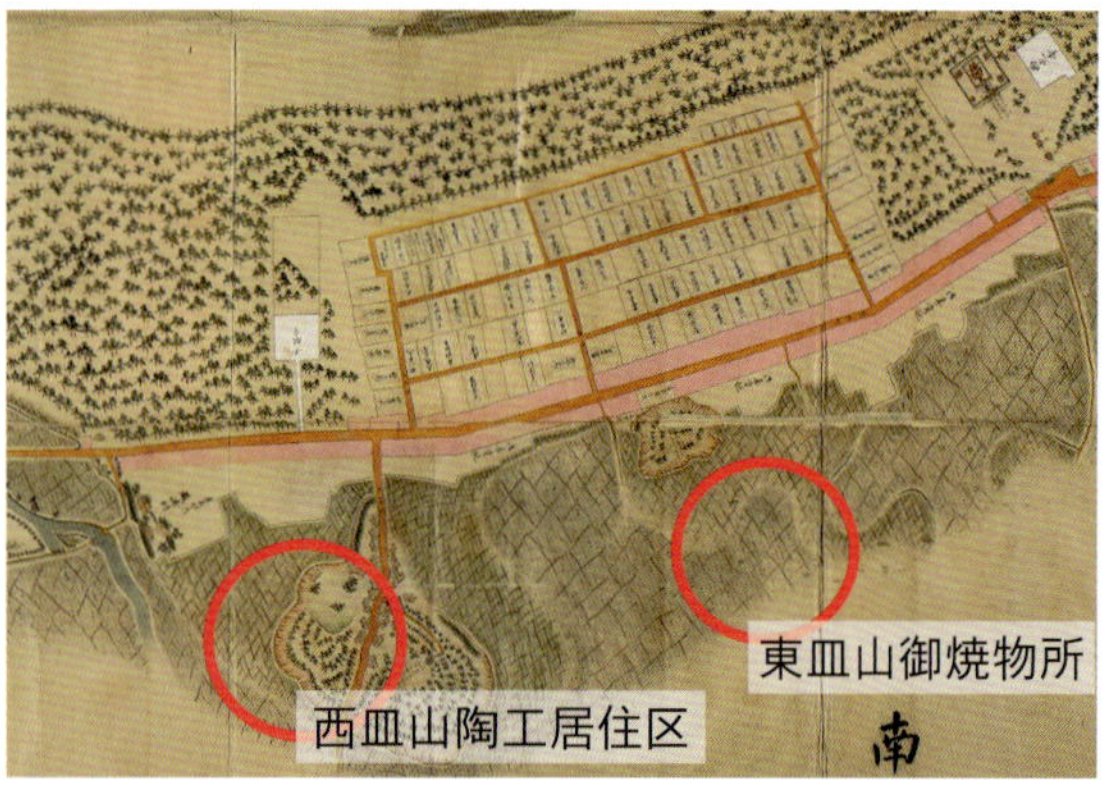

「福岡御城下絵図」安永６年（1777）より

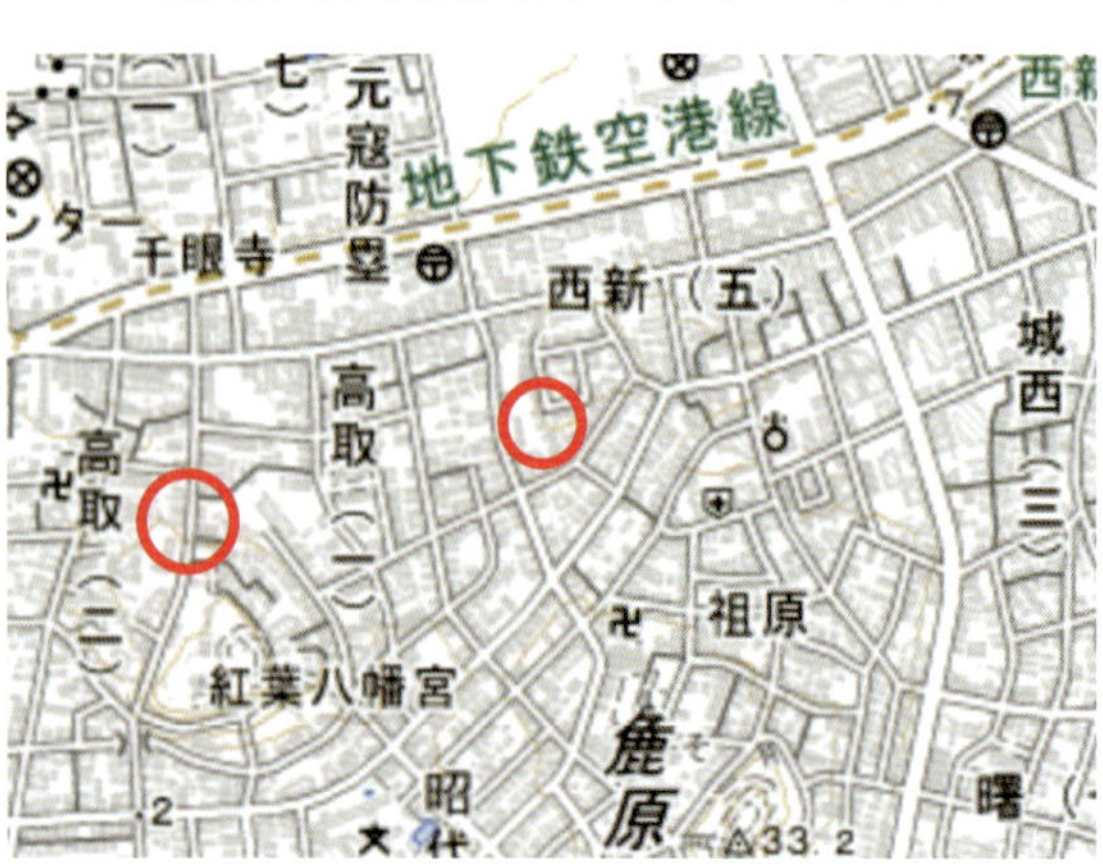

現在の福岡市地図（国土地理院）

その後、東皿山の窯は再興されることなく、延享二年（1745）に東山では御用製品の製作の内「造形・成形・釉薬作業」、西皿山で「焼きの工程」（西皿山焼）が行われました。

東皿山窯は明治四年（1871）、廃藩置県が施行されるまで稼働しました。

一方、西皿山窯は近代以後も生産をつづけましたが、現在、西新の高取焼の窯元は茶陶等に専念する亀井家の味楽窯のみです。敷地内には味楽窯美術館があり、登窯一基が保存されています。

高取極光釉鎬手茶盌（黄釉・白釉・黒釉）十六代味楽継承者 亀井久彰作

高取瓢形耳付茶入（金華紋釉）十五代亀井味楽作

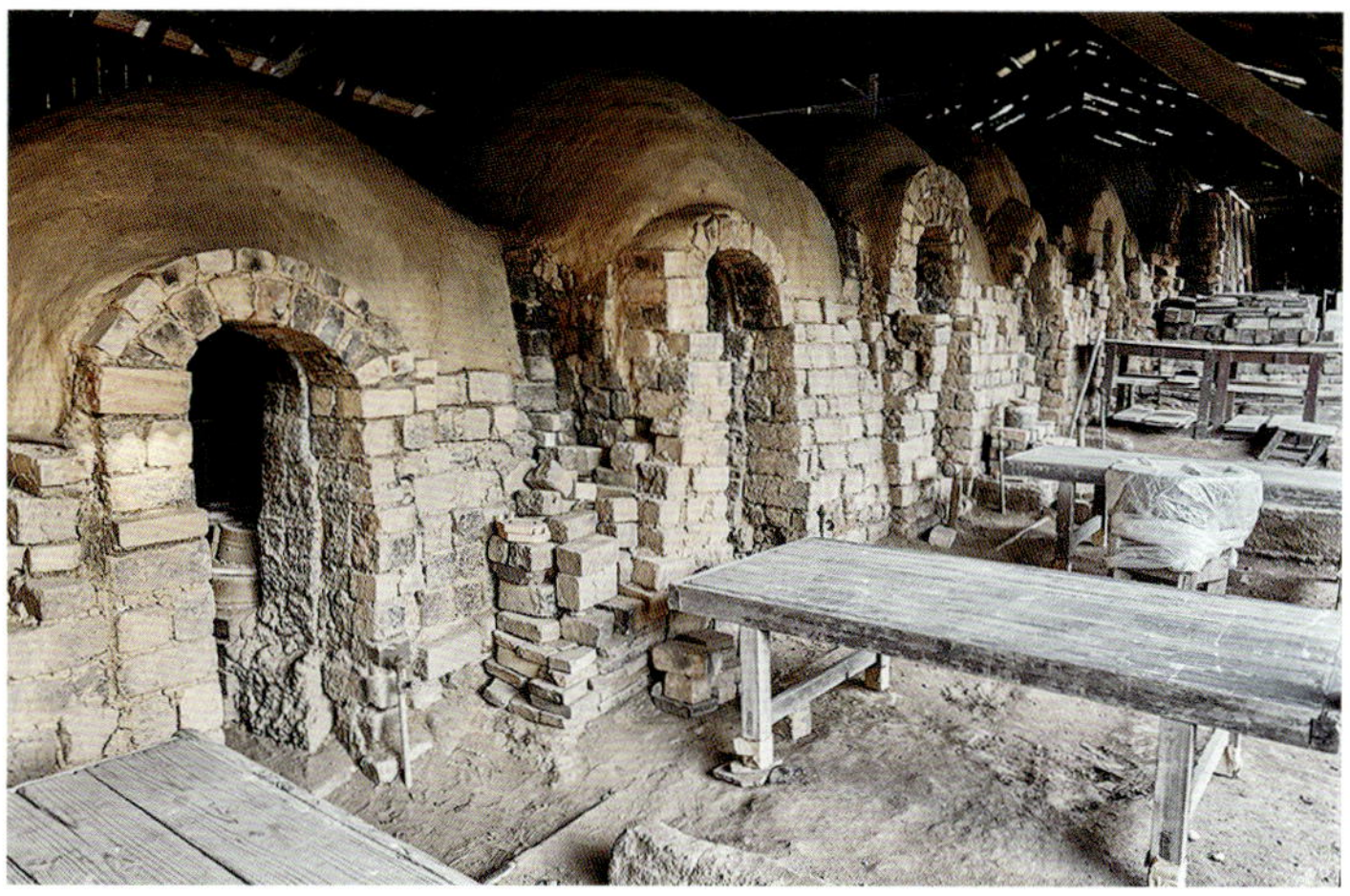

味楽窯の敷地にある登窯。現在は、消防法により使用できなくなっているが、大切に保存されている（「筑前黒田藩御用窯高取焼　味楽窯」ホームページより）

高取焼東皿山窯（御用窯）跡の位置を示す表記。後に、西新町炭鉱はこの場所で開かれた

■高取焼のその後

西皿山で生産された質のいい陶器は筑前の名物となり、百道浜から関西方面などに船で積み出されていました。

明治以降は高取焼は日用雑器、茶器、置物、産業、建設用とその時々の需要に応じて幅広い製品を作り、中でも、釣瓶井戸に代わる陶器ポンプは狂いがなく、安価であったため九州一円から関西方面まで進出しました。しかし、水道普及に伴いポンプの時代は終わりました。

その後、西皿山の窯元樺島家が薬品を貯蔵しておく耐酸陶器を開発し、プラスチック、ステンレス等が登場するまでは化学工場には不可欠なものでした。

藤崎、高取地区に、等身大ほどもある陶器の甕を飾っているキルンズという名称を冠したマンション（キルン＝窯）がありますが、これらは当時活躍した高取焼です。明治、大正、昭和と高取焼は西新町の産業を支えつづけました（六二ページ参照）。

陶器ポンプ

耐酸陶器の甕　用途に合わせてさまざまな大きさ、形が見られる

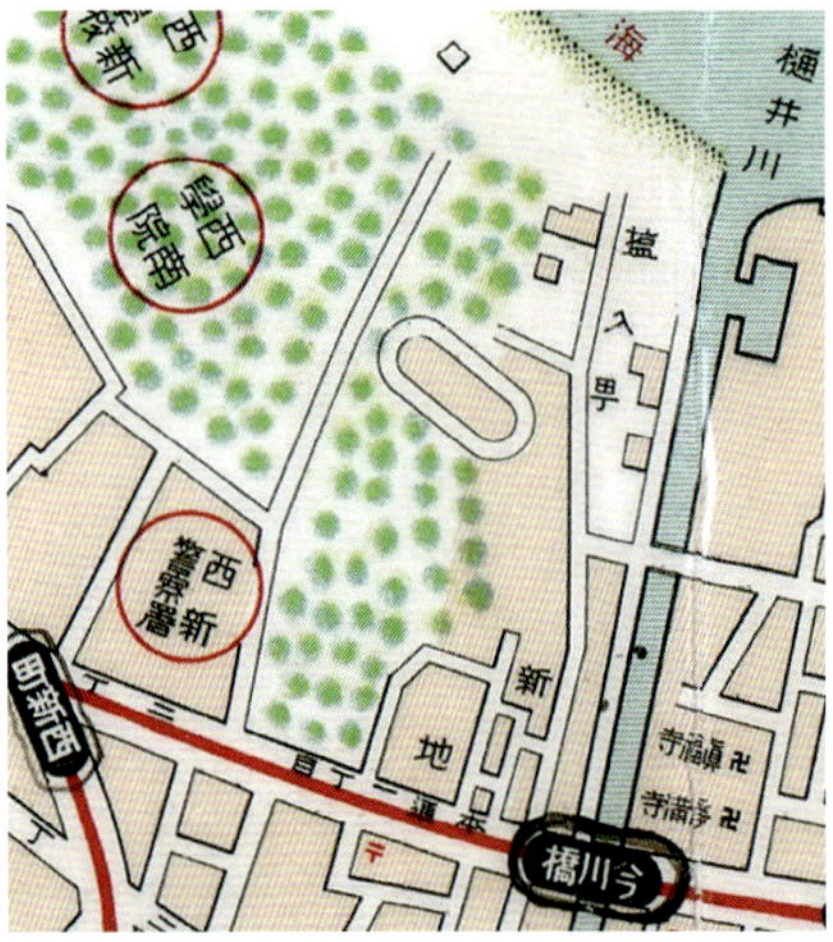

昭和５年福岡市地図。塩入畀（汐入町）と新地の町名が見える（「福岡県立図書館デジタルライブラリ」より）

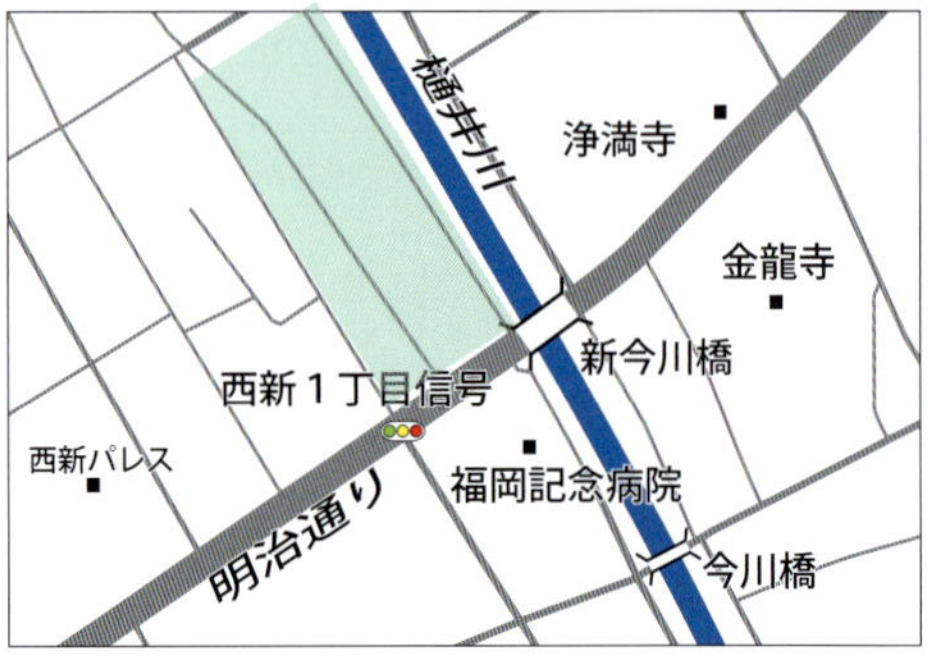

現在の地図で新地の場所を推測。西新１丁目交差点から樋井川沿いに東北の一帯、　辺りか。旧・西新パレス付近に紅葉八幡宮があった

延享の土地開発

延享五年（1748）、西新町の汐入と旧塩焼浜で開地（開墾）が行われています。汐入は樋井川の河口付近で明治・大正の古地図には見えませんが、昭和五年の地図には「塩入畀《ちょう》」の名を見ることができます。

また、前年新川（現・七隈川）が整備された旧塩焼浜で、現在の城西・曙地区が開発されました。その折に、人が通れるように樋井川にせんだん土橋が架けられ、昭和二年（1926）に城西橋が架かるとその任を終えました。

現在、城西橋から三〇メートルほど北に入った鳥飼側にせんだん土橋の石碑が立っています。

一八〇一～幕末

1801　（寛政十三年）西光寺（紅葉八幡宮別当）の願いにより紅葉八幡宮の山（西光寺の東側〈現・西新一丁目交差点の東側辺〉）と南側（現・西新一丁目の北側辺）の地を開墾、新地となる（新地は昭和六年まで小字としてあった）。

又片原町の北の松原を開て寛政の末年より人家建はしむ。是ハ別

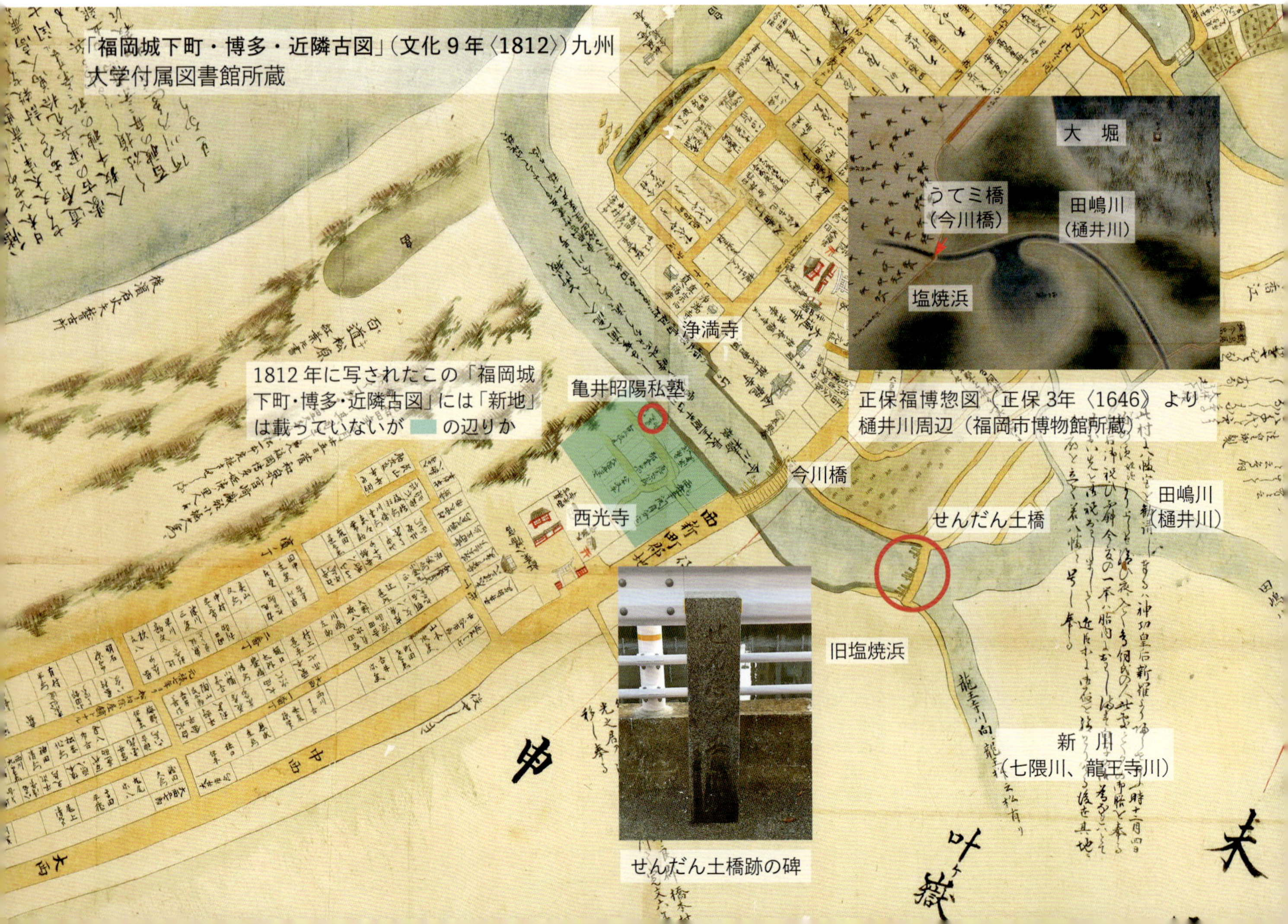

「福岡城下町・博多・近隣古図」（文化９年〈1812〉）九州大学付属図書館所蔵

正保福博惣図（正保3年〈1646〉）より樋井川周辺（福岡市博物館所蔵）

せんだん土橋跡の碑

當西光寺の願によりてなり。是を新地と云。　（『拾遺』）

1801 亀井昭陽は、今川橋の西側新地が開発された同地（西新二丁目一付近）に私宅を構え家塾「亀井塾」を開く。

1804 （文化元年）大雨により今川橋が落ちるとともに、鳥飼村及び西新町辺りに大洪水が発生。

1805 （文化二年）上野（西新五丁目付近）での石炭採掘願い（西新町炭鉱）が出される。

1806 （文化三年）麁原村（上野山）炭鉱の穴に落ちて人が死亡（「西新　作り始めて350年」）。安政年間（1772～1781）には、「麁原村に石を販売する者あり」と古記録にみえ、その頃から石炭の存在は知られていた。

1812 （文化九年）伊能忠敬が西新町周辺を測量（『伊能忠敬測量日記』）第八次（九州第二次）調査。この時、伊能の地理測量の案内役として青柳種信が奔走し、のちに、伊能の求めで『宗像宮略記』『後漢金印略考』をまとめた。

1821 （文政四年）奥村玉蘭編纂の『筑前名所図会』が編集・改変して完成。しかし、その詳細な図故か藩は出版を許さなかった。

1829 （文政十二年）青柳種信が九年を費やした調査を終え、『筑前国続風土記拾遺』を編纂、上梓。しかし、出版は許されなかった。

1832 （天保三年）福岡藩が幕府に「筑前国絵図」を提出。地図内には、福岡城下から海沿いに唐津に向かう道が記される。

1845 （天保末年）福岡藩から、西新町村に店売りが許可される。

1850 （嘉永三年）洪水、大風が起こり、田嶋川、室見川が氾濫。中屋敷など大きく破損。

1861 （文久二年）薬師堂（現・祖原八の二一）の仏像を修飾し堂宇を再建。

1868 （慶応四年）明治維新。

■亀井南冥、亀井昭陽

亀井南冥《なんめい》（寛保三～文化十一年〈1743-1814〉）、儒学者、医者、教育者、漢詩人。姪浜に生まれる。福岡藩の藩校甘棠館《かんとうかん》館長として徂徠《そらい》学を中心に教えていましたが、幕府による学問統制「寛政異学の禁」のために失脚。甘棠館は寛政十年に焼失し、以後、再興は叶わず、息子の昭陽《しょうよう》が開く亀井塾で指導にあたりました。天明四年（1784）、志賀島の金印（倭奴国王印）が発見されると、『後漢書』東夷伝を引用して金印の由来を説き、『金印弁』を著したことで知られます。

昭陽（安永二～天保七年〈1773-1836〉）は唐人町の生まれ。南冥の学業を継ぎ、徂徠学を基本に朱子学を取り入れて亀門学を大成しました。南冥とともに甘棠館で教えていましたが、閉校後は私塾を開き、幕末に活躍した広瀬淡窓、広瀬旭荘をはじめ優秀な人材を育てました。寛政十三年、西新町の新地に私塾を開いています（三四ページ図参照）。

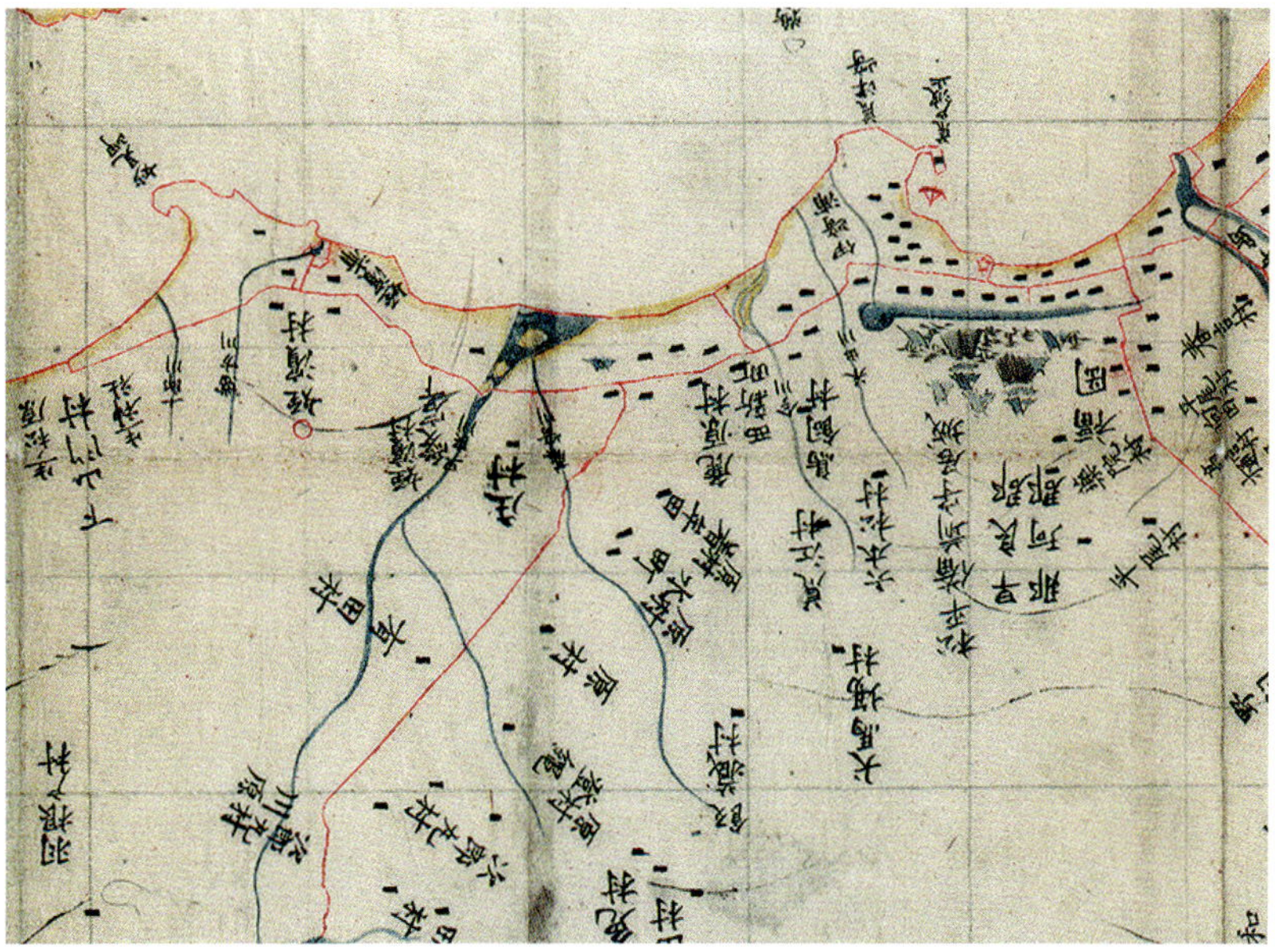

伊能大図の一部（アメリカ議会図書館所蔵）

（右）浄満寺にある亀井南冥、亀井昭陽の墓

江戸時代に創建・再建された寺社

紅葉八幡宮・西光寺、顕乗寺、千眼寺は二三～二七ページ

利生院《りしょういん》　福岡市早良区高取一丁目二六―五九

紅葉八幡宮の北側にあり、郷土史編纂資料に左の文があります。

偶国君綱政、この地御茶屋に休憩ありしに腹痛に悩まれ医師又は祈禱をなす者を求められる。ある人ここの修験者を薦め、祈らせしめたるに病、忽ち癒ることを得り、依りてその行力に感ぜられ、以降院に名づくるに利生の二字をもってせよとの命あり、山伏、ついに居をここに移し利生院と称すという。

社会福祉事業所「利生院」の玄関

利生院の敷地内に建つ御堂

四代藩主綱政の治世の時（元禄元年～正徳元年〈1688-1711〉）ですから、利生院は江戸時代初～中期のころに創建されたものと思われます。すぐそばの紅葉八幡宮の境内には、「利生の水」が湧き出ています。

平成二十八年（2016）、社会福祉事業所「利生院」が誕生しました。利生院の土地と建物を「地域貢献や社会貢献に使ってほしい」という故人（堂守）の遺志が実現し、心身に不自由を抱える人たちの癒しの場になっています。

建物は築百年は経つという古民家をモダンにリノベーションしたもので、心地よい空間が来訪者を温かく迎えます。敷地内には築三百年くらいの山伏が居住したという御堂が建っています。

猿田彦神社　福岡市早良区藤崎一丁目一―四一

早良区役所の明治通りを挟んだ向かい側のビルの合間に小さな石の鳥居が建っており、両脇の赤い頬っかむりをしてちょこんと座ったお猿が車や人の往来が激しい通りを見下ろしています。鳥居には「正徳三年再建」（1713）と彫られています。

『付録』に「庚申堂」の項があり、左のように記されています。

猿　面

藤崎　道路の南側にあり。猿田彦命をまつれり。石鳥居額に庚申宮と記せり。辨へざるのミあり。道を守る僧ハ西光寺に属せり。

往時、西光寺の僧がこれを守り、疱瘡の神として信仰を集めたと言います。

御祭神の猿田彦大神は天孫降臨したニニギノミコトを道案内した神様で、道祖神として信仰を集めてきましたが、猿（申）の字を冠する神様ということから庚申信仰と結びつきました。庚申信仰は平安時代に中国から伝わったものですが、日本の道祖神と習合して道の神様として全国に広がり、庚申塚は各地にみられ、社殿の後ろ側にも庚申塚が祀られています。

猿は「去る」に通じ、「災いが去る」として昔から、西新町を中心に授与品の猿面を玄関にかけた家をよく見かけます。近年、お猿の神様の人気は

猿田彦神社の鳥居

猿田彦神社の社殿

なぎのぼり。ふだんは両脇のビルに挟まれてひっそりと佇む境内ですが、寒さ厳しい冬の最中の初庚申の日には、朝早くからご祈願して猿面や福笹などをもらいに、神社の建つ区域の住宅街をぐるりと人が囲んで境内に入る順番を待ち警備員が出るほどです。猿は木から「落ちない」として受験生の合格祈願として猿面を購入する人も多く、猿田彦の神徳が広がっています。

長らく紅葉八幡宮の兼務神社でしたが、令和三年より平山慎二宮司が常駐する神社となりました。

薬師堂　福岡市早良区祖原八―二六

早良街道の祖原の信号を渡り、二つ目の角を西に曲がると「薬師堂」と書かれた看板に気づきます。

薬師堂は上の畑にあり、昔の寺跡なりという。依りて考えうるに瑞雲山善龍寺（現在　唐人町に在）往時この地にありたること疑なく、浄徳これを唐人町に移すにあたり真宗に必要な阿弥陀仏を取りて、薬師仏は依然麁原にありて顕乗寺の守るところとなり居しか何時頃よりか退廃に及びけん、村民千眼寺と謀りて修飾を加え担任を依託したるが如し。（『拾遺』）

御本尊薬師如来を祀る小さな御堂、十三仏が祀られた境内はきれいに掃除されており、案内板には、この御堂の由来が詳しく書かれています。

大永元年(1521)、筑前の早良郡麁原村中尾字上ノ畑（現在地）に瑞雲山龍善寺という寺があった。開山の僧を玄宝禅師といわれる。この寺は世の移るにしたがい次第に頽廢して、寺跡に一禅院だけが残った。此処には弥陀、薬師の二尊像の佛像があったという。

慶長十八年（一六一三）、浄徳という僧が、二尊のうち本尊阿弥陀尊像（古伝に行基菩薩作という）を福岡、東唐人町に還し、更めて一寺を開山、瑞雲山龍善寺を再興したという。二尊のうち、薬師如来木像は、現在の地に鎮座される薬師堂の御本尊である。

……文久二年（一八六二）、黄檗宗千眼寺第八世桂山師が、町民と協力して佛像を修復し、堂宇を建てて再興した。

その後、明治末年まで五十余星霜の間に風雨の被害を受け、破損も甚しくなった。そこでお堂再建のため、町民、信者等が相謀り、頼母子講《たのもしこう》を設けて、明治四十五年（一九一二）、堂宇の建設に着手し、大正元年十月に竣工した。更に同十三年、境内、囲壁を改修して整備をおわった。

この堂宇建設から今日まで八十年の歳月を経た。その間、町民と信者

薬師堂

御堂の横の十三仏

は、建物の老朽化と度重なる風雨その他の被害の都度、境内の復旧を併せて修復を重ね、堂宇並びに境内の護持、保存に努めて今日に至った。

右の案内板の文からも、薬師堂が地域住民や信者の思いから何度も建て直されて今日に至ったことがわかります。現在も、毎年七月には夏大祭（お薬師様）の祈願法要が堂主千眼寺住職により行われています。戦前は縁日の店も出て、獅子一対を担ぎ地域を練り歩いていました。戦後、途絶えていましたが、平成二十八年（2016）に地元住民の強い要望により復活しました。

埴安神社

埴安神社は昔は麁原村小宮の脇にありましたが、しばしば移設され、慶長年間に唐山に移されたとあります。その唐山の場所は祖原公園内の北斜面、元寇麁原戦跡記念碑から二〇メートルくらい北側に下った、五穀神の石碑が建てられているところと伝えられています。

明治十二年（1879）、紅葉八幡宮の南参道の最上段に麁原山より遷座、現在残る鳥居の額には「埴安神社」とあります。大正二年に紅葉八幡宮が現在地に遷宮されると同宮に合祀されました。

地誌に載る項は、『附録』『拾遺』ともに「十六天神社」とあります。

祖原公園に立つ五穀神の石碑

紅葉八幡宮境内の埴安神社の鳥居

村の南タウの山に在。産神なり。埴安命を祀る。……麁原兵庫助といふ士始て勧請して鳥飼の新五郎といふ者に社を頼し由見えたり。始めは村の西北池の上に在。慶長の頃村の坤山の麓に移せしか享保年中不祥のことありて又今の地に社を造立せり。

（『拾遺』）

埴安神社の祭神である埴安神の「埴」とは粘土のことで、埴安神は窯業と関係の深い神様だといわれています。また、土の神ということから農業にもつながり、埴安神社の跡に五穀神の石碑があることにも頷けます。

宇賀稲荷神社

本村の西方東大辻山の上に在。皿山の産神なり。むかしハ小社なりしか、元文の比大辻山より今の地に移し延享三年（1746）より当所の産神とす。

（『拾遺』）

現在、紅葉八幡宮の境内に宇賀稲荷神社として、紅葉山にあった宇賀神社と稲荷神社が合祀されています。紅葉八幡宮のホームページには、「宇賀神社は黒田家の守護神として早良郡田隈村から東山を経て宝永四年（1707）当地に遷座され、稲荷神社は皿山守護神として元文の頃に当地に遷座された神社です」とあります。

宇賀稲荷神社

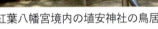

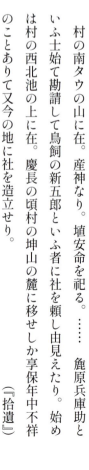

杉山稲荷神社

福岡市早良区西新二丁目一〇

旧・西新パレスの裏、マンションが立ち並ぶ中に、道に面した石の鳥居につづいて朱色の千本鳥居が拝殿までの短い参道に並び立っています。大正二年（1913）、この辺り一帯が境内であった紅葉八幡宮が、境内の一部を北筑軌道が横切るため喧騒をきらって皿山（現在地、高取）に遷座するとき、末社の杉山稲荷神社は地元の希望を受けて留まったということです。

『筑前名所図会』の「百道原八幡宮」に、「いなり」「イナリ社」と記された社があるのがそれではないかとも推測されますが、定かではありません。

一説によると、明治三十年頃、ここの大松の根元の穴に棲みついていた大きな狐を、片原町の人が青松葉でいぶし殺してしまった。以来、殺した人に祟りがあったので、町内有志が祠を建てて祀ったといいます（五〇ページ）。当時、この辺りは狐が棲めるようなところだったのでしょう。

拝殿と社務所の間にあるセメントで固められた斜面が境内に当たるのでしょう。風情があるとは言い難いのですが、そこに石柱や宝篋印塔が建っています。杉山稲荷神社と彫られた石碑は、明治・大正期に軍人として活躍した西新出身の西川虎次郎中将の書です。

現在の社殿は、昭和五十七年（1982）に改築されました。

杉山稲荷神社の鳥居と拝殿

杉山稲荷神社の境内

塩竈神社

霊場案内によると「塩竈明神は福岡市新四国第四一番霊場で西部曙町ゴミヤキ裏」とある。俗に「塩竈さん」と呼ばれ、商売繁盛、航海安全、安産の神として地域の人々の信仰が厚い（中略）

元々塩竈神社は海の神様であり、何故この地にとの疑問が湧くが、かつてこの地の東の鳥飼や別府、南の荒江一帯を「アミダガハナ」と呼び、慶長年間迄塩田があったとの記録があり、（後略）

（西新町の歴史〈1〉歴史物語散歩）

現在、同地に塩竈神社はありません。大正十四年（1926）、西部塵芥焼却場ができたときに、「神様が煙たかろう」と祖原の顕乗寺に御神体を預けたそうですが、昭和十三年（1938）、祠を移したと言います。砂岩で造られた祠の背面には、「弘化四年」（1847）と刻まれていたそうです。

塵芥焼却場は昭和三十五年頃まで運転し、跡地には四十九年に西市民プール（現・早良市民プール）が開設。塩竈神社では昭和六十一年頃までは、紅葉八幡宮の神職により祭事が行われており、地域ではお祭りがありました。

また、塩竈様は「お産の神ともいわれここに祈願すると安産するということで信仰が厚い。又火事の神で戦時中もこの町内は戦災火にもあわず、不発弾が八発おちたのを西福岡署まで荷負ってもっていったといわれ、これも塩竈様のお陰と、お祭りも一段と盛大となり……（後略）」

（『西新　創立百周年記念誌』）

現在は、宮城県塩釜市の塩竈神社総本山に還っておられるそうです。

往時の塩竈神社

秋葉神社

秋葉神社は全国に千箇所以上もあるとされる火除けの神、火之迦具土大神を祀る神社です。

紅葉八幡宮が寛文六年（1666）、藩主光之公により西新町に遷されたとき、末社であった秋葉神社もともに遷宮しました。『筑前名所図会』に描かれた紅葉八幡宮にその名は見えませんが、「西新　創立百周年記念誌」の巻末に描かれた「明治三十五年頃の紅葉八幡宮」（明治三十八年卒　山本太郎次）の図のなかの大鳥居のそばに「秋葉さま」と記されています（五三ページ）。

戦争末期、福岡空襲の際に戦火が樋井川でとどまり、西新町に累を及ぼさなかったのは「秋葉様のお陰」と、まちの人たちが有り難がっていたそうです。

時を経て昭和五十六年（1981）、地下鉄西新駅と連結して建った西新エルモール岩田屋の屋上には、ブロックで仕切った小さな境内に鳥居が建ち、秋葉神社と金毘羅宮が祀られていました。

今も昔も恐ろしいのは火災です。徒《あだ》や疎《おろそ》かにしていいわけがありません。昭和の高度成長期の最中、まちが大きく変わっていく時代でしたが、丁寧に祀られていました。西新エルモール岩田屋が閉店する時に神社はなくなりましたが、御神体は紅葉八幡宮が預かり保管されています。

西新エルモール岩田屋の屋上に祀られた秋葉神社と金毘羅宮

秋葉神社の夏祭り

松山稲荷神社　福岡市早良区西新二丁目一一

西新二丁目の閑静な住宅街の中に、松山と杉山という二つの稲荷社があります。住宅街から百道海岸があったよかトピア通りに抜ける少し手前、小さな竹垣が仕切った十坪に満たないほどの敷地に朱の鳥居が三基建ち、松の古木の下に松山稲荷神社があります。神社というよりも祠という感じですが、小さなお狐様が守っています。

竹垣に掛けられた看板に、「九州で一番古い稲荷神社　京都伏見稲荷大社直轄」とあり、由緒がそれにつづきます。

九州最古の稲荷神社で文永十一年（1274）甲戌拾月八角田（博多）蒙古襲来し日田郡主弥次郎永基は筑前国早良郡姪浜及び百路（道）原稲荷祠の處で忠死せりと言ふ文献がある。伊勢の皇大神宮の外宮で京都伏見稲荷大社の直轄の末社である（後略）。

清々しく浄められた小さな境内や、道行く男性がついっと足を止め手を合わせて拝んでおられる姿に、地元の人の信心の篤さがうかがえます。

松山稲荷神社

四　文明開花ににぎわうまち〈明治時代〉

明治時代の西新町

新たなまちづくり

麁原村と西新町が合併

福岡県早良郡西新町

1868　（明治元年）明治新政府により「神仏判然令」が発布、施行。これにより、紅葉八幡宮の神宮寺であった西光寺が廃寺となる。

同年　西新町で火災が発生し六十戸が焼失（明治八年頃の戸数五一三戸）。

1871　（四年）西新町で火災が発生し十五戸が焼失。

同年　十一月、江戸期の早良郡を含む筑前国一円が福岡県となる。

1872　（五年）八月、学制が公布される。

1873　（六年）二月、西新・百道・紅葉小学校の三校が開校。

同年　六月、筑前竹槍一揆が勃発。二月にできたばかりの西新小学校の校舎が破壊される。

1874　（七年）麁原村と西新町の出資で西新・百道・紅葉の三校を合併し、紅葉小学校（新屋敷町）を設立。西新小学校ではこの年をもって設立年度としている。

当時の小学校は「下等三年・中等三年・高等二年」の教育制度だった。現在のオレンジ通り南側の地域は鳥飼村で、同地区の児童は、鳥飼小学校に通い、鳥飼村に福岡県女子師範学校附属小学校（一九〇四年設立。現・南当仁小学校の位置）が設立されると同校へ移った。

同年　明治政府により全国民を対象とした「徴兵令」が発布、施行。その後何度か改正を繰り返し、昭和二年（1927）には「兵役法」となり、昭和二十年、太平洋戦争の終わりをもって廃止される。

1875　（八年）「松十醤油」が中西に創業。大正十年（1921）には一六六四石（一石＝一八〇リットル）を醸造した。

1876　（九年）福岡県と小倉県を統合し福岡県と称す。

同年　紅葉小学校を西新小学校と改称する。

1877　（十年）西南戦争が勃発。西新町から官軍に徴兵された人もいた。一方、三月二十七日、西郷決起に呼応した元福岡藩士らにより福岡の変が勃発。

1878　（十一年）行政区画としての早良郡が発足。郡役所が西新町に設置。

1879　（十二年）麁原の埴安神社が大辻山（現・紅葉山）に遷宮。

1880　（十三年）西新町で火災が発生し二十戸焼失。

同年　四月、西新町学生団同心会が設立。西新校の同窓生で中等学校に入学した者の親睦会。彼らの徒歩旅行が修学旅行の原点といわれる。

1881　（十四年）公設消防組織の一つとして民間消防組織ができる。

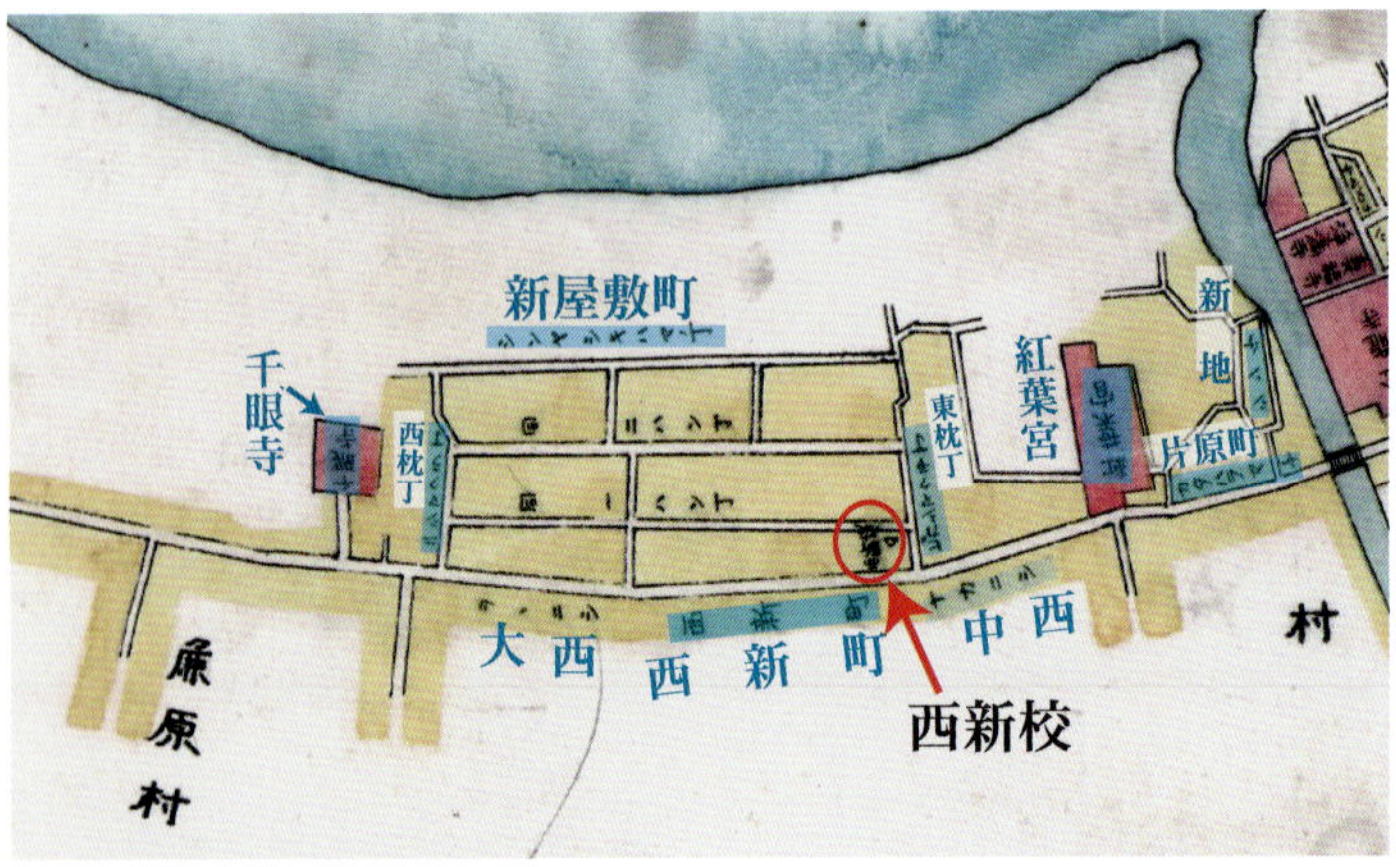

「改正福博詳見全図」（明治 13 年）の一部に加筆（福岡県立図書館所蔵 ふくおかライブラリより）

当時の松十醤油の大きな看板が北九州銀行西新支店（西新５丁目 15-37）の明治通りに面した地下駐車場の入り口に掛けられている。社名の下に、「電話（西）二〇〇七番」とある

1884　（十七年）西新町郵便局（現・西新四丁目九付近）が設置される。

同年　神仏判然令で廃寺となった西光寺の復興を目指し、博多東長寺末「閑松院」が対馬小路から西光寺の跡地に移転。

1885　（十八年）「筑陽社」の分社が新地に設立。西新町では新地一帯が桑畑となり、養蚕業に携わる人々が多くなった（「筑陽社」は旧士族が起業〈養蚕・製糸業〉するための資金を融通する組織のこと）。明治初期から一時栄えたが、大正期に入ると急速に衰退していった。

1886　（十九年）学制が変更され、西新小学校は修業年数四年の西新尋常小学校となり、更に修業年数四年の西新高等小学校（現・早良郵便局の位置）が開校。

同年　早良郡西新町警察署が中西（現・西新五丁目付近）に開所。明治期の警察業務には、衛生・消防・災害対処もあった。衛生は、コレラなどの疾病隔離・地域封鎖の処置にあたり、消防・災害の場合は、「消防組心得第一条　消防組火事場ノ進退ハ其場出張警部又ハ巡査村吏等ノ指揮ヲ受ケ、自儘ヲ為ス可ラズ」と法律に定められていた。

1887　（二十年）福岡煉瓦会社が創設され、煉瓦、土管の製造を始める。製造された煉瓦や土管は福岡市内の建築物や軍港、鉄道の敷設工事に使われ、台湾まで出荷されていた。

同年　西新尋常小学校に高等科が敷設。西新尋常高等小学校となり、校舎が増築された。

1889　（二十二年）福岡区と博多区を併せて「福岡市」と命名。福岡市市制施行。初代市長は、西新町出身の元福岡藩士、山中立木が務めた。

同年　西新町と鹿原村が合併し、福岡県大字西新町として町制が敷かれ、西新町役場が置かれた中西が行政の中心になった。中西には江戸期に日用《ひよう》支配という短期の職業紹介所があった。

1890　（二十三年）福岡で赤痢が大流行し市内で一五〇名が死亡。西新町でも約三〇〇〇人の町民の二割が罹患した。

■筑前竹槍一揆

明治六年、九州北部は大旱魃に見舞われました。筑前嘉麻郡（現在の嘉麻市の一部）で米相場で一儲けしようという一味のところへ民衆が押し掛ける騒動が発生。これに端を発し、筑前・筑後一円を舞台におおよそ二週間に及ぶ国内最大級の一揆・筑前竹槍一揆が勃発しました。

その主な原因は、欧米にならって近代化を急速に進めた新政府への強い不満にあったとされます。廃藩置県のほかにも、地租改正・徴兵令・太陽暦の採用などが行われ、それまで民衆の慣れ親しんだ世界が、有無を言わさず変更されたことにあったといいます。

■福岡の変と一枚の写真

福岡の変とは、明治十年（1877）、西郷隆盛の決起（西南戦争）に呼応して、旧福岡藩士族・武部小四郎、越智彦四郎、村上彦十、加藤堅武ら（福岡党）が時の明治政府に対して起こした反乱のことです。西郷らが熊本城を包囲した翌日の三月二十八日、紅葉八幡宮に集合。四隊に分かれ、うち村上彦十は西新町役場の金庫及び藤崎の監獄を襲撃。しかし、翌日には官軍に制圧され、首謀者の武部小四郎（写真右端）、加藤堅武、越智彦四郎、村上彦十（右から二番目）らは処刑されました。

下の写真は明治四年に撮影された筑前勤王党の若者たち。

中央の笑顔の青年、穂波半太郎は秋月の乱が起きた折に福岡県警部として派遣され、惨殺されています。

福岡の変に慎重派だった山中立木（左から二番目）は後に福岡市初代市長に就任。左端の尾崎臻は修猷館の二代目館長です。

筑前勤王党。右から武部小四郎、村上彦十、穂波半太郎、山中立木、尾崎臻。明治４年撮影

義務教育の改正と炭鉱開坑

1891（明治二十四年）西新町炭鉱が上野山（現・西新五丁目一二付近）にて採炭を始めたが、採炭量が少なく四十五年に閉山となる。

同年（二十六年）西新町役場新築落成。

1894（二十七年）七月、日清戦争勃発。翌年四月、日清講和条約（下関条約）の調印によって終結した。

1896（二十九年）郡制が施行。福岡県早良郡西新町となる。

1898（三十一年）早良郡役所が姪浜より西新町新地に移設。

同年 電話開通。西新町は特別区（市外地）扱いだった。

1900（三十三年）修猷館中学が大名から西新町新屋敷に移転。

同年 十七銀行（福岡銀行の前身）西新町出張所が開所。

同年 吉村文具が開業（西新四丁目）。当初屋号は種屋といって、米の販売もしていた。

1904（三十七年）二月、日露戦争勃発。ロシア帝国との間に起きた戦争は、翌三十八年九月、ポーツマス条約をもって終結した。この戦争では、西新町出身で後に陸軍中将となる西川虎次郎、当時の鳥飼村出身の旧藩士金子堅太郎が活躍、日本有利の戦争終結に導く。

1907（四十年）小学校の義務教育が六年となる（それまで義務教育は下等科の四年生までだった）。

1909（四十二年）麁原炭鉱（福岡炭鉱第一坑西坑）が開かれる（祖原・昭代一丁目付近一帯）。字井牟田（現在の昭代二丁目付近）に陥没が発生し、補償等その処理に多額の費用が掛かり大正三年（1914）に閉山。

1910（四十三年）北筑軌道が加布里～今川間に開通（現在の明治通り）。新今川橋が架かる。

1911（四十四年）四十二年に新築着工した西新尋常高等小学校が竣工し、中東へ移設。

1912（四十五年）七月、明治天皇崩御。元号は大正になる。

■西川虎次郎（一八六七～一九四四）

陸軍軍人。慶応三年、西新町新地に生まれる。西新小学校第一期卒業生。

西新小学校の教導を二年務めたのち十六歳になるのを待って上京し、陸軍士官学校に入学。卒業後、軍人となり日清戦争時には大尉として参戦、勇猛果敢な働きに勲六等功五級を、北支事変においては勲五等を賜り、軍人としての階級を上げていきます。

日露戦争においては、鴨緑江軍参謀、遼東兵站参謀長として出征して勲二等功三級を、大正六年（1917）に中将に昇進し、第十三師団長としてシベリア出征したとき、勲一等旭日大綬章を拝受、一九二一年に第一師団長に着任。赫々たる軍歴は西新町出身の英雄として子どもたちの憧れでした。

大正十二年に予備役となったのちも、福岡県にボーイスカウト福岡連盟を創設、また、西新小学校の後援会（ＰＴＡ）会長を務めるなどさまざまに故郷の発展に寄与しました。

西川虎次郎

■金子堅太郎（一八五三～一九四二）

明治期の官僚・政治家。筑前国早良郡鳥飼村字四反田（現・福岡市中央区鳥飼）に生まれる。藩校修猷館で学び、藩主黒田長知に随行しアメリカに留学、ハーバード大学で法学士の学位を取得。伊藤博文内閣の中核で司法大臣、農商務大臣を歴任しました。

日露戦争の折には、渡米し、当時の大統領でハーバード大学の学友であったセオドア・ルーズベルトに働きかけ、アメリカ全国各地で講演して日本の立場を訴え、日本に有利な戦争の終結に尽力しました。

現在、城西橋を東に渡って最初の角から二〇〇メートルくらい東に入った埴安神社に金子堅太郎生誕の地を記す小さな碑が建っています。

金子堅太郎

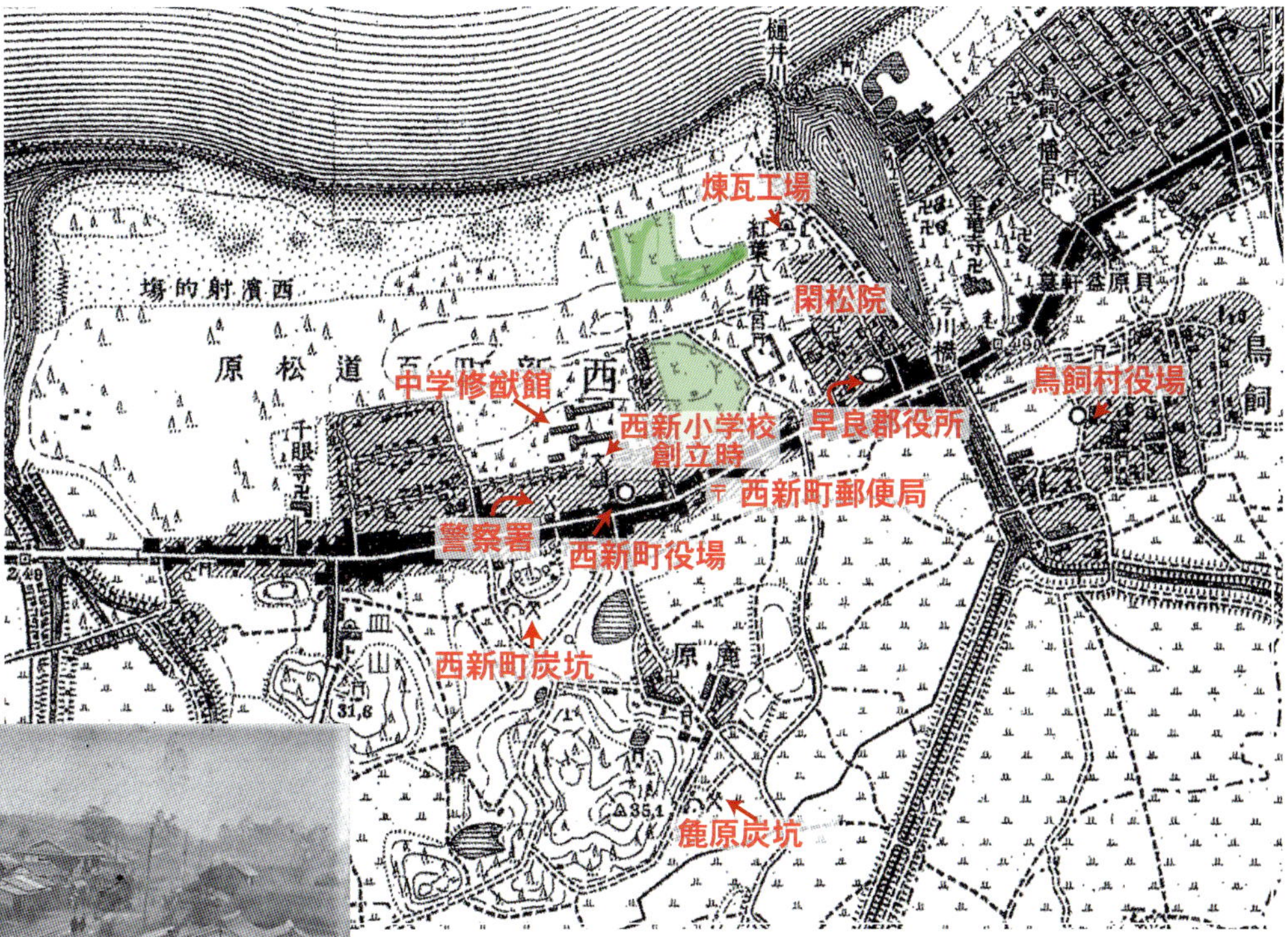

明治 33 年の西新周辺図（国土地理院）に当時の学校や役所などを加筆。緑の部分は養蚕新興のための桑畑丫で、新地を中心に広がっている

西新町側にあった今川橋電停付近（現在の明治通り）。道をはさんだ西新町郵便局から撮ったもの。左側の方形屋根は、西光寺の跡に建つ閑松院

中学修猷館

黒田藩には藩士の師弟を教育する学問所として東の学問所・修猷館と西の学問所・甘棠館の二校がありました。いずれも天明四年（1784）に開校。甘棠館は姪浜の村医の子であった亀井南冥が祭酒（学長）となり徂徠学を中心に教えました。寛政二年（1790）、幕府の朱子学による学問統制「寛政異学の禁」のために南冥は職を追われ、さらに寛政十年、唐人町の大火の類焼で甘棠館は焼失、閉校となり、以後再興はなりませんでした。

明治十二年、玄洋社の前身である向陽社が向陽義塾、後の藤雲館を開校。十八年、「藤雲館」を廃し、藤雲館の校舎・什器一切を引き継いで「修猷館」の名を再興し開校。二十二年、福岡県立尋常中学修猷館と改称し、金子堅太郎、栗野慎一郎（元福岡藩士。金子とともに修猷館、ハーバード大学で学び、帰国後、外交官として活躍）らの尽力により旧藩校修猷館跡である大名町堀端（現・中央区赤坂一丁目）に再建され、翌年、現在地に移転しました。

修猷館は自主・自発の学習を重んじたという甘棠館の校風を引き継いだと言われ、伝統的に学生の自治を重んじ、県下でも有数の進学校でありながら自由で文武両道に優れた活動が知られています。

西新町に移設当時の修猷館

中学修猷館の寄宿生活

まちに電車が走る

北筑軌道、博多電気軌道、福博電気軌道

西新町を最初に走った（現・国道二〇二号線）電車は、北筑軌道の機関車でした。北筑軌道は、西新町と糸島郡の交通が頻繁になったため、その利便を図る目的で、糸島の資本家が中心となって明治四十二年（1909）に設立されました。

　翌年七月から今宿―前原間の開業につづき、十一月までに今川橋―加布里間路線距離二〇・八キロに路線を延ばしましたが、営業成績が伸びず同年、博多電気軌道と合併しました。「旅費明細表」（大正十二年）によると、今川橋―前原間が三十四銭（現在の千百円位）で、当時の国家公務員の初任給が七十円くらいだったことを考えるとかなり高額であったことがわかります。

　西新町の起点は、現在の西鉄バス西新営業所付近でした。千眼寺前にも電停を設けましたが、お寺の松を伐ることができず、軌道は少し南側に曲げることになりました（四七ページ右下の写真参照）。

　博多電気軌道は明治四十五年、九州水力電気と合併し、北筑軌道もその傘下に入りました。九州水力電気は当時進められていた（早良郡）西新町・姪浜町の市街地化に対応して、今川橋停留場と加布里停留場を結ぶ北筑軌道線のうち、今川橋から姪浜停留場までの四キロを電化（「北筑電鉄線」と称す）、大正十一年（1922）から電車運転を始めました。

　しかし、電化に伴う今川橋―姪浜間に敷設されたレールは軌間一四三・五センチでしたが、北筑軌道は軌間九一・四センチでした。しかし、貨物列車は今川橋―加布里間を蒸気機関車が走るため、この区間は博多電気軌道と北筑軌道の三本のレールが敷設されていました。

　この時点で北筑電鉄線の起点は樋井川に架かる今川橋の西側で、橋の東側を終点（今川橋停留場）とする東邦電力線と接続していましたが、福岡市内線（循環線・吉塚支線）との連絡は他社線頼みでした。このため九州水力電気では市内線と北筑線を直接つなぐ「城南線」の敷設を計画し、昭和二年

■頭山《とうやま》 満《みつる》（一八五五〜一九四四）

　百道公民館の前の西新緑地には、生家・筒井家に十一歳の頭山満が植えたという楠が、西新町開発にともない移植されて、それが今大木になって緑陰をつくっています。

　頭山満は福岡藩の下級武士であった筒井家の三男として生まれ、母方の頭山の養子となり、長じて高場《たかば》乱《おさむ》の興志塾（人参畑塾）に学びます。西郷隆盛を敬愛し、西南戦争に呼応して興志塾出身の旧藩士武部小四郎、越智彦四郎らが決起した福岡の変の直前、同志の箱田六輔（向陽社社長）らとともに入獄したため決起に加わることができず、結果、処罰をまぬがれました。

　その後、板垣退助の自由民権運動に参画し、後に福岡で玄洋社を結成。その前身が向陽社といい、その教育機関として向陽義塾を開校。これが修猷館再興の礎になっています。

　明治二十年（1887）、「福陵新報」を創刊し、社長に就任。後に「九州日報」と名を変えましたが、これは「西日本新聞」の前身です。

　頭山満といえば、玄洋社創設者の一人であり、当時のヨーロッパ列強によるアジア諸国への侵略に対して国権伸張を主張し、大アジア主義を提唱した戦前の右翼の大立者として知られますが、アジア諸国の植民地支配からの解放を支援し「中華民国の革命の父」と言われる孫文や蒋介石、インド独立運動家ラス・ビハリ・ボースなど独立運動家が日本亡命の際には彼らを匿い、活動を助けています。

　生涯、在野の人でしたが、右翼の思想家、活動家という範疇だけにはおよそおさまらず、右左にかかわらず広く政財界の人と交友し、大隈重信、副島種臣、東郷平八郎、中江兆民、西郷従道など当時の名だたる政財界の人、思想家が一様に、頭山満を東洋的巨人と認め、その輪郭の大きさを評価しました。

　「西新　創立百周年記念誌」四九ページに小さな写真を見つけました。西新小学校の中庭にあった瓢箪池の渡り初めの記念写真、中央に頭山翁の姿が写っていました。亡くなる二年前ですが、故郷の小学校を来訪されたのでしょうか。

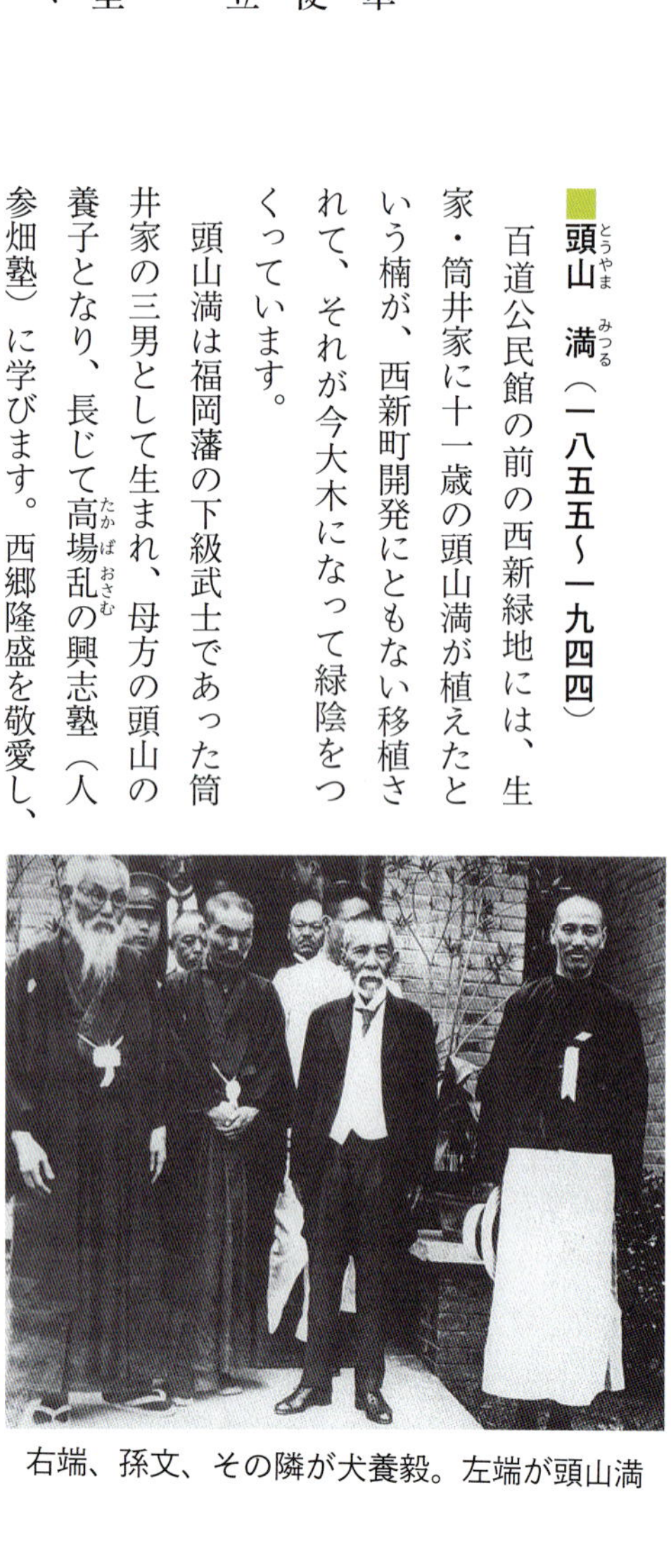

右端、孫文、その隣が犬養毅。左端が頭山満

（1927）、福岡市内線渡辺通一丁目停留場と北筑線西新町停留場を結ぶ線が開業しました。

地図は大正初期のものですが、北筑電鉄線と博多電気軌道がつながっていません。そのため、乗客は一旦今川橋電停で降りて、新今川橋を徒歩で渡って対岸の今川橋電停から市内に向かう電車に乗り換えていました。

福岡の市内電車敷設にあたっては、電力を供給する電力会社と軌道会社の統廃合が繰り返され、昭和七年（1932）、北筑線の起点今川橋停留場（西新町新地）から城南線と接続する西新町停留場までの区間の路線および軌道敷設特許を東邦電力が取得し、それまで木造であった今川橋（新今川橋）の架け替えを行い路線がつながることになりました。

電気事業などさまざまな利権の関係で紆余曲折し、市内を走る路面電車が一元化したのは、昭和九年の福博電車株式会社の設立を待つことになります。

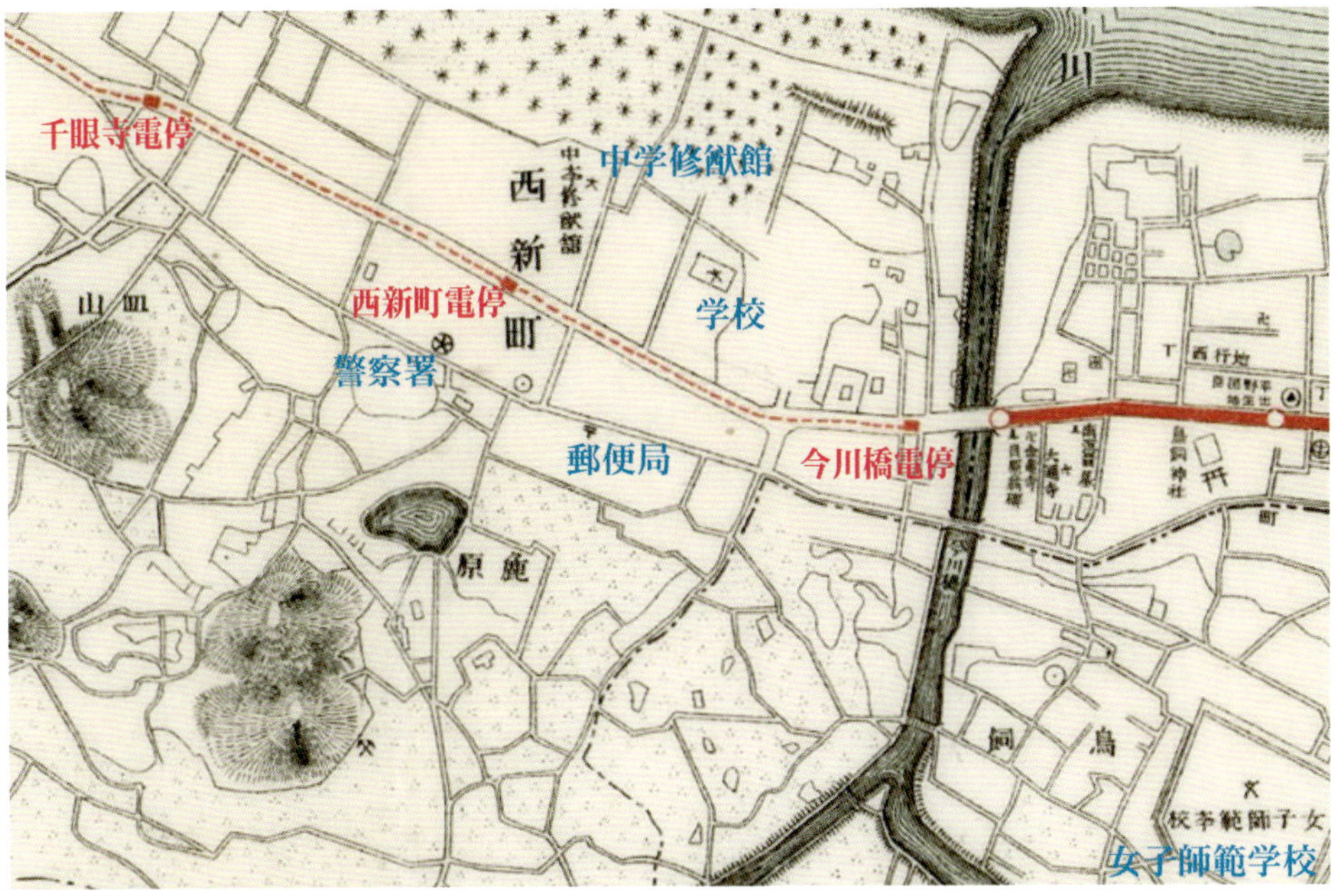

北筑軌道。- - - が北筑軌道の路線。■は電停。「福岡市実測図」1/15000　大正初期より（福岡県立図書館　ふくおかライブラリ）

旅費明細表（但シ大正十二年現在）

今川橋ヨリ前原間軌道	一人	参十四銭
今川橋ヨリ加布里間軌道	一人	四十三銭
今川橋ヨリ前原間乗合自動車	一人	壱円
前原ヨリ芥屋自動車借切	一台	五円
前原ヨリ芥屋乗合自動車	一人	壱円
前原ヨリ芥屋間人力車	一人	壱円五十銭
前原ヨリ芥屋乗合馬車	一人	七十五銭
加布里ヨリ寺山渡船	一人	十銭
芥屋大門渡海案内賃	一人	参十五銭 弐十銭
宿泊料	一人	参円 壱円五十銭
中食	宿料	半額
博多築港ヨリ汽船	往復 片道	壱円七十銭 壱円

（上）大正 12 年の旅費（『昭和３年北筑軌道記念』より）
（右）北筑軌道前原停留所前。左端が本社社屋（「綿屋文庫　前原宿研究所」ホームページより　有田和樹氏提供）

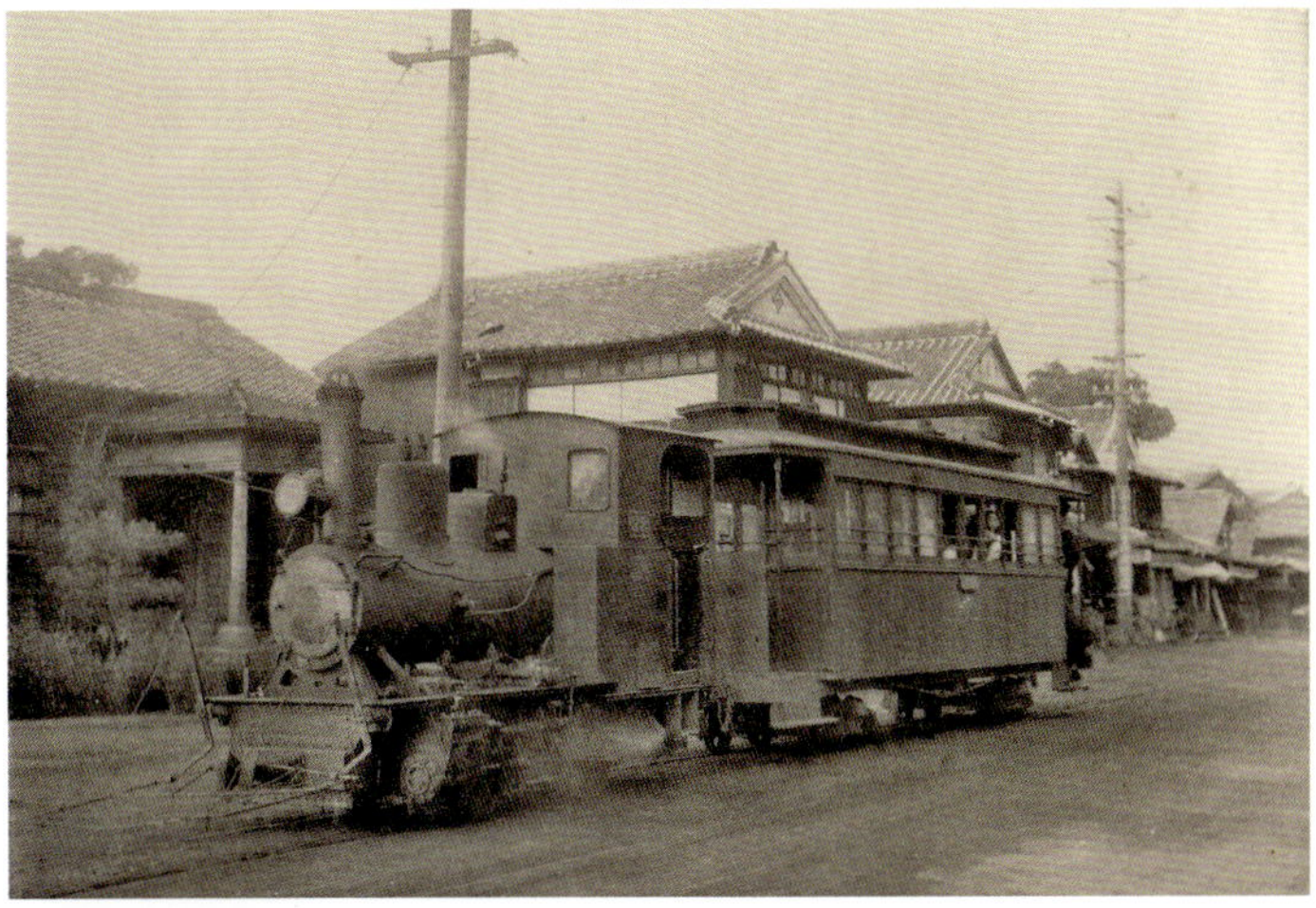

（左）西新町電停付近を走る北筑電車。電化直前の写真か、小さな蒸気機関車が煙をあげて走る（大正 11 年）（上）藤崎から西に向かう軌道（昭和３年）。手前左は紅葉八幡宮の一の鳥居。千眼寺の松の辺りから南に曲がる

西新町、あのころ

「西新　創立百周年記念誌」のこと

本書を作成するにあたりいくつもの貴重な資料に助けていただきました。

そのうちの一つ、「西新　創立百周年記念誌」（昭和四十八年十一月十一日発行福岡市立西新小学校創立百周年記念会　編集者・安河内和好、的野哲郎）は、西新小学校を中心に幅広い視野で西新町をとらえた記録、写真、資料が収集された素晴らしい記録集です。何よりも掲載された卒業生の寄稿文からは、彼らが小学生だった明治・大正のころの西新町の様子が生き生きと浮かびあがります。

現在、福岡県立図書館など数カ所にしか残っていないと思われるので、少しでも残しておきたく本書に引用いたします。

なお、四九ページはじめ「記憶に残る西新町の地図」として掲載している地図はすべて「西新　創立百周年記念誌」からの転載です。ただし、印刷の関係や経年劣化で読みづらい活字などは、編集で修正しています。

西新校時代を想い出す

明治三十一年卒　小金丸　汎愛

入学前後頃腰に呼び鈴をぶらさげ、元気よく号外を配っておりました。聞けば支那との戦争とのことでありました。学校は町の中央で表門は本通り、裏門は新屋敷側に、平屋建てで四年制であり、殆ど男子のみで女子は少数でした。学課は算数、読み、書きが重で殊に習字の時間は騒々しく紙をく丶りたる草紙を真黒くし一週一回浄書、上下の点をつけて渡してくれました。運動は綱引きや角力、着物を時々破るので母より小言を言われ乍も、大した事故も無く、尋常科を卒業し高等小学へ進みました。当時の先生は日高輝也先生外四人、生徒数は約百名との事でした。

西新町（片原町、中東、中西、大西、藤崎、皿山、祖原、新地、新屋敷）本通りは商家多く、尤大西は酒屋二、醤油屋二、呉服屋二外、米屋油屋等で人馬の往来盛んであった。皿山は高取焼の製造が仲々旺盛であった。

新屋敷は雀の宿になる竹藪があり屋敷はちんちくと称する竹塀で囲まれ、桑畑や果樹が多く、空地が多かった為か修猷館の敷地に買収され、残るは中の丁より西枕丁までとなった。

百道松原、紅葉八幡より藤崎間の海岸一帯を指す、白沙青松、元寇当時の防塁、残りて砂中に埋れ小高い岡をなしていた。市内各学校の遠足地ともなり、運動会場にも利用され、又春雨后松露狩の家族連を見、海辺には地引網を見物する人々もあり、夏は海水浴に出かける男女もあり、秋には落ちたる松葉を集めて、燃料とする者も多く、又冬は西北の風を防ぐに役立つとのことでした。

「同心会の思い出」から

大正十三年卒　花石　芳正

私の少年の頃の西新は福岡市外の町で、姪浜に通じる旧道をはさんで、商売家や住家が帯のようにならんだ街道町であった。今の電車通りの北側はほとんどが松林の続きになっていて、軌道といって汽車の小型みたいなのが、今川から糸島の今宿辺まで走っていた。その頃の西新小学校の校舎は、今の西南学院高等学校の東前面地あたりに所在していたのである。その西新校の同窓会のなかに中等学校に入学しているものだけが集る同心会というのがあった。（中略）

今でこそ西新校も西南学院や修猷館もコンクリートの校舎で近代化されているが、その頃の三校はともに古びた木造校舎で、修猷館の北側には豚小屋があって寄宿舎の残飯をやっていた。また西新校の東北側には子供たちの遊び場になっていた競馬場があって時たま草競馬をやっていた。学校の北側の松林を過ぎるとすぐ砂浜になっており、博多湾の美しい海と白砂青松の百道

記憶に残る西新町の地図 - ①

（明治 20 年頃）

〈西新町新屋敷〉

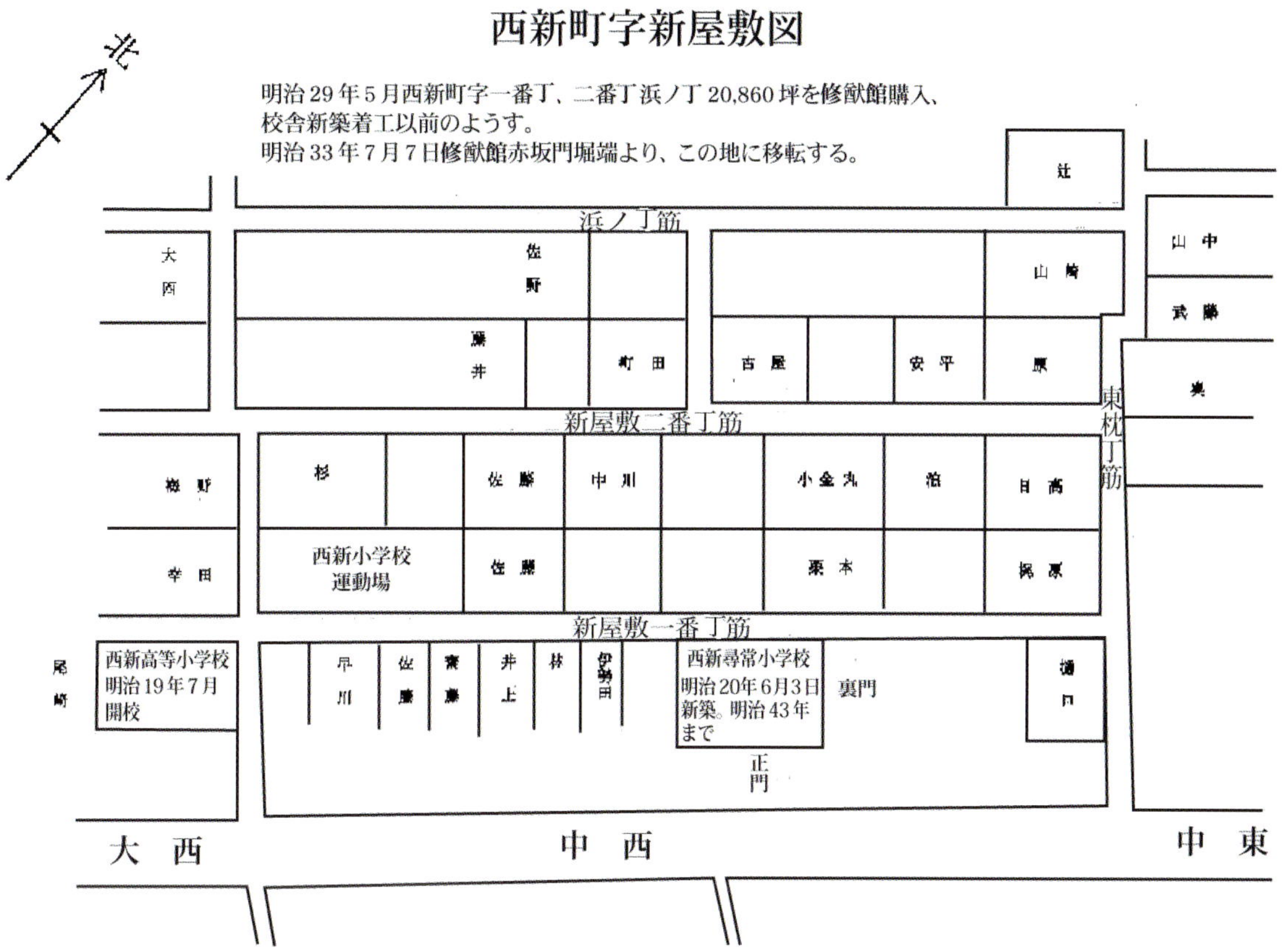

記憶に残る西新町の地図 - ②

（明治 34 年頃）

〈西新町中東〉

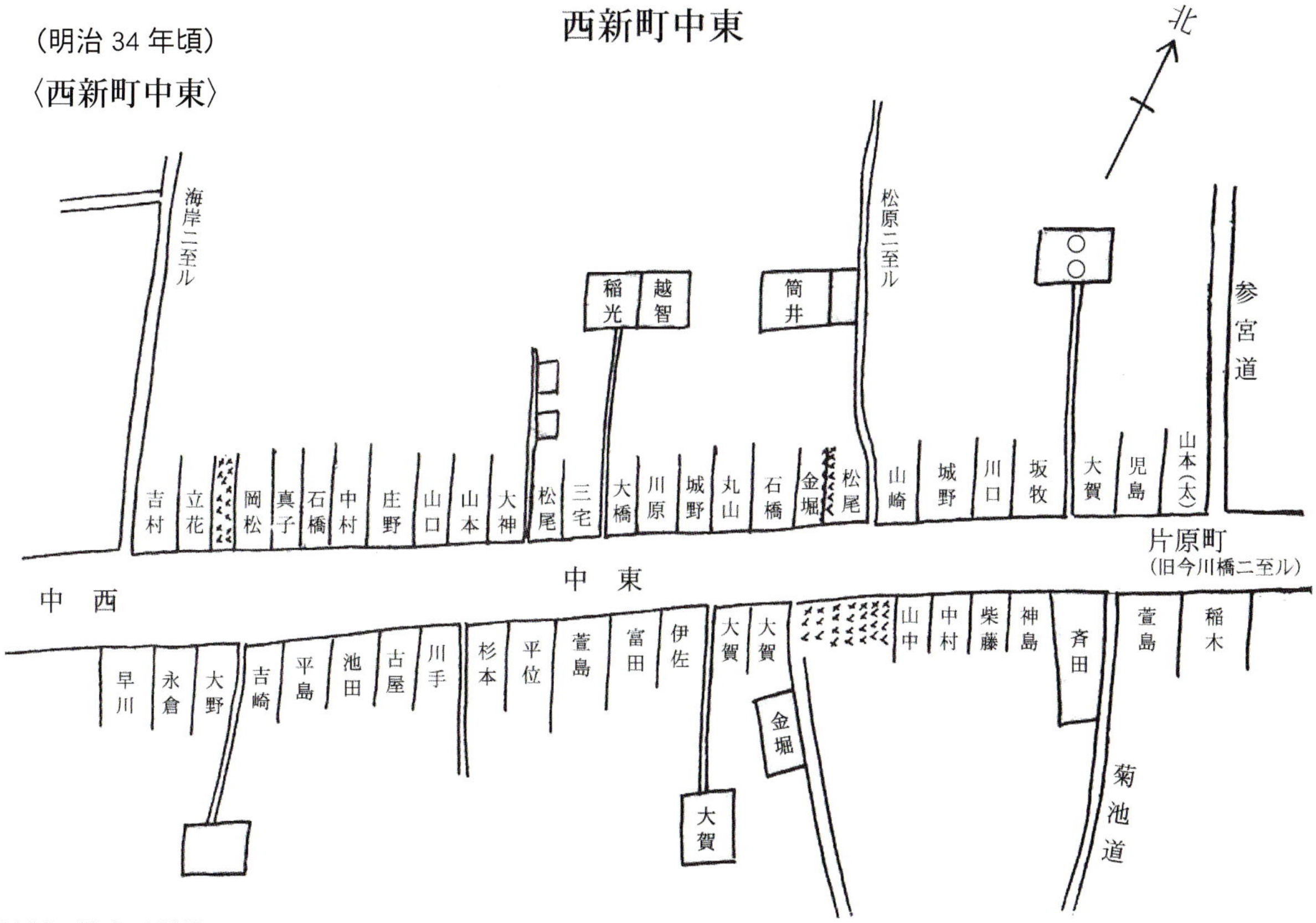

梁瀬　勝次氏提供

海岸が、今川から遙か西の室見川の河口にまで続き、この一帯が百道松原と言われ福岡の名勝地の一つにあげられていたのである。また有名であった百道海水浴場は、凪の日などは飛び込み台や桟橋の上から砂底が見え、モグリハゼやカレイ、ツガニなどがスイと動くのがよく見えたものである。（後略）

明治の頃の新地

明治三十四年卒　西嶋　スギノ

わたしの生い立ちは、新地でした。当時の新地は、東は樋井川河口（昔は金龍寺川と呼んでいました）から、西の方は、今のパレスの処に祭られてあった紅葉八幡宮境内まででした。南は旧通り片原町といって、田中どん、小野どん、西村どん、倉塚どんなど、十五軒くらいの士族の広い屋敷があり、周囲は一面の桑畑でした。また煉瓦工場がありました。金龍寺川の向岸は淨満寺のお墓のところから、こちらは記念病院の前くらいの川幅で大変広い川で石垣等はなく、地行方面に遊びに行くのに、潮が引いているときは裸足で渡りました。夏の川遊びはまた清々しく、え切のときはたくさんのいなやボラがとれました。山笠見物に連れられていくときは、電車はまだ通っていず、西新一丁目の旧通り、唐人町のやな橋を渡り、荒戸通り丁と旧道すじを歩いて行ったものです。

紅葉八幡宮の境内の後に、松の大木がありました。この木の根元に、大きな穴があって、古狐が棲んで居りました。わたしたちが遊んでいるそばを、ノッソリノッソリと歩いて居りました。わたしたちも飼い犬のように親しんで怖いとも思いませんでした。雪の晩や霜夜には、家の近くで、ギャーという啼声を聞いたこともあります。この狐の霊を祀ったのが杉山神社です。

今の山本傘店の横に、黒田候からあげられた鳥居が立っていました。杉山神社のところまでが境内でした。紅葉八幡宮は、二重に楼門があって、りっぱなお社でした。

楼門の中に大きなモッコクの木があって、子供たちはこの木に登って遊んで居りました。夏祭りには、千燈明をあげ、おくんちには、青年が境内にかざられた灯籠に灯を入れ、神楽が奉納され、山門、楼門の前は、露店がならび、二〇加《にわか》や、のぞきなどがあって賑いでした。このようなお祭りは、わたしたちの楽しみだったのです。

その頃は、旧通りを橋口から糸島まで、十人乗り位の客馬車が通って居りました。客馬車が通る時は、先走りの小僧さんが走って「そこのけそこのけお馬が通る」とばかり道の整理をしたものです。閑松院という寺院があり、雷《いかづち》（雷山）から坊さんが馬に乗って来ていました。その閑松院は電車道ができると共に、竹の山に移られました。町も昔の面影はなく、すっかり変りました。

明治・大正のあれこれ

明治・大正卒業の方々（談）

明治時代の風物詩

西新町は当時早良郡であり東から数えて片原町（道路南側半分は福岡市鳥飼）、新地、中東、中西、大西、新屋敷、皿山、藤崎、麁原の九字に分かれておりましたが、世は桑海の変と申しますか、以上の字の内最も殷盛を極めていた大西、片原町東部が今日では当時一番淋しかった藤崎、中東とその繁栄ぶりを変えてしまったことが目につきます。

子どもとして楽しみにしたのは神社のお祭りに夜店を見て廻り安買物をすることで各字の子ども連中グループを作ってお祭りの準備など青年といっしょになってよろこんで立働いたものです。

交通機関としては人力車（高級者用）、馬車（準高級者）で馬車賃は西新町から県庁前まで五銭位とおぼろげに記憶しております。運搬用は唯荷車のあるのみ（所謂車力）で荷馬車などはなかった。西新校を卒業するまでは電燈、電話、蓄音機、自転車程度の文明具はまだなかったようでした。

記憶に残る西新町の地図 - ③

（明治 35 年頃）

〈西新町中西〉

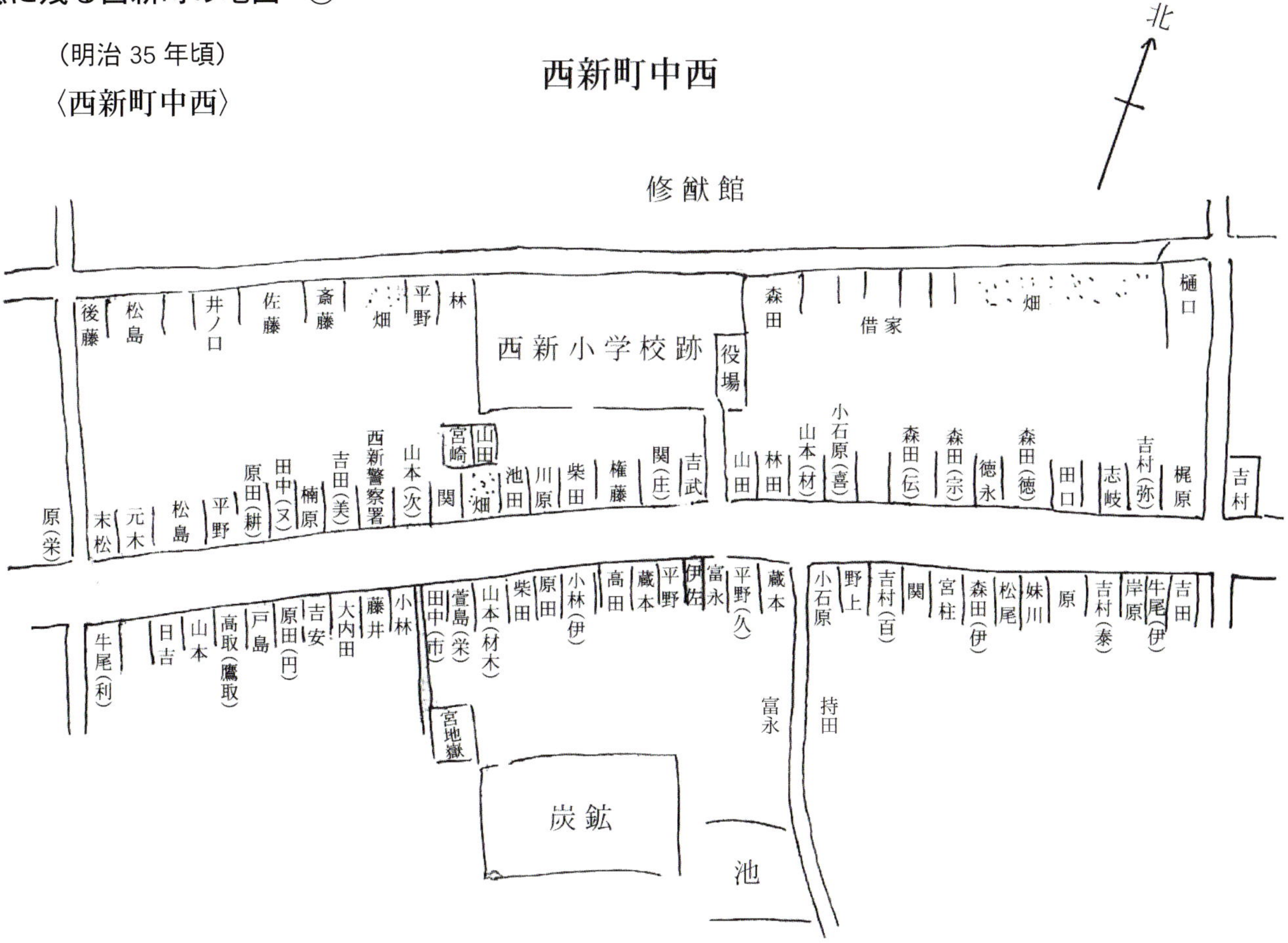

記憶に残る西新町の地図 - ④

（明治 35 年頃）

〈大西・藤崎の町並〉

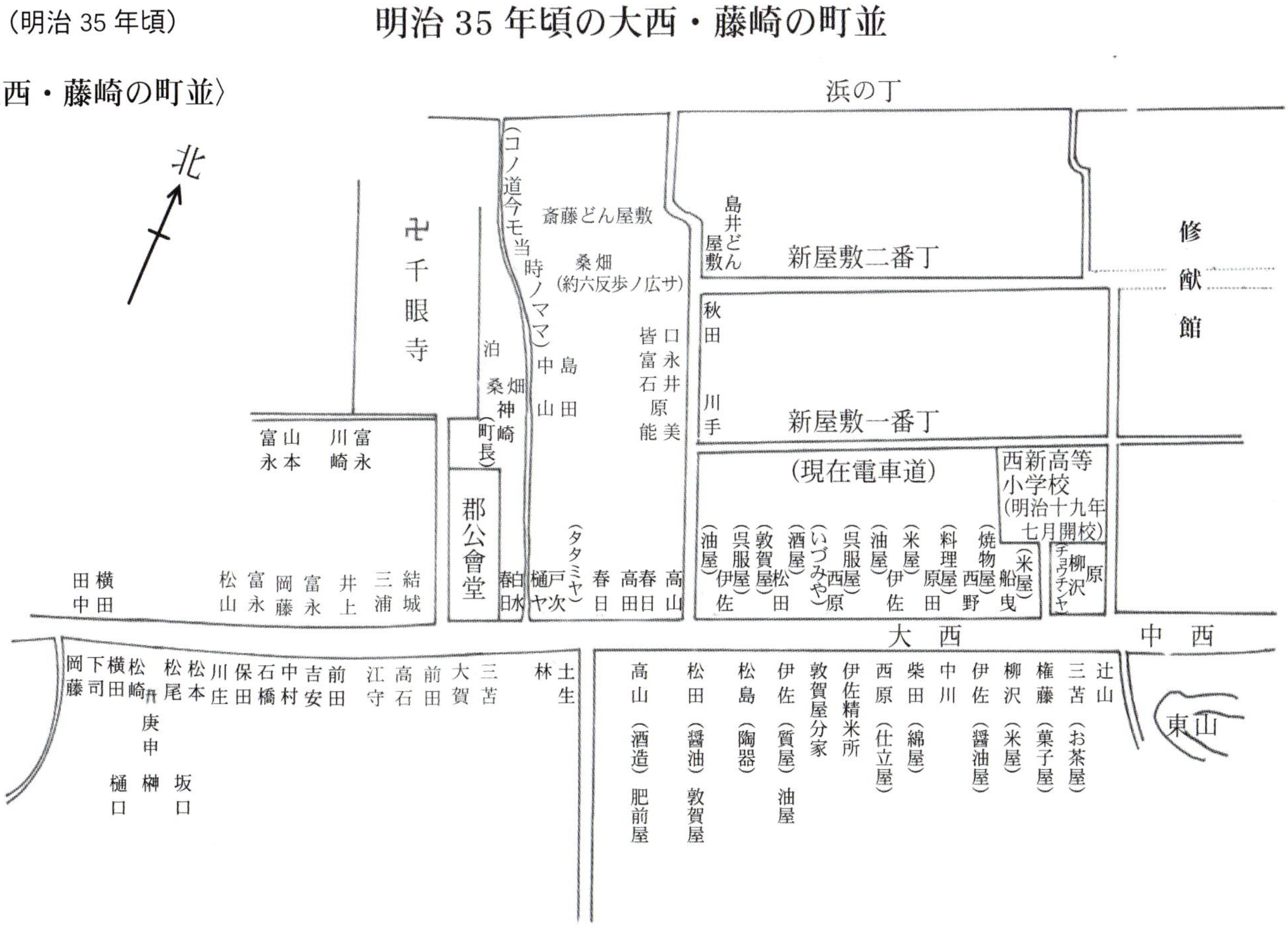

記憶に残る西新町の地図 - ⑤

（明治 33 ～ 35 年頃）

〈新地・片原町〉

西島シゲさんの記憶により描いた新地、片原町の地図

それからふれ売りですが、日本一のキビダンゴ、オイッチニの薬売り、オキュウト売り、塩売り（塩ッポー）、生鰯うり（ナマイソワイ）で魚売りはみんなイナイ棒でかついで売り廻っていました。

その頃の乗物ですが、車力、荷馬車、人力車、客馬車で、自転車は私の小学校三、四年生のころ西新町に一台でした。

百道の海の地引網は雑魚、イカ、片口イワシがかかって掛声が町まで聞こえてくると浜に走り加勢したりわけてもらったりして夕食の膳に上がっておりました。

*

愛宕様の寒参りは、私共は裸参りといっていた。壮年の男の人が、日暮れの町を口に芝を咥えて、三々五々と走り抜けて行った。

裸参りの途中は知人に会っても口を効いては効験が消えると言い伝えられた。

*

紅葉八幡宮七月十一日の夏祭り、十月十一日のお宮の日には甘酒やご馳走をつくり親族を招待したものです。お宮の参道両側には十～三十軒の露店がならび幻燈も二～三ケ所ありました。(中略)

愛宕神社の正月の大祭りは西新町の通りは溢れんばかりの参詣者の群れで向かいの家への横切ることもできぬ程で、それは賑やかなものでした。また、シャンゴシャンゴ馬や裸参りがあっていました。お天満宮の祭日には宮角力が盛況でした。

千眼寺の大施餓鬼が賑やかなもので子どもたちの楽しみでした。

*

私も明治の卒業ですが、紅葉八幡さまの千燈明、お神楽、にわかを思い出します。参道に出店が並び見せ物小屋もかかっておりました。

藤崎の庚申様のお祭りは正月のかのえさるの日が盛んで遠方から参詣されていました。明治の中頃までは保田の所有でお賽銭が多かったようです。

千眼寺のお施餓鬼は大々的に飾られ、遠近を問わず人出が多く昔は造り物が千眼寺の室内外また参道の大きな家や商店など町内毎に競って大がかりに造り、見物人をよろこばせていました。(後略)

記憶に残る西新町の地図 - ⑥

（明治 35 年頃）

〈もみじ八幡宮、お汐井とりの道と中東の町並〉

＊

（前略）軌道車路には西新校の門を挟んで前後左右に逐次家並みが建ち始めたが、本通りの方は片原町の城野ご一統、的野米屋、坂田鍛冶屋などの商家、中東は山本、大賀、柴藤菓子店などの一部中西のみっや（森田）、くら道ぐち付近大西の西部など若干の店屋が日没後も灯を点けているだけで子どもはお使いに出ると駆けて通り抜ける程のさびしさであった。

物心ついた頃、明治から大正へ移る時代か、ガス燈が近所の二、三軒の軒端に取付けてありまして、ガス燈ともしの男の人が脚立を背負って灯つけて廻っていました。それに西新町は早良郡の首都で郡役所、登記所などもあり、米を売る農家の人なども朝出かけてきて夕方帰って行く。そのために商店も買物客で賑わい、煮売り屋の中食休憩所として繁盛したものです。（中略）学校から帰ると一銭貰っては専門店に駆け込み主に焼芋、飴湯、パッチ、オハジキ、花火など買っていました。

柴藤のアイヤのアンパン喰いは修猷館の生徒だった。

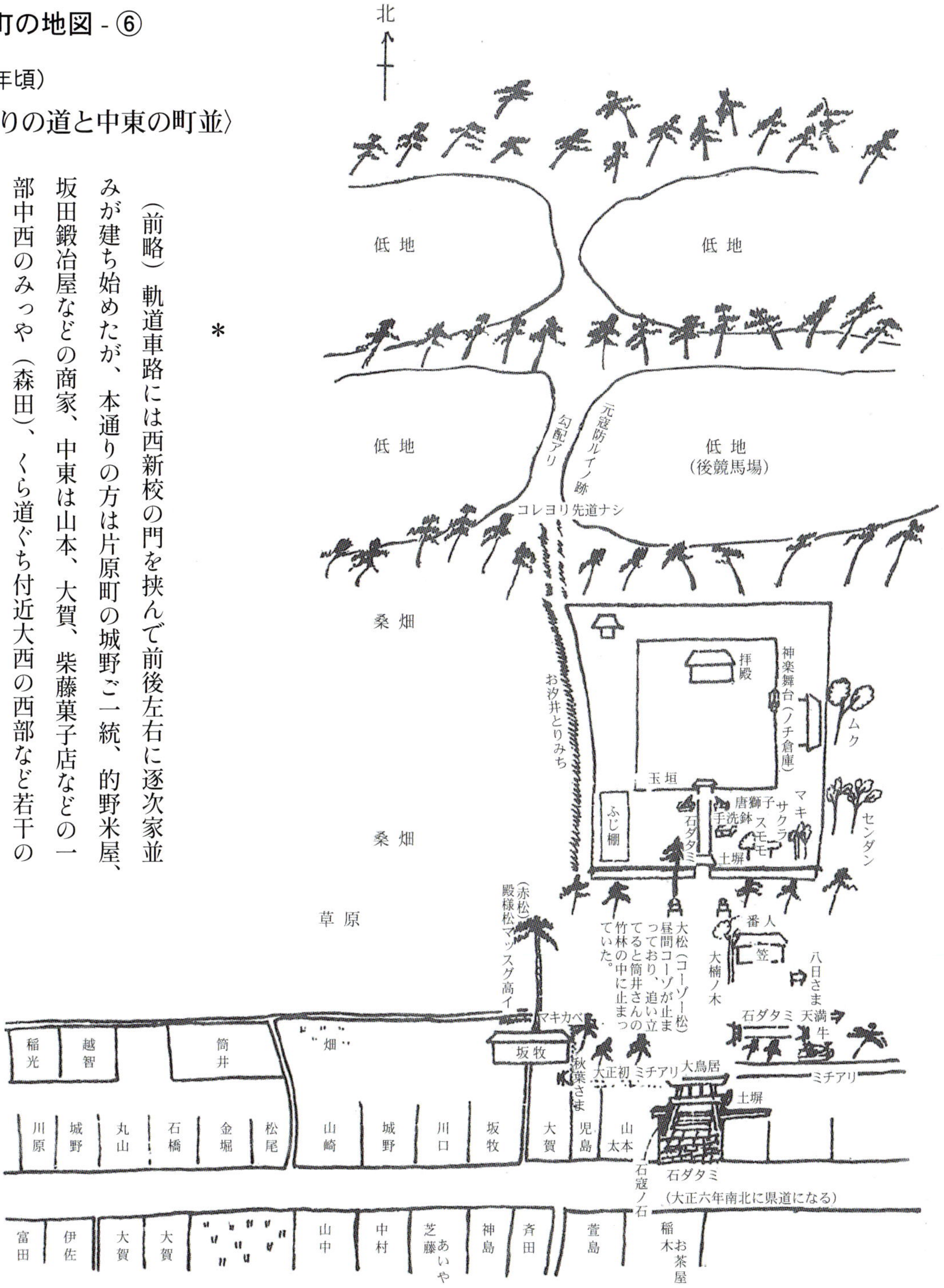

明治 38 年　西新小学校卒業　山本太郎次氏による

＊

あいやのパン（柴藤菓子店）

柴藤亀次郎　シマ

修猷生がよくおシマちゃんのパンを喰べに来ていた。

「修猷生のアンパン喰い」となぶったものです。

福岡市のパンの創始で、緒方竹虎、中野正剛、宮川一貫などもあいやのパンを喰べたものです。

記憶に残る西新町の地図 - ⑦

〈飛石と一里塚〉

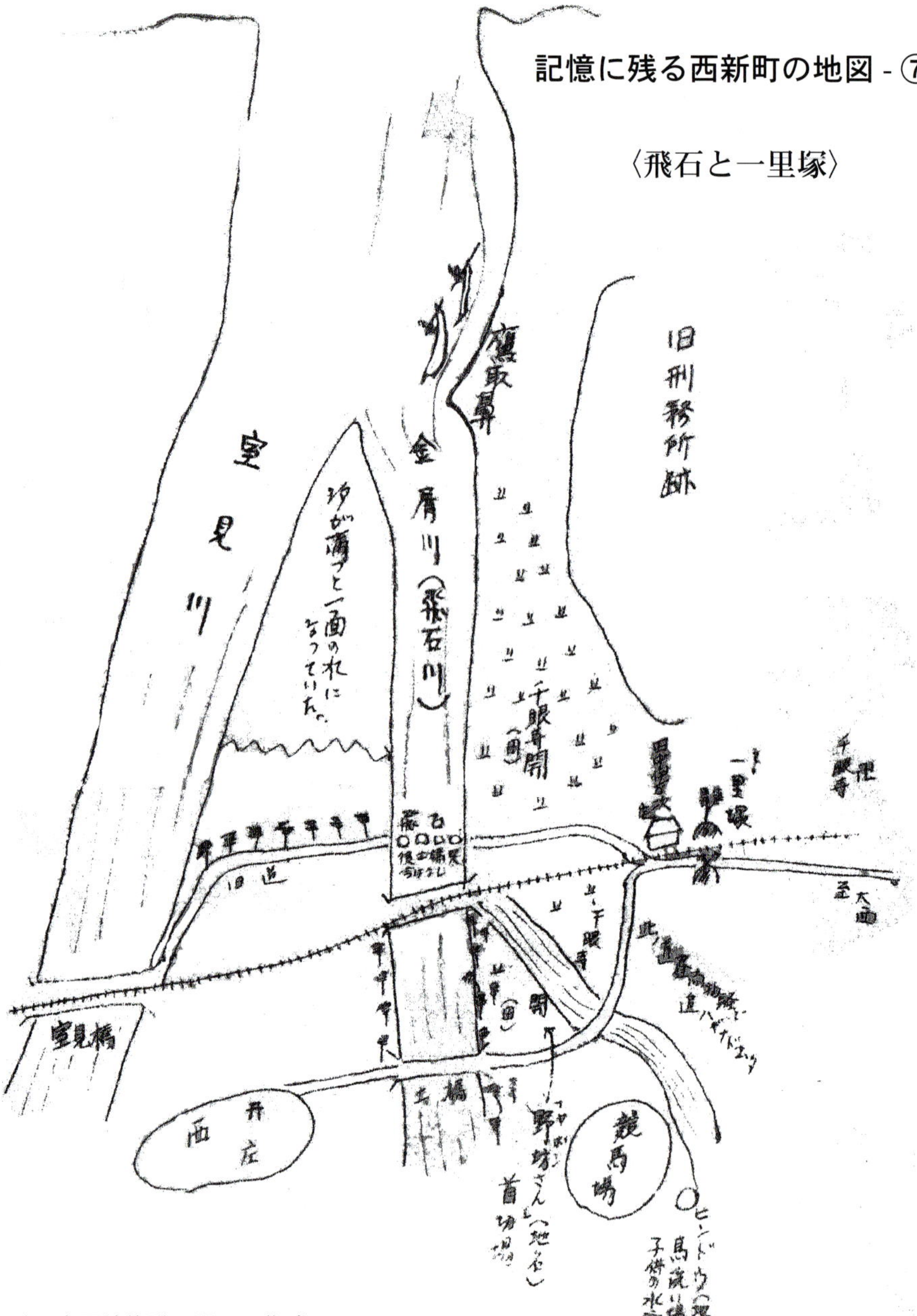

千眼寺岡崎住職に聞いて作成
（昭和 47 年 10 月 16 日）

飛石のこと

明治四十三年卒業　岩田八郎次（聞き書き）

金屑川に架かる飛石橋は長さ三十間、幅五間（一間は約一・八一メートル）で明治四十三年十二月工事費六五五〇円をかけて架け替えられたが元この飛石橋は旧藩時代河床に木製の梯子土台を設け、その上に長さ五尺、幅二尺位の角石を並べてその上を飛び渡り通行していた。だから潮が満つと脛を没し雨水が張ると股まで浸っていた。これが年月を経て土台が朽ち、石が砕け荷物を肩にして渡る者が覆ることなど川を渡るのに困難であった。

文久二年に姪濱白毫寺の住職が長さ一間半厚さ七寸五分幅一尺六寸の姪濱石を寄付した。石の側面に白毫寺の銘を入れてあったのが大正十二年、庄の径道耕作通路の橋に使用されていた。

岩田八郎次さんの記憶によると一抱えの大きさがあり十個位並んで西岸の左座酒造さんの家の前に通じていた。潮が満つと南に道をかえた庄橋を渡ったのだが、野坊さんの処が寂しかったそうである。後に飛石を土橋に架け替えられたランカンもない粗末な橋だが便利になったものである。現在の飛石橋の北十間のところが昔の土橋である。

この橋の二十間の川上に大きな松樹が川面に下りその下に大きな祠が川の中にあった。南向きに穴があり、子供が入れる位の石の祠だった。大西の藤原石屋がひきあげ、大正の頃西新駅においてあった。

鷹取鼻（当時子供達はタカトックリバナと呼びスズキ、セイゴ、ボラがよくとれた）の南側に塚が出た（明治三十八年頃）。これは旧刑務所のあたりで、煉瓦焼きの砂を掘るときみつかったもので、寝棺の中は朱でつめてあり、中からカブト、刀、人骨が出ている。寝棺は幅二尺位はあったらしい。又筑肥線の室見鉄橋の南の川の中から石斧、石包丁が採取された（明治十二年頃）。同時に二分金のま四角の古銭も発見された。

潮が引くと川の中の洲で愛宕山の奉納競馬が催されていた。のち刑務所建設の煉瓦をつくる為何年間かこの洲の砂をとったので、競馬場は百道松原に移ったが（中略）この競馬は博多からも見物に来ており、西新競馬は名物だった。

記憶に残る西新町の地図 - ⑧

〈飛石付近〉

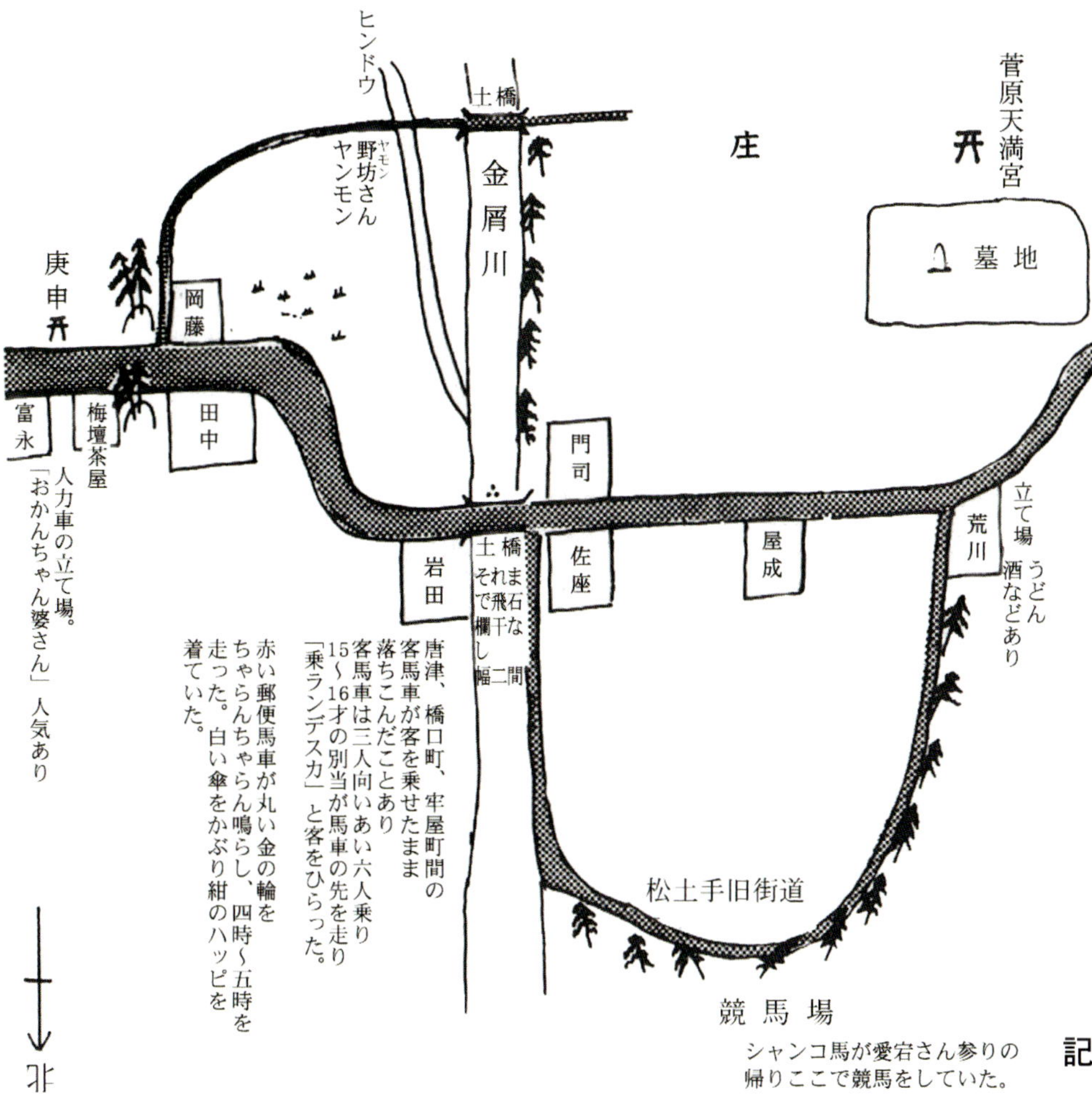

記憶に残る西新町の地図 - ⑨

〈明治 30 ～ 35 年頃〉

〈皿　山〉

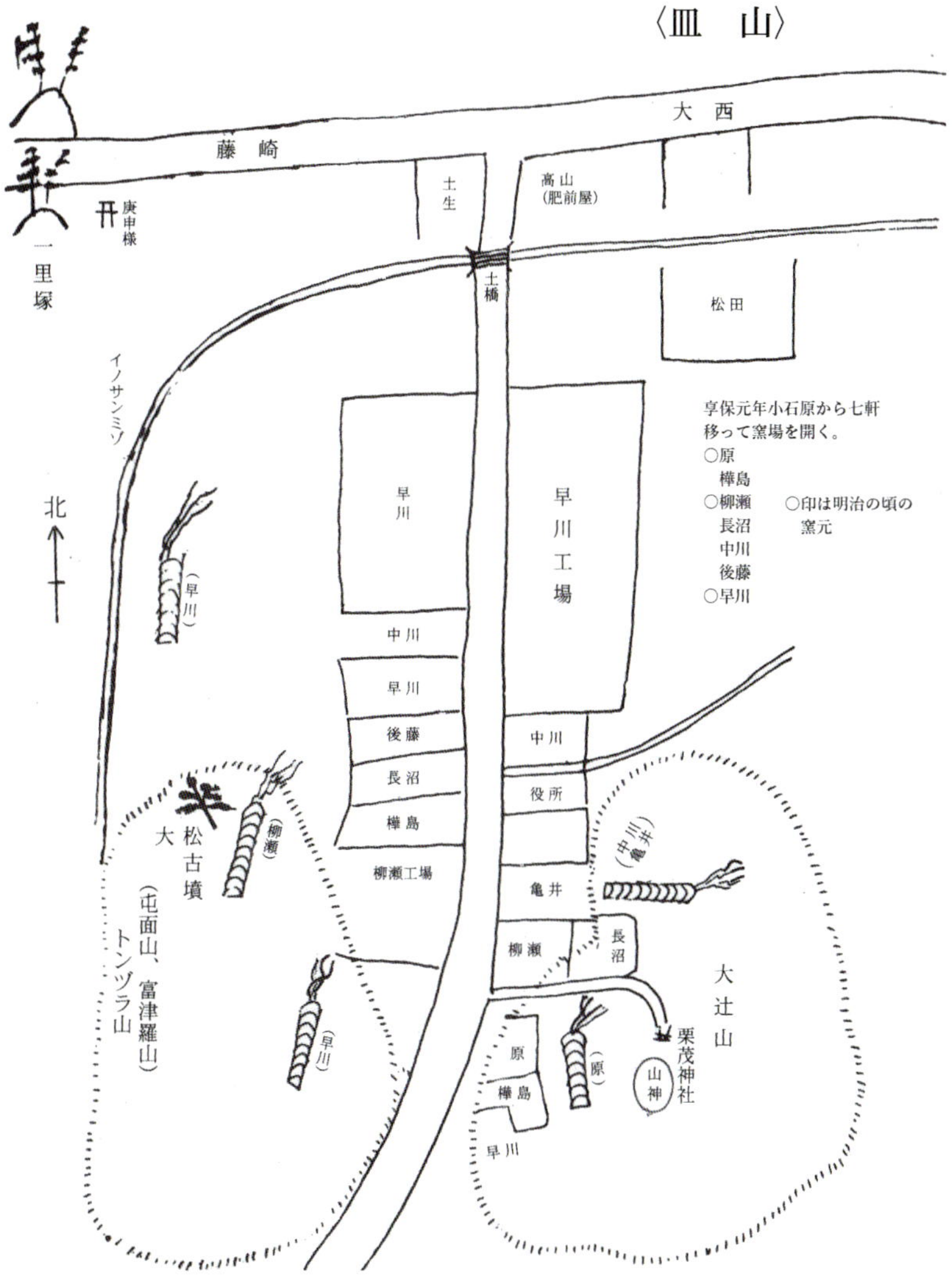

野坊さんのこと

「記憶に残る西新町」⑦⑧の地図に「野坊さん」（ヤンモン、ヤボン）という地名があります。⑦の図には「首切場」ともあり、「少し寂しかった」とあります。

これは、『福岡藩吉田家伝録』にある記事、「獄門　原甚太夫下人　八内　同山伏　大学　右両人　付火致し候ニ付き、八内福岡・博多両市中引き渡し、博多立町浜ニテ首ヲ刎、早良郡藤崎（庄村ノ北）ニ獄門、曝サル……」とある、両名の首をさらした場所のことと推測されます。

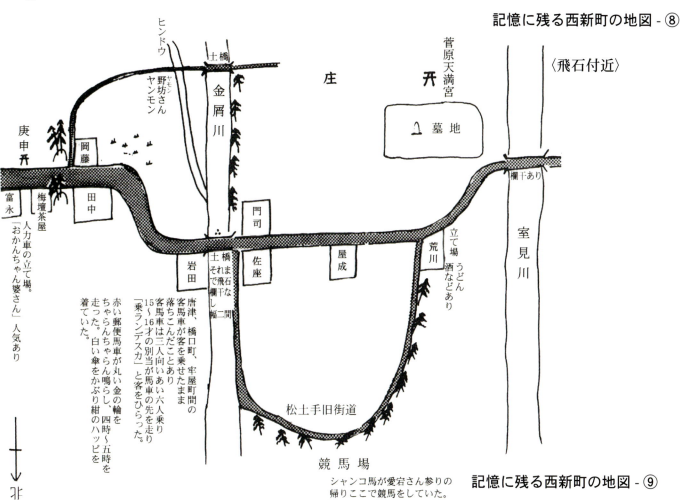

明治の藤崎あたり

明治四十四年入学　岡崎　勇吉

明治の藤崎あたりと称しても出生年令よりして殆ど子供心のついた明治末葉の事しか知る由もありません。

九州帝国大学（当時）の進出の際先づ第一の候補地に挙げられたのが藤崎地区で当時西新町の神崎町長を始め関係者各位が医学部の開設は伝染病の発生を招くおそれありとて大枚三百円也を進呈して拒否した話は余りにも有名であり、従って刑務所（当時監獄と称す）進出となり西新、藤崎地区の其後の発展に大きく影響したものと思われます。

私達が心づいた頃には刑務所も移転（土手町より〈元・福岡市中央区〉）したばかりで周囲に竹ヤライが組まれていた程度のものでした。専門の煉瓦工場では或は有ったかも知れませんが後日楼閣として聳え立った十米に余る周囲の赤煉瓦壁を始め各種の建物は皆んな刑務所で加工され建築されたものです。

千眼寺の直ぐ前今雷すしの四ツ角が今の旧道と電車道に通づる道は無く此処が正面玄関となって早良地区に通ずる新道がある早良郡の郡役所であり議事堂でもありました。

公共の行事は、勿論ですが、寄席なども催され、かの有名な天中軒《（ママ）》雲右ェ門も、定期的に来り、敷座蒲団持参で聞く事よりも小供の事故浪曲を聞き乍ら眠りに数え切れない程行ったものです。此の正面玄関より東方大西は当時早良糸島地区を控え物資交流の地であり伊佐の呉服屋、油屋、金物店、醤油屋、酒屋等々今に優る商業地区として殷懃を呈しておりましたが中央に玉屋デパートが開店する様になり此地は見捨てられ直接中央に連絡する事となり戦前迄商店は閉鎖されて疲弊する様になりました。その西方の現在の藤崎一丁目二丁目は二三、四五、と農家が点在し他は見渡す限り桑畑通称畑中と呼ばれて子供達の絶好の凧揚げの場所でもありました。今の藤崎派出所の三叉路より今川橋に通ずる現在の電車通りは四十一、二年（明治）に新設されたもので今川橋より加布里に至る北筑軌道が布設せられて千眼寺が停留所、此処には直径一米余三、四十米高さの大木が空にそゝり立ち神社仏閣を叮重にした明治人は此の大樹を切る事ならず、為に寺前より少々南へ道路が垂曲して今日に至っております。之も戦時中焼夷弾の洗礼を受け枯死しました。此の大樹は藤崎が千眼寺に代表せられる当時藤崎の象徴かの如く遠望されておりました。

刑務所の進出後はやがて藤崎の代表は専ら刑務所となりました。千眼寺より海岸の一帯は全く白砂青松、家と云えば今の百道小学校東側に避病院（伝染病院）があるのみにて褌一貫にて海水浴に飛び出したものです。現在の百道小学校など婦女子の昼間の一人歩きも不安な位でした。此の地に始めて電灯が引入れられたのも軌道の布設翌々年で同年には前原町より北崎の先端まで電線が張り巡らせられました。

当時こんな歌が流行しました。

「糸島の軌道会社の運転手毎日炭焚きなさる故お顔はお炭で真黒けのけ」

現在は大方の人々はフジサキと呼んでおりますが当時は殆どの人がナマリでフミサキと申しておりました。

（「西新　創立百周年記念誌」より）

五　炭鉱と窯業で栄えたまち〈大正時代〉

大正時代の西新町

西新町の発展

1913（大正二年）紅葉八幡宮が皿山（高取一丁目二六）に遷宮。中西にあった恵比寿神社、紅葉山山頂に祀られていた宇賀神社と稲荷神社は合祀され、紅葉八幡宮に遷された。

明治の世になり田地、山林、社領すべてを返上。明治四十三年に北筑軌道が境内を横切り、境内ではそれまでの静粛さが失われましたので大正二年に町が一望できる現在の地に遷座されました。

（紅葉八幡宮ホームページより）

同年　福岡監獄（大正十一年福岡刑務所に改称）が須崎より藤崎に移転。須崎監獄の囚人を使役して百道松原を切り開き、一二ヘクタールの広大な敷地に六年の歳月をかけて、煉瓦造りの獄舎を建設する。

同年　今川（樋井川）河口の埋め立て工事あり。

樋井川は、その一部を金龍川とも呼んだ。改修の時期は、新今川橋の上下で開きがあったと思われる。金龍寺の墓地の下から葦が生えていて、ゴカイやス虫をとって釣りの餌にした。この辺がまず埋められて、今川橋電停付近が造成されて、飲食店などができはじめた。（中略）改修埋め立てが進み、東側には電車会社の催した納涼場が夏の夜を楽しませた。西岸は住宅地になった。

（「西新　創立百周年記念誌」より）

福岡監獄の正門

大正２年、西ノ庄子供会の記念写真。紅葉山（皿山）に移転する直前、左端に、北筑軌道のレールが写っている。左奥の平屋は、当時の西新小学校の校舎

昭和 29 年（1954）の遷宮祭の様子。最前列に獅子が見える（紅葉八幡宮ホームページより）

紅葉八幡宮の遷宮にともない皿山に遷す神輿を担ぐ人たち

1914（三年）鹿原炭鉱閉鎖。鳥飼炭鉱（福岡炭鉱一坑東坑）が開坑。

1916（五年）字井牟田に陥没地が発生、引き続き翌年にかけ下の田（現・城西三丁目）・尾崎（現・昭代一丁目）・サヤノ下・濱・阪口（現・曙一、二丁目）・新開（現・昭代三丁目）・筑牟田（現・昭代二丁目）にも陥没が及ぶ。この陥没地は稲作不適地となり蓮が植え付けられた。この陥没が、福岡炭鉱の福岡炭鉱第一坑西坑（鹿原）を閉坑するきっかけとなる。

同年 西新町警察署、中東（現・西新交番がある辺り）に移設。

1917（六年）西新小学校一期生の西川虎次郎が陸軍中将になり、「福岡の雄」になる。

同年 県立福岡中学校が開校。八年に現在地（県立福岡高校：博多区堅粕一丁目）に移るまで、修猷館の寄宿舎を仮校舎とした。

1918（七年）中学西南学院が大名町（現・赤坂）から現在地に移転。

同年 七月十七日、百道海水浴場が福岡日日新聞社の経営管理の下に開場。

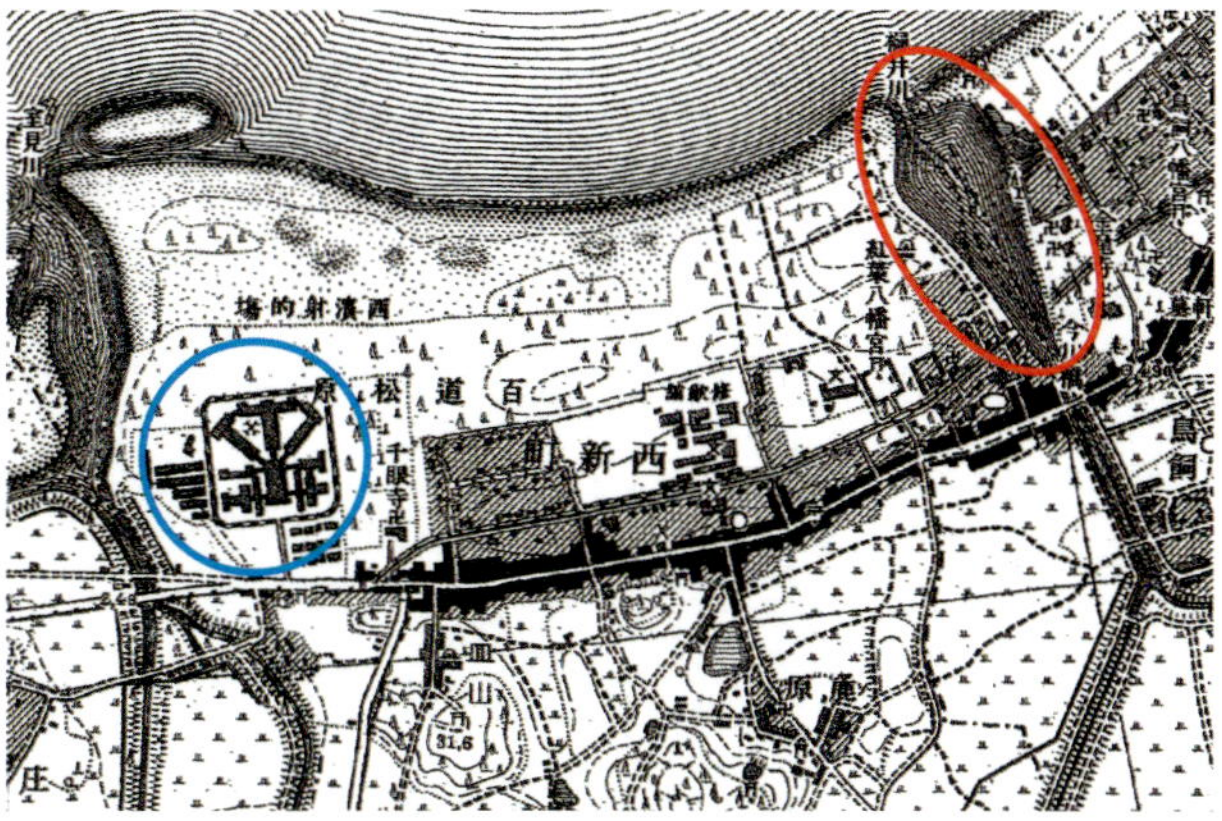

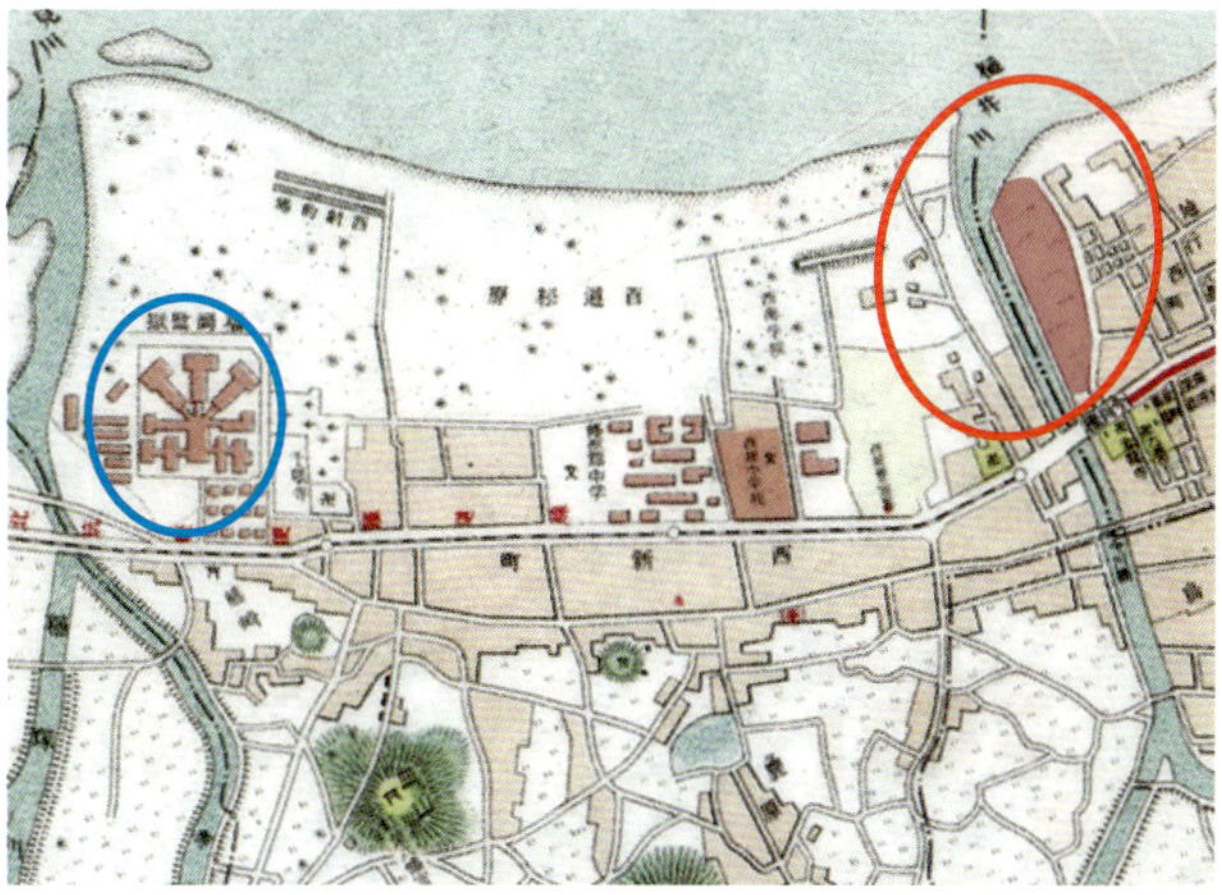

（上）大正元年の２万分の１の地図には、百道松原を切り開いて建つ特徴的な建造物、福岡監獄が載る◯
大正元年の地図（上）の樋井川河口に比べて、大正９年の地図（下）を見ると、今川側が埋め立てられていることがわかる（◯部分）。地図上は「耕地」のマークが記されている

■藤崎百道地蔵尊

福岡監獄は、終戦後の昭和二十二、三年ころの混乱期には三千名を超える受刑者がいたといいます。施設の中には矯正施設として木工・印刷・金属・久留米絣などの工場があり、出所後の職業訓練をしていました。また、死刑囚も収監しており、処刑場は現・早良警察署・西福岡税務署のあたりでした。

『復讐するは我にあり』で知られる殺人犯西口彰が処刑されています。また、元死刑囚で無実を証明された免田栄氏が収監されたり、韓国の国民的詩人、尹東柱《ユンドンジュ》が収監され、終戦を前に獄死した場所でもあります。

遺体や引き取り手のない遺体は西新墓地に埋葬されました。

西新墓地の一角に祀られた藤崎百道地蔵尊は、福岡刑務所に勤務していた木宮進、中村三郎の両氏が処刑者の霊を慰め、犯罪の犠牲になった人々の冥福を祈るため、発起人となり司法官庁保護司会、更生保護女性会、百道自治連合会、千眼寺などの協力により祀られました。

松原に建つ福岡監獄の煉瓦塀

福岡監獄の煉瓦塀の前の野原に立つ少女

西新墓地の一画を仕切って祀られる藤崎百道地蔵。天蓋付きの囲いには、まだ色褪せてない千羽鶴がかけられ、いつもお供えがされている

1919（八年）隣村鳥飼村が福岡市に編入される。

1920（九年）西新尋常高等小学校の生徒が、教育勅語下賜三十周年記念事業として元寇防塁の一部を発掘。

同年 西新町射撃場（百道浜）が鴻巣山へ移転。百道浜は、江戸時代には藩の砲術訓練所になっていたが、明治以降は第二十四歩兵連隊が管理する射撃場で「西新町射撃場」と言われていた。

1921（十年）百道海水浴場で花火大会が開催。

元寇防塁発掘（大正９年 10 月 30 日）。西新尋常高等小学校の生徒が勤労奉仕した

福岡炭坑と運炭軌道

江戸期（文化年間）に西新町上野で石炭採掘の申請が出された記録があり、西新町とその周辺に石炭層があることは一部で知られていたようです。

明治に入ると炭鉱事業が始まります。頭山満も一時期石丸（現・昭代辺り）で鉱山を開いていました。当時は出炭量が少なく、頭山も早々に手放しましたが、その後調査が進み、鳥飼、西新周辺で良質な石炭が採れることがわかると、第一次世界大戦後の好景気もあり、大正三年には福岡鉱業株式会社が設立、本格的に採炭されるようになりました。

『早良郡志』には、「本郡（早良郡）の北部は煤煙天を覆い機関の響き地を震わすの盛況を呈し貨物の移入は、とみにその額を加え気運すこぶる繁盛をあらわしていた」とあります。

福岡炭鉱（鳥飼炭鉱、麁原炭鉱）は大正八年に出炭量においてピークを迎えますが、その後産炭量が急速に減っていきます。大正五年には、麁原炭鉱が、周辺の広範囲の地域に採掘によると思われる陥落地を生じたため閉坑しています。

「法務局西新出張所（祖原一四―一五）を建設（平成七年）する際に、堅固な石炭の岩盤にぶつかり苦労した。その石炭層はライターで火がつくほど良質なものだった」

（当時の建設責任者　談）

西新町が炭鉱の町であったとは今からは到底想像もつきませんが、当時は炭坑夫が片原町など商店街が賑わうまちの住人で、このまちの産業を支えており、彼らの流入にともない商業が盛んになりました。

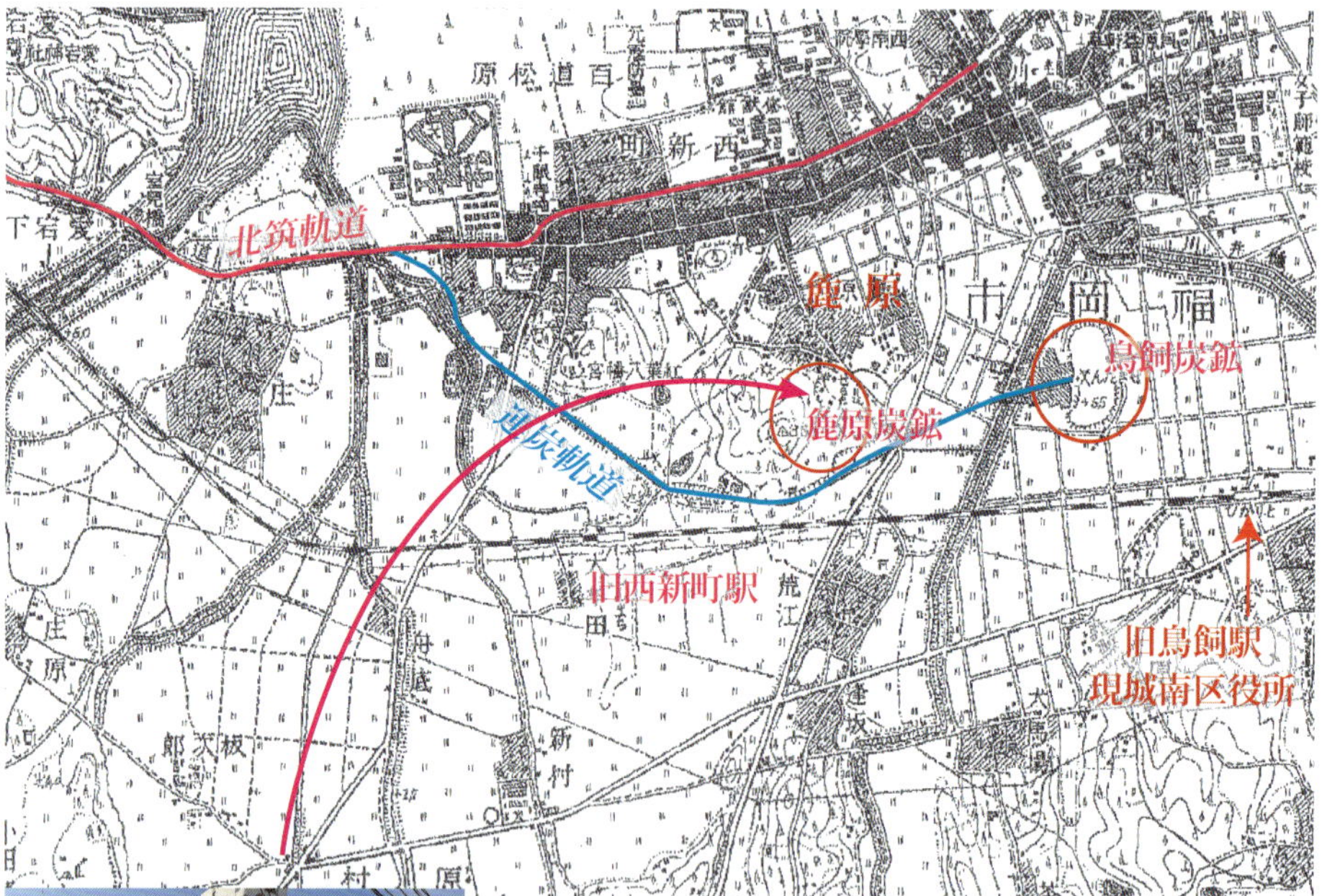

鳥飼炭鉱と麁原炭鉱と運炭軌道
運炭軌道は麁原山の南端を経て藤崎で北筑軌道につなぎ、糸島の今宿に運搬され、石炭はそこから満州（中北東北部）や鮮鉄（朝鮮総督府鉄道）などに輸出されていた（『福岡市史』）。左の写真は麁原炭鉱の坑口付近に現在建つダイハツ自動車の支店。
大正元年の福岡市西新町周辺の地図（1/20000。第日本帝國陸地測量部　国土地理院）に加筆

大正７年　当時の西新郵便局（現西新１丁目 10-27）の屋上から油山方面を撮った写真。左側に見える煙たなびく煙突は福岡炭鉱東抗（鳥飼炭鉱）。右側のまっすぐ南に延びる白い道は菊池道

大正期の西新町の商工業発展の推移

福岡県早良郡役所が大正十二年（1923）に発行した『早良郡志』の「西新町　第三章　商工業」に商況には、左のような記載があります。

本町目下の状勢は、商業全戸数の約三割を占め、穀物商・材木商・呉服商・酒類商・煙草商・野菜商・金物商・油商・石炭商・薪商（中略）車力商・自動車商・糸商・小間物商等ありてあらゆる物品を販売している。特に付近に石炭採掘の業起るや、戸口頓《とみ》に増し日常生活品の需要多きを加ふるに随《したが》ひ、商店の拡張せられたるは実に目覚ましき状況である。

さらに、西新町の諸税及負担として、明治三十五年から大正十年まで（1902-1921）表にしてありますが、国税は全体で約十倍、一戸平均では約四倍、また県税は全体で七倍、一戸平均では三倍、さらに町税は全体で六倍、一戸平均では二倍半になっています。このことは、大正期に入り西新町が如何に大きく発展したかが表わいています。また、工業に携わる人が大正三年から十年の間に大きく増えています。

『早良郡志』の「戸口」の章の表で大正五年と大正六年を比較すると、戸数では七三八戸が一二四六戸で五〇八戸も増加していますが、人口は六二一五人から

表１　西新町の年度別職業と人口（『早良郡志』の関係箇所を抜粋）

	農業	漁業	鉱業	工業	商業	雑業	無職	計(戸)	男	女	計(人)
明 35	–	–	–	—	–	—	—	—	1,538	1,568	3,106
明 40	–	–	–	—	–	—	—	—	1,626	1,678	3,304
大 1	113	3	98	80	147	217	20	666	1,906	1,903	3,809
大 2	112	3	120	90	149	177	50	701	1,994	1,965	3,958
大 3	114	3	202	95	157	97	38	706	2,156	2,089	4,235
大 4	114	3	280	102	159	41	20	719	2,817	2,450	5,267
大 5	111	3	203	92	154	157	18	738	3,353	2,862	6,215
大 6	113	8	570	142	223	180	10	1,246	3,537	3,052	6,589
大 7	109	8	639	154	308	96	9	1,323	2,977	2,725	5,702
大 8	104	10	470	162	307	419	12	1,484	3,725	3,309	7,034
大 9	98	8	359	164	328	361	6	1,324	3,573	3,166	6,739
大 10	74	3	220	168	326	399	10	1,200	3,455	3,133	6,588

表２　福岡炭坑の出炭量

(年)	炭坑名	出炭量	炭坑名	出炭量	炭坑名	出炭量
明 43	麁原	5,987t				
明 44	麁原	17,085t				
明 45	麁原	29,801t				
大 2	麁原	29,639t				
大 3	麁原	934t	鳥飼	35,202t		
大 4			鳥飼	64,767t		
大 5			鳥飼	123,791t	姪浜	5,367t
大 6			鳥飼	120,224t	姪浜	103,358t
大 7			鳥飼	114,132t	姪浜	112,319t
大 8			鳥飼	89,553t	姪浜	195,22t
大 9			鳥飼	65,685t	姪浜	17,1974t

表３　福岡炭坑第一坑の従業員数

	大正 6	大正 7	大正 8	大正 9
坑　夫	609 人	記述無	1,140 人	668 人
職　工	117 人		152 人	125 人
運搬夫	68 人		262 人	168 人
雑　夫	35 人		83 人	43 人
職　員	—		100 人	61 人
計	929 人		1,737 人	1,065 人

福岡炭鉱（麁原・鳥飼・姪浜）の出炭状況と福岡炭鉱第一抗（麁原・鳥飼）の従業員数
（「大正期早良炭田における炭鉱業　福岡炭鉱の事例　福岡大学　永江眞夫」より抜粋）

六五八九人となっており、その増加は三七四人にとどまっています。人口増加に比し戸数の増加が多いことは、独身の男女の急激な増加を表していますが、彼らは炭鉱に従事したと推察されます。しかし、炭鉱従事者は大正八年をピークに減少に向かいます。その一方で、工業従事者が増え、人口も多く推移し、商業が盛んだったことがうかがわれます。

表1にある雑業は定かではありませんが、サービス業、娯楽業等を表していると推察されます。この頃、西新に遊郭（特殊飲食店）ができたようです。

また、黒田綱政が窯を開いた高取焼は御用窯としての役割を終えた後、明治期後半から昭和初期にかけて庶民の需要が大きく拡がり窯業が栄えました。なかでも陶製手動式ポンプは人気で関西方面にも広く出荷、また、樺島窯が開発した耐酸陶器の大きな甕や、産業機材として土管の需要が高まりました。

工業人口が大正三年から十年の間に大きく増えているのは、それに起因していると思われます（三二ページ参照）。

中西宮地嶽神社

中西商店街の中ほど、呉服店染寿と坂下青果の間、住宅街に向かって坂道を上る途中右側に階段があり、上るときれいに清掃された小さな境内、中西宮地嶽神社が鎮座し、その隣に浦賀神社の祠が祀ってあります。中西宮地嶽神社の祭神は宮地御祖神、迦具土命等四柱です。浦賀神社は朱の鳥居でそれとわかる稲荷神社、どちらも紅葉八幡宮の兼務神社です。

中西宮地嶽神社は、福津市の宮地嶽神社から分霊されたものでしょうか、明治期に中西地区の商売繁盛を願って祀られたようです。平成九年には夏祭りが復活し、子ども獅子祭も行われています。

中西宮地嶽神社（左）と浦賀神社（右）

中西宮地嶽神社の夏祭り

明治45年、とんづら山（紅葉山の西側にかつてあった丘）を削り工場を建設

戦時下では鉄を供出したため、陶器の釜の需要が増えた

西皿山にあった原製陶所。後ろに見える紅葉八幡宮の石の鳥居と灯籠

正面の家屋の壁面の看板に「原製陶所　窯元工業」とある。手前の鳥居が紅葉八幡宮の鳥居

昭和初期に造られた登り窯

工事に携わり山を削る人

＊写真はすべて原完治氏の提供による

福岡市西新町が誕生

1922　（大正十一年）四月一日、西新町が福岡市に編入。
西新町編入後実施事項（『福岡市史』より）
新設　新地字潮入より後浜を貫通し藤崎監獄裏に至る五間幅の道路
　福岡監獄西側より飛び石橋に至る三間幅の道路
拡張　片原町より新地軌道通りを貫通し、海岸に至る道路・中東県道警察署横より海岸に至る道路・修猷館前より海岸に至る道路・県道より中枕町を経て海岸に至る道路・県道より西枕町を経て海岸に至る道路

同年　路面電車が今川橋から姪浜まで電化されたが、この時点では、福岡市内で運行する福博電気軌道とはつながってない。

同年　福岡市に上下水道が創設される。

同年　旧制福岡高等学校が六本松に開校し、外国人教師住宅が西新町に建てられた。

同年　西南学院バプテスト教会、C・K・ドージャー博士により創立。

1923　（十二年）紅葉八幡宮は、早良郡全首長の推薦を受けて社格が県社に昇格。鹿原にあった埴安神社が合祀される。

同年　早良郡役所により『早良郡志』が刊行。

同年　郡会が廃止されたが、郡役所は存続。

1924　（十三年）元寇六五〇年記念祭が、福岡市主催で西新の元寇防塁遺跡の前で挙行される。

同年　四月十一日～九月二日、試験的に百道海水浴場が水上飛行機発着場になる。その後、名島（東区名島）の名島飛行場に移転した。

1925　（十四年）北九州鉄道（旧国鉄）西新駅（現・昭代三丁目付近）が開業。

同年　福岡市塵芥焼却場がサヤノ下（現・曙二丁目）に開設。この時、西新一丁目交差点から焼却場までの道路が整備される。

1926　（十五年）七月二十八日、百道海水浴場で福岡女子高等小学校二十八名が水難に遭い、内五名が亡くなる。

同年　紅葉八幡宮の神宮寺、西光寺の跡地に建った閑松院が今宿青木に移転し別寺（雷山千手観音寺が管理）となる。

同年　早良郡役所が廃止となる。

同年　十二月、大正天皇崩御。元号が昭和になる。

名島水上飛行場（東区名島）。中央は百道海水浴場に飛来した同機種と思われる水上飛行艇

西新駅（1983年　中村博氏撮影）

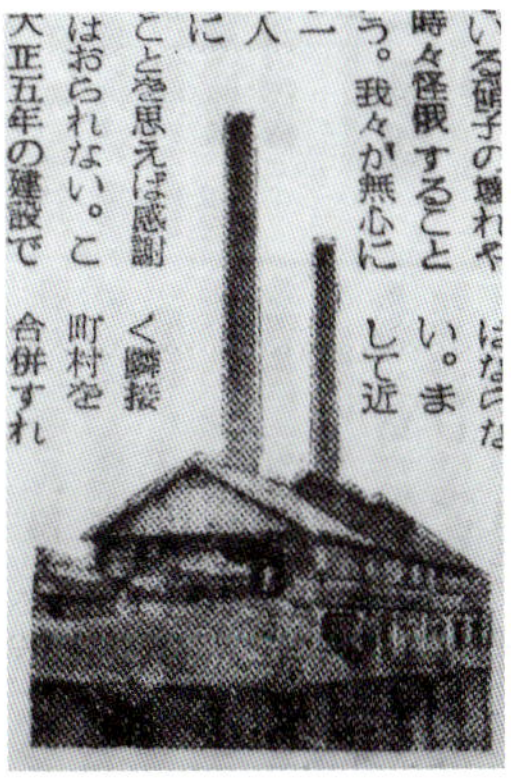
サヤノ下（曙2丁目）に造られた福岡市塵芥焼却場

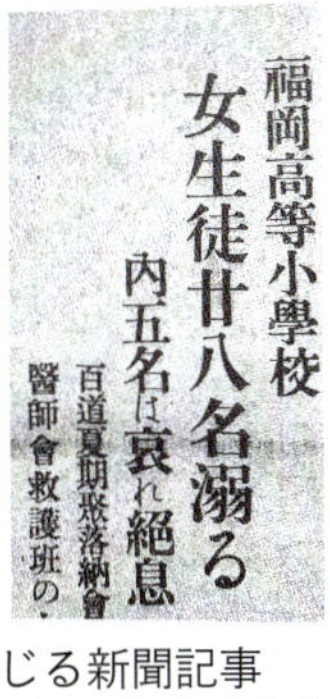
福岡高等小學校
女生徒廿八名溺る
内五名は哀れ絶息
百道夏期聚落納會
醫師會救護班の

（右）百道海岸の水難事故を報じる新聞記事
（左）水難事故供養のため海の家設備屋が建立した地蔵尊。現在は崇福寺に移設されている

早良郡役所解散前の職員

百道海水浴場

海水浴場は、現在のテーマパークのように非常に賑わいました。市内電車が通るようになると夏場は臨時停留場（現・西新一丁目交差点）、西新交番と消防署（現・西新公民館の間）から海水浴場まで一銭バスが運行し、遊び疲れた海水浴客が利用しました。

日本一の百道海水浴場で未曾有の花火大会が開かれます。花火師は本場と言われた筑後で自慢の三池郡は二川の花火組合、嘗て福関で開かれた工業博で一等賞を得た連中が本社の寄託で更に腕に撚りをかけての丹精な造り花火その数々は龍星・花傘・玉垣・花吹・花車・落雷地雷・色火・横打地雷・揚火などその名を聞いたばかりでも何と美しく又勇ましいではありませんか、（中略）夏の夜の行楽はコレに越したものはありますまい。

（「福岡日日新聞」大正十年七月二十三日）

百道海水浴場の大桟橋兼遊歩道

当時の百道松原は松が青々としげり白砂の砂浜が広がり、能古島や志賀島を眼前に見晴らす風光明媚なところでした。その海に大きな滑り台やブランコ、遊動円木、大桟橋など、大人も子どもも遊びたくなる楽しげな遊具が設置され一大娯楽場になりました。なかでも、大正末期に設置された鯨の形をした巨大な滑り台と会場に張り出した桟橋は名物になり、当時の花形レジャー産業になりました。

これらの仕掛けは福岡日日新聞社によるもので、花火大会はもちろんさまざまなイベントが開催されたそうで、毎夏、市内外から人が訪れ大盛況、新聞発行部数も増えて「福岡日日新聞」の百道海水浴場の事業は大成功をおさめました。

なお、これらの遊具はシーズンが終わると取り壊され、翌年はまた異なる趣向で設置され、それも人々の楽しみであったそうです。

右は大正十年、百道海水浴場を訪れた家族の写真です。

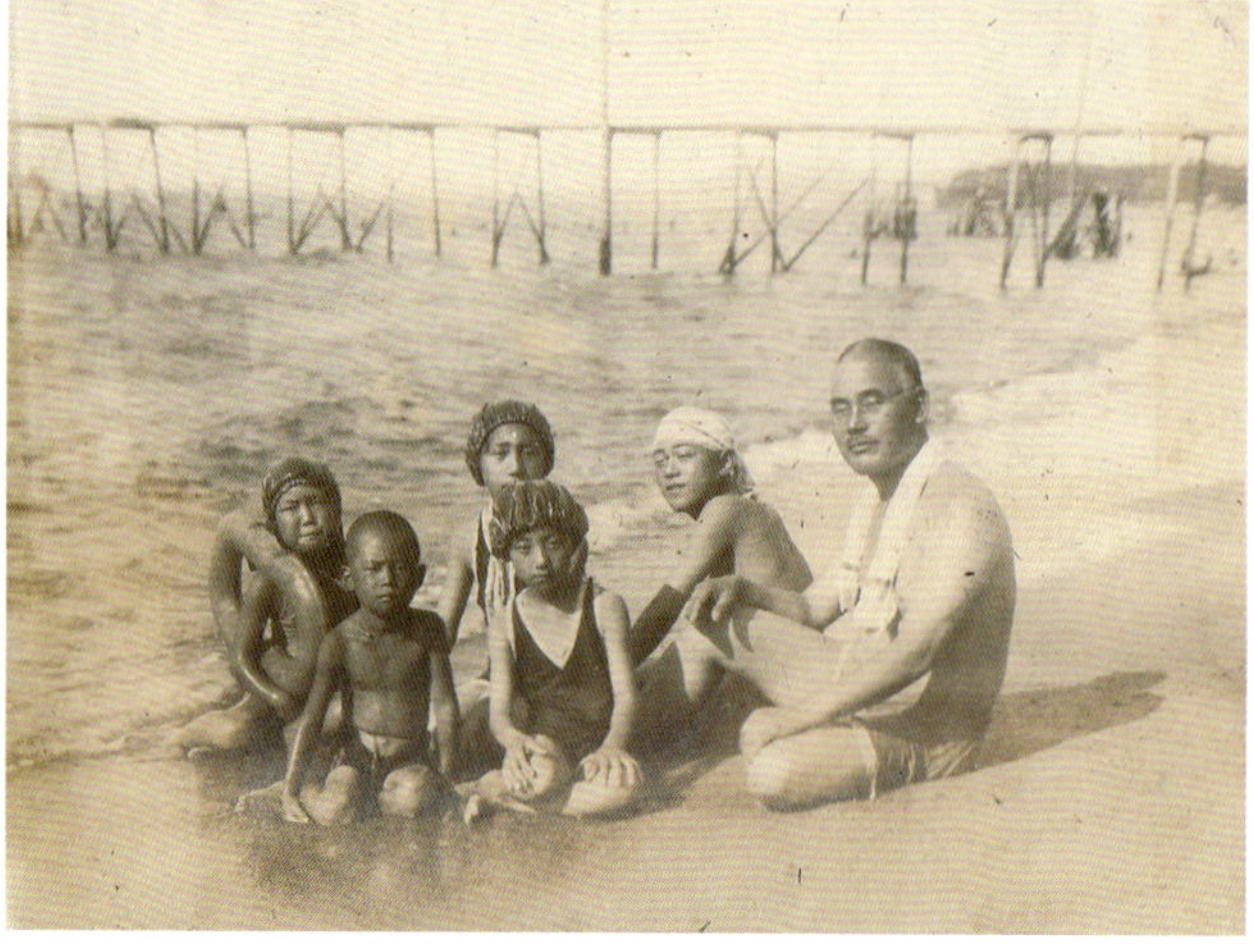

大正期の再開発

鈴なりの電車を今川橋に捨てて降れば、今は昔侍屋敷の西新町盛り場本通りに出る。この町が福岡市に縁づいて、手鍋下げて嬉しい世帯を持つたのは指折かぞえて四年前、今川橋の袂から姪浜まで帯を渡した一筋町を運転してゐる北筑電車、三十分毎に単線通行してゐる貨物軌道車はさすがに開けて行くこの町の著しい発展ぶりを如実に物語つてゐる。人家の陰さへもなく、一面漠々たりし砂原の新地附近から、百道海水浴場方面は昔の面影もなく、今は別荘地としてすばらしい繁栄を示してゐるが、百道海水浴場附近は、我が社の海水浴場主催が新しい町を作つたと云ふ位興つて力があつたらしい。射的場附近には近く福岡県が県営住宅数十戸を建立すべく目下建設計画中だし、また東邦電力もこの一帯を住宅地として大規模の住宅計画を回らしておると云ふから、今後益々栄え行くことであらう。

この町の発展は浜側と裏町側で、人家が続々新築され、殊に西南学院前、修猷館の西、新屋敷、麁原、新道左右両側面は田ン圃や桑畑が掘りくり返されて、新築家屋が櫛比し、二、三年前の面影もなく変化し、今後一、二年もすれば見違ふ程の新しい町が建設されるであらう。交通機関が新しい町の開拓者であるならば、明春開通する城南電車の全通は、西新町裏町の新しい電車通りに町を促すことだらう。

今川橋附近の地は、西新町でも一等の目抜き地で、一坪二、三十円を唱へてゐるが、それでも売り手がない位だ。昔は僅かに一坪一円四、五十銭の塵捨場みたいな処で、大昔は只でも貰ひてがなかった位だが、福岡市に嫁入りするようになつて、俄に土地熱を煽り一躍五、六十円より漸次鰻上りに桁はずれの暴騰振りである。新屋敷方面が二十五円から四十円、麁原附近の不便の地でも二十円から三十円の呼び声だから驚く。城南電車の沿線十字路の如きは、まだ家もないのに五十円乃至百円と云ふ状態である。

一体、西新町はどうして生活しておるかと云へば、住宅地、別荘地、安住隠遁の地として飯を喰ってゐるやうだ。その証拠には恩給生活者が多いこと、金持隠居や高級生活者が少なくないことが裏書してゐる。商店と云へば昔ながらの商店で、僅かに早良方面の農民を相手に煙を立ててゐる模様だが、一つ不思議なのは案外質屋商売が多いことで、一体何を意味することやら。

同町が福岡市と合併して以来の戸口状態を見ると、大正十二年末千四百四十戸、六千七百七十九人で、十三年末には二十一戸、四十九人の増加で、更に百八戸、四百五十一名の増加をみた。家屋の増加の割に人口が殖へておらぬのは、炭坑不況の結果が大いに影響したらしい。

この町の昔は竹籔続きの昼なほ暗い武家屋敷で、夕暮になると群雀が躍り廻つたものだ。（後略）

（「福岡日日新聞」）

百道海岸

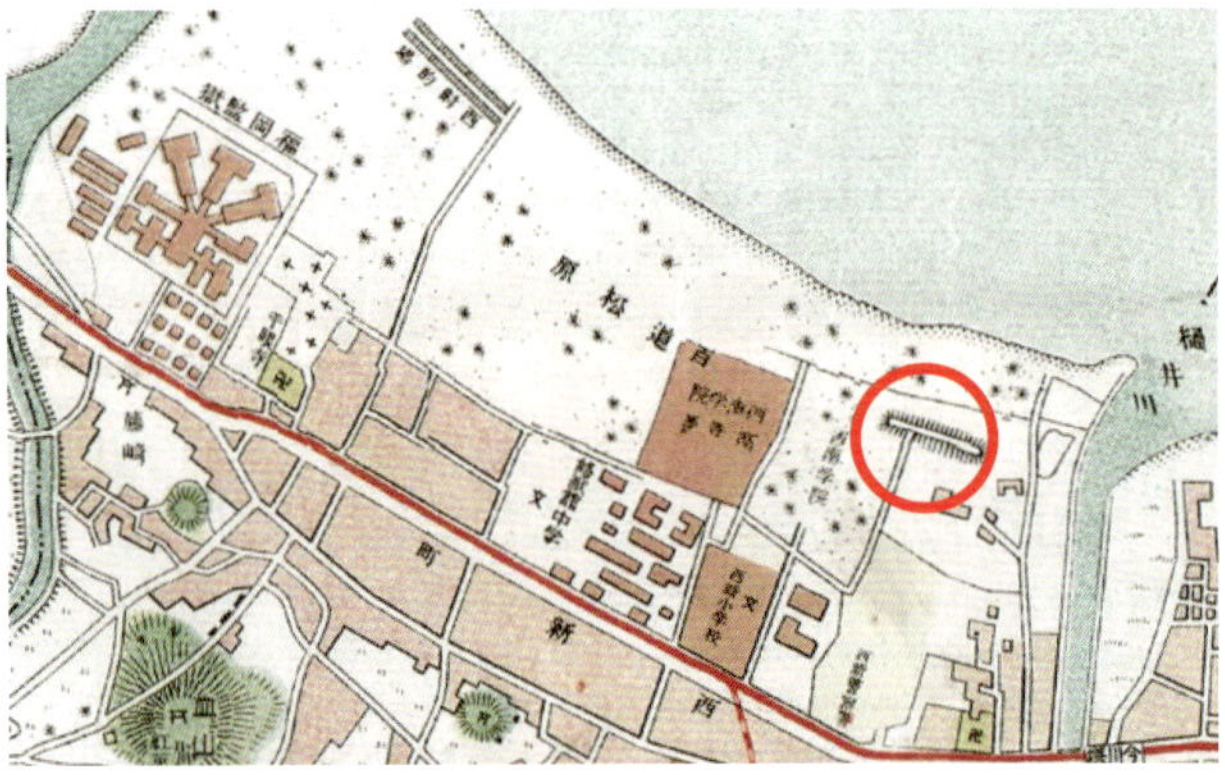

「最新福岡市街及郊外地図」（大正 14 年）の一部

大正 10 年に撮影された福岡中学の生徒。左は百道松原でくつろぐ様子。右は百道にあった競馬場の土手で

西新町にあった競馬場と射的場

大正時代、百道松原には競馬場がありました。右上の地図で赤丸で囲っています（現・西新二丁目二〇〜二二）。大正二年に福岡刑務所が建つ前は金屑川の中州で、潮が引いた時に愛宕神社奉納競馬として開かれ人気を博したようですが、刑務所建設にともなう煉瓦づくりのために砂が採取され、そのため馬場が失われ移転前の紅葉八幡宮の北側の窪地に移転しました。当時は西新町の大きな商家が勧進元だったそうです。

しかし時代が下り、軍事上、馬匹《ばひつ》の改良が重要視されるようになると、競馬を通して愛馬思想の向上も図るようになりました。

＊

百道松原の北西海岸は「後浜」と呼ばれ、藩政時代から砲術訓練所が設けられていました（現・百道三丁目付近）。

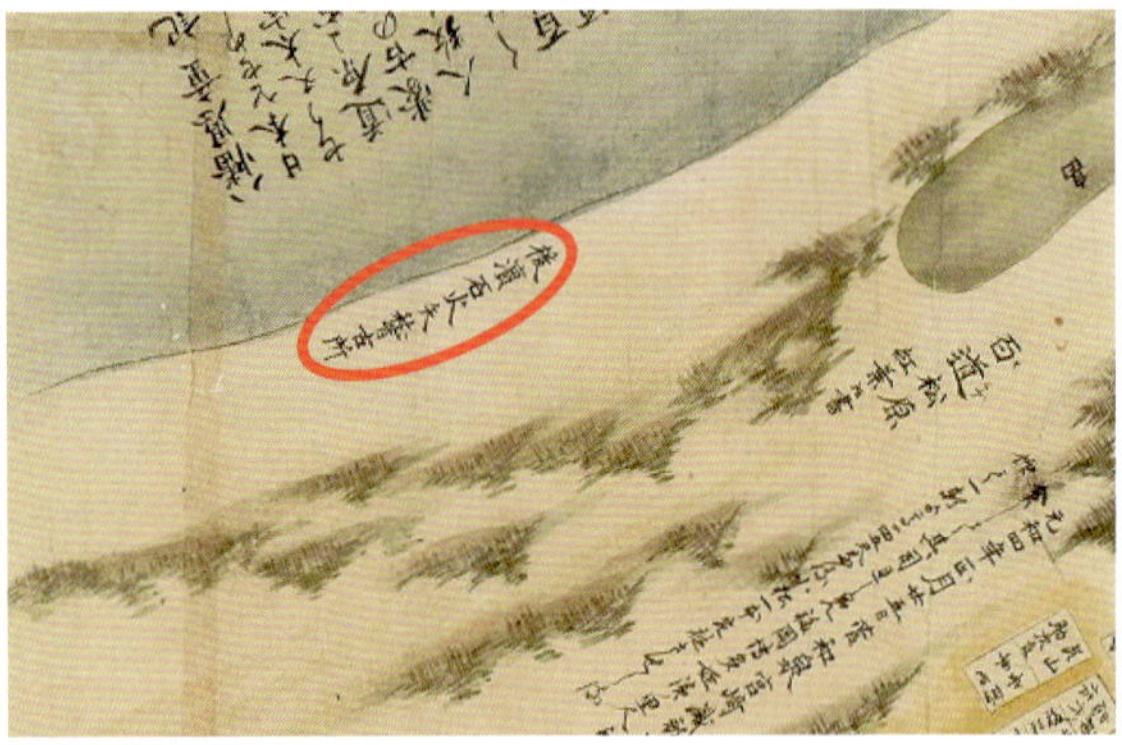

百道松原の海岸沿いに「後濱石火矢稽古所」と記されている。「福岡城下町・博多・近隣古図」（文化 9 年〈1812〉）より

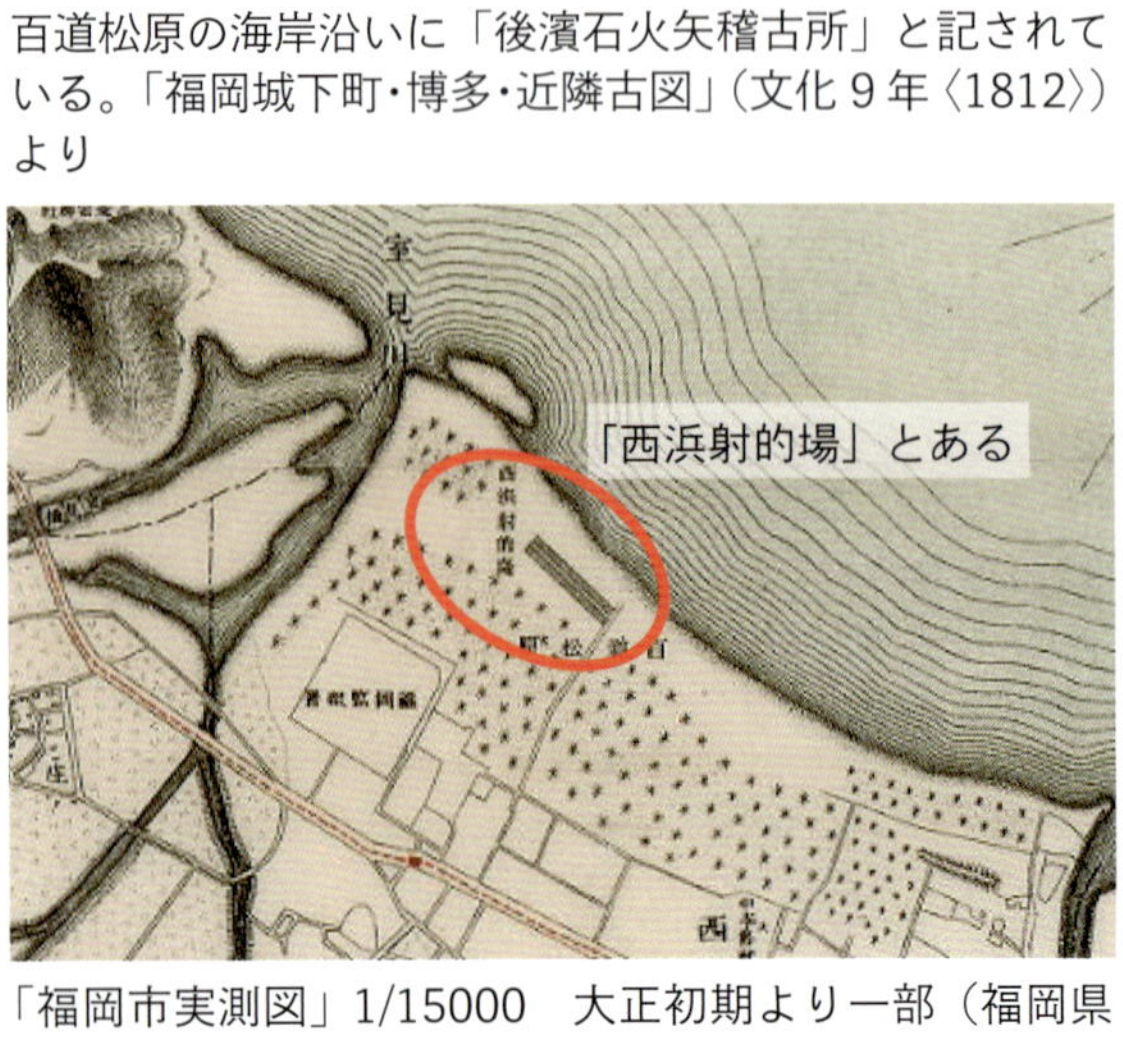

「福岡市実測図」1/15000　大正初期より一部（福岡県立図書館所蔵）

『筑前国続風土記拾遺』（1837）には、「百路原」の項に次の記述があります。

村（西新町村）の北の松林なり。（中略）また松原の西に砲術習練の場あり。毎年四月朔日より八月朔日に至て士林群をなして日々大砲を放ちて肄業す。此所を後濱といふ。

明治以降は陸軍が管理し、明治十年（1877）には南北九一メートル、東西一キロ近くの細長い歩兵射撃場が造られました。しかし、周辺に住居が増えるにしたがって、住民に危険が及ぶという陳情が出され、それを受け入れた軍により、大正五年（1916）に筑紫郡八幡村（中央区平和）に新射撃場が造られることになり、移転。跡地の一部には西新小学校の新校舎が建ちました。

現在、西新小学校の裏門から百道中学校に向かう道とそれと並行してグラウンドの裏から走る定規で線を引いたような直線道が二本、住宅街の中を走っていますが、道に挟まれた区画が射撃場の跡地です。

北九州鉄道の変遷と西新駅

北九州鉄道は大正八年（1919）に設立された鉄道会社で、現在のＪＲ筑肥線の基礎をなしています。いま、姪浜駅から唐津方面に向かう列車に乗るとわかりますが、路線が海岸沿いに走り背後に山が迫っており、いくつものトンネルがあります。敷設工事が難航する場所も多く、地元唐津や伊万里の有力者たちの尽力で、資金難や技術面を克服して工事が完成したといいます。

また、当初、東唐津―博多間の敷設を目標にしていましたが、途中、風致地区でもある虹の松原などがあり、付近住民の反対などで少しずつ路線を延ばすかたちで大正十四年に姪浜―新柳町間が繋ぐことができ、このとき庄、鳥飼、小笹、平尾の各停車駅とともに西新駅が生まれました。当時、西新駅は「にししんまち」と呼ばれていました。東唐津から博多駅まで路線が繋がったのは大正十五年。昭和に入って伊万里まで路線を延ばしています。

北九州鉄道は、沿線に景勝地が多かったこともあり、当時の観光旅行ブームにのって福吉や大入の海水浴場を開発したり行楽施設をつくったりと観光業にも力を入れていました。

昭和三年（1928）、天皇即位にともなう大嘗祭に献納する「供納米」が、新造列車に積まれて万歳の声で見送られたのは西新駅でした（七二ページ）。

数多の困難を乗り越えた北九州鉄道でしたが、昭和十二年、日中戦争の勃発にともない、鉄道省に買収されました。

戦後、国鉄が発足し、筑肥線は石炭を運ぶ貨物列車の運行が激増しますが、その後石油へのエネルギー転換により旅客車が運行の主体になっていきました。

福岡市内を走る筑肥線は通勤、通学客に利用され、朝のラッシュ時は乗客が寿司詰めで、昇降口に腰掛けるなど無理な乗車をして事故も起きたようです。また、手荷物の集配所があったため、就職・進学した息子・娘等への仕送り荷物が多く取り扱われていました。

昭和四十年代には、元岡中学と百道中学の生徒が西新駅に集合し、特別仕立ての「修学旅行列車」で宮崎へ修学旅行が行われたこともありました。

五十八年、福岡市地下鉄が姪浜とつながり相互直通運転となったため、姪浜―博多駅間の筑肥線が廃線となり、西新駅はその役割を終えました。

兄が東京の大学に進学した時（昭和四十年）も私が関西の大学に進学した時（四十六年）も、母は西新のスーパーで買った食料品（マルタイラーメンや缶詰など）を詰めた段ボール箱を自転車で西新駅まで運び、駅に預けて送ってくれていました。

「チッキ（手荷物）で送ったけん」と寮に電話があり、心待ちにしたものです。

（七十代女性）

廃線前の筑肥線西新駅

昭和40年頃、通勤、通学の乗客を詰め込んで走る電車（中村　博氏撮影）

高校に通う学生で賑わう（昭和50年）。行商の人も利用していた。顔見知りの人たちには車内販売も行っていた。当然無許可であるが（撮影・文：中村　博氏）

西南学院草創期

西南学院はプロテスタント系バプテスト派のミッションスクール、前身となるのは明治四十四年（1911）に創設された福岡バプテスト夜学校です。大正五年（1916）、「私立西南学院」が在校生一〇四人、教師九人の体制で福岡市大名町（現・中央区赤坂）に開校。ついでC・K・ドージャー博士を中心に新校舎建設が進められ、七年に西新町に一万九二〇〇平米の土地を購入し新校舎を建設、十年三月新校舎が竣工し、中学の第一回卒業式が行われました。同時に高等部が開設され、「西南学院中学部」と改称されました。

高等科設置の認可にニコニコのドージャー院長

（前略）今度建てられた新館の赤煉瓦が精気を帯びて、松の緑にくっきり浮かんで見える。院長ドージャー氏は例の愛嬌ぶりを見せて語る。

「大分待たされましたが、やつとお陰で認可になりました。規則書を申し越されました方もありましたが、兎に角認可があった上で配布することにして、昨日から出しています。差し当り文科と商科を置いて各五十人づつの生徒を収容する心算です。教室は中学部第二教室の二階を当てていますが、近く寄宿舎も建築に取りかかる筈です。教師は全部で十一人ですが、未だ国漢文の教師が足りません。入学試験は四月七日に致します。先づ二十名だけは直ちに入学する筈です。建築や何かでごたごたしていますが、来週には本館に引移る予定です。英語の教師を養成することが眼目ですが、行く行くは神学の方へも教へることになります」

（中略）

（「九州日報」大正十年二月二十日）

西南学院はC・K・ドージャー博士が遺した「西南よ、キリストに忠実なれ」という建学の精神に則り育まれていきました。戦時体制化でのミッションスクールゆえに被る多くの苦難を乗り越えて、戦後の西南学院大学開校、現在の小中高一貫教育と大きく発展を遂げていきます。

なお、平成六年（1994）に男女共学となるまでは、私立男子校として知られていました。

私立西南学院と県立修猷館高校とが並び立つ西新町は、文教地区としての落ち着きと若い活力に溢れ、このまちの大きな魅力となっています。

西南学院本館（赤レンガチャペル、元西南学院博物館）の定礎式（「西南学院のあゆみ」西南学院中学校・高等学校ホームページより）

西南学院博物館

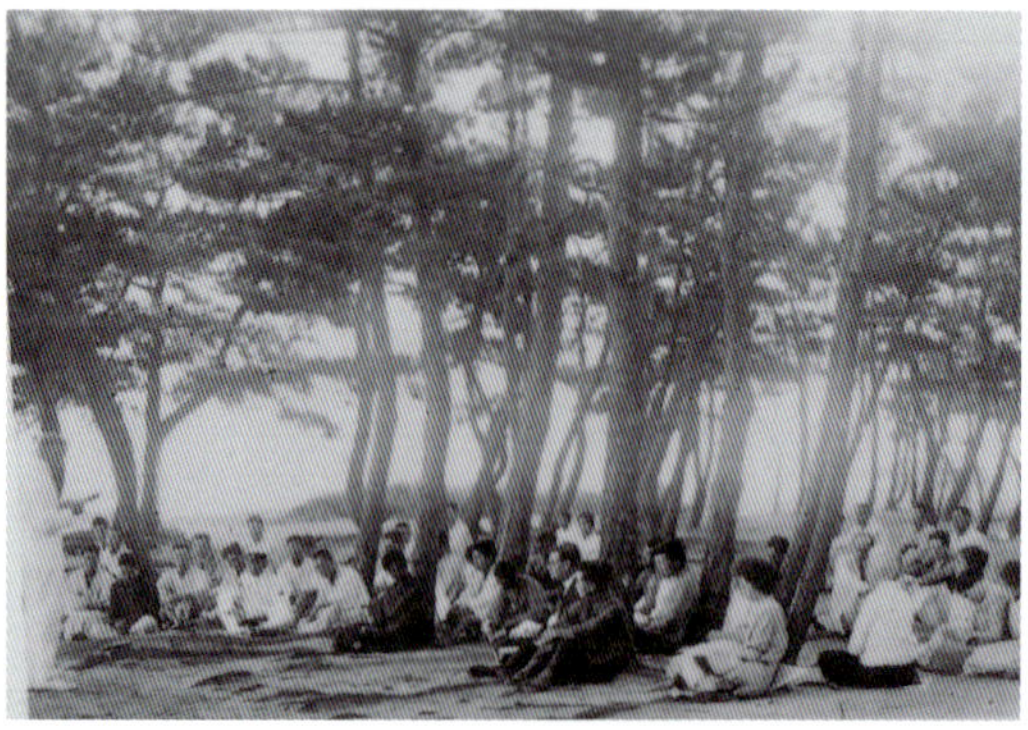

松林の中で朝礼拝

C・K・ドージャー博士（「西南学院のあゆみ」西南学院中学校・高等学校ホームページより）

藤崎の風物詩

大正十四年卒　富永　八郎

蛍が飛び、○《（ママ）》が鳴く新盆の墓に吊した提灯が、松原越しに諸行無常とゆれ、火の玉が出た話をよく聞かされた過し日の藤崎は、県道より南を南藤崎、北側を北藤崎と呼んでいた。千眼寺より原を抜け金武に通ずる道路所謂新道より西、金屑川に至る一帯、袖の松原趾と云われる此処は、維新まで松樹の伐採を禁じていたが明治八年民有地となり、桑畑に変じたと云ふ。人家は稀で畑ケ中と呼んでいた。県道に沿って江守山があり、猿田彦神社がある。江守山は腕白小僧の蝉取りの場所であり、兵隊ごっこの砦でもあった。

猿田彦神社は正徳三年の再建とある。初庚申に授ける猿面は猿は去るに通ずる意か、盗難除として門口に吊るして禁厭とした。青年の打つ太鼓の音に、仕立て下ろしの浴衣を着て千燈の火をつけて廻る夏祭は、少年の日の夢の一つであった。

金屑川の前から鹿原炭坑に通ずる線路があり、軌道がよく石炭を運んでいた。線路の向ふに小川や田があり、春は菜の花、秋は黄金の稲穂が波打っていた。

千眼寺は元禄十一年、天祐和尚の開山で、黒田綱政の建立と云ふ。其大施餓鬼は享保の昔、福岡を襲った未曾有の飢饉、史に依れば三十六万の人口中死するもの十万と云ふ。

「つんなんごうごう荒戸の浜まで行きまっしょう」

幼年の頃、老婆に手を引かれ乍ら聞いた此の歌は、荒戸の米倉に一椀の粥を求めて、行倒れた人々への弔歌でもあろうか。施餓鬼は其供養に始まると云ふ。八月二十四日の夜の境内は人の波であった。此境内に地蔵尊があり。少年少女は独楽をまわし縄跳びに興じ、正月はモッサン投げに日の暮るるを忘れた。地蔵尊の裏は乾繭所《かんけんじょ》があり、春は生繭が山と積まれていた。刑務所官舎と県道の境に高さ二米程の土手があり、少年達の草スキーの場であった。

百道松原には今の中学付近に火葬場があり、射的場があった。淋しい松原も落ち葉の頃は松葉をかく人で賑った。箒の柄で松露をかき出して、少年は喊声をあげる。拾った松露は夜の食膳をかざった。

軌道がチンチン電車に代わったのは大正十一年の頃か、ごろごろ音をたてて馬車が通る、馬車に腰をかけた馬方さんは巡査の影を見て、馬車より飛び下りる。馬糞を落とし乍ら馬は歩いていく。それは、大正藤崎の昼下がりの道路風景であった。風霜五十年、藤崎は今、西の中心地として息吹し始めている。万物流転の語がふっと頭をかすめた。

（「西新　創立百周年記念誌」より）

大正期の風景　遺されたアルバムから

久我隆雄氏（西新白寿会連合会会長）からお預かりした上の写真に写る久我家は、代々、城西で運輸業を営まれていたとききます。これは、家を新築された際のご親族の集いを写したもので、大正のころの城西付近を写す貴重な写真です。後方の山は鹿原山

梅雨時の西新町。閑松院が写っている

鹿原山から西新町を望む

上今川橋通り（東）から西を望む。大正 10 年

今川橋から下流に向かって写した雪景色

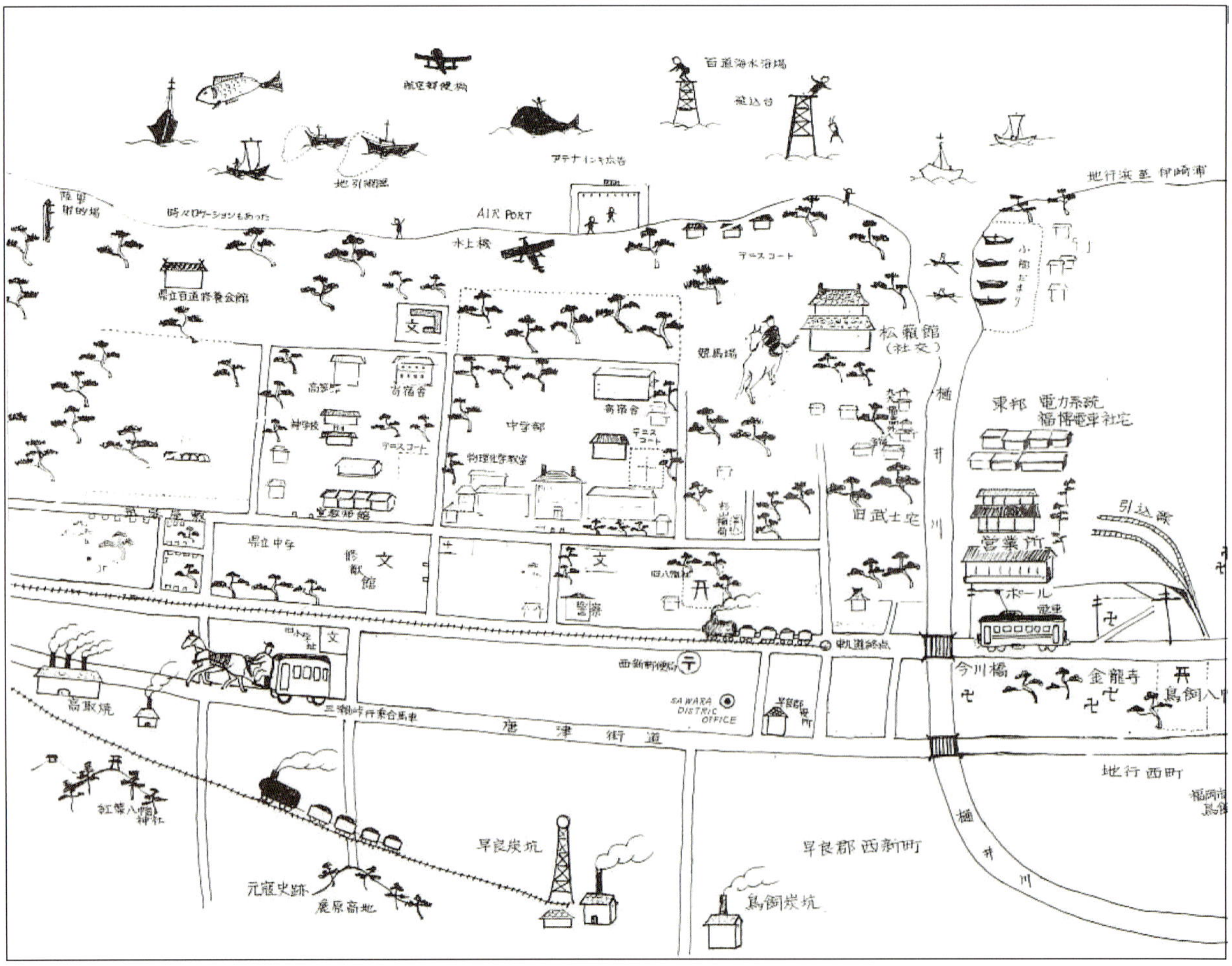

大正 7 年（1917）当時の西新町付近（吉原勝先生提供「開設 40 周年記念誌」西南学院高等学校より）

六　激動の昭和、西新町が走る〈昭和時代〉

昭和の西新町　戦前

昭和の西新町は供納米の運送から

1926（昭和元年）西川虎次郎氏（元・陸軍中将）が福岡県にボーイスカウト福岡連盟を創設。

1928（三年）北九州鉄道西新駅から、昭和天皇即位にともなう大嘗祭に使用される「供納米」が運び出される。

同年 九州水力発電（のちの西日本鉄道）が城南線全線を開業。

同年 西新小学校が現在地（西新六丁目）に新築移転（七五ページ参照）。

1929（四年）隣村の原村が福岡市と合併する。

同年 町民の後援により、西新消防組が消防自動車ハドソン号を購入。

1930（五年）物価の安定を目的とした市の公設市場が開設（西新二丁目付近）。福岡市が直接販売したのは白米だけだったようで、その他の食品や日用品は指定業者が入居販売。市民の消費生活に大きく貢献した。昭和七年の一日の入場者一一六七人、売り上げ二九七円（現在の約九十万円）と非常に賑わったという。

1931（六年）世界初の大西洋単独無着陸横断を成功させたC・リンドバーグが夫人とともに世界一周飛行をする途中、東区の名島飛行場に飛来し、西南学院中学を訪問した。

同年 西新町耕地整理で、二百石町、西ヶ崎町、下ノ田町など新たな町名ができた（九七ページ参照）。

同年 元寇防塁跡が国の史跡に指定。

供納米を積んで西新駅を出る新造列車

主基斎田

天皇即位後に行われる新嘗祭は、大嘗祭とされています。この大嘗祭で献上される神饌神酒の材料となる新穀を作るのが「斎田」です。この斎田は、宮中神殿にて亀卜により、国内から二か所選ばれます。京都以東から選ばれた斎田を悠紀斎田《ゆきさいでん》といい、西から選ばれた斎田を主基斎田《すきさいでん》といいます。

昭和天皇即位にともなう大嘗祭では、悠紀斎田には滋賀県野洲郡三上村（現在の野洲市）が選ばれました。一方、主基斎田には福岡県早良郡脇山村（現在の福岡市早良区脇山）が選ばれました。

（福岡県立図書館資料フィルム『大嘗祭悠紀主基斎田』の紹介文より）

主基斎田に選ばれることは当時、大変な栄誉とされました。脇山の田圃で種籾の選定から丁寧に育てられた供納米は昭和三年十月十六日、脇山村から西新駅まで神官はじめ白装束姿の関係者によって徒歩で運ばれ、新造された列車に積み込まれ、大勢の人の万歳三唱するなか京都に向けて出発しました。

この時の米の品種は「昭代」と名付けられ、のちに西新駅北側一帯の町名となりました。また、豊作祈願のため舞われた「お田植舞」は、脇山小学校の生徒に受け継がれ、毎年六月、披露されています。

主基斎田で使う農機具を製作した西新町の坂田鍛冶屋。全員白装束

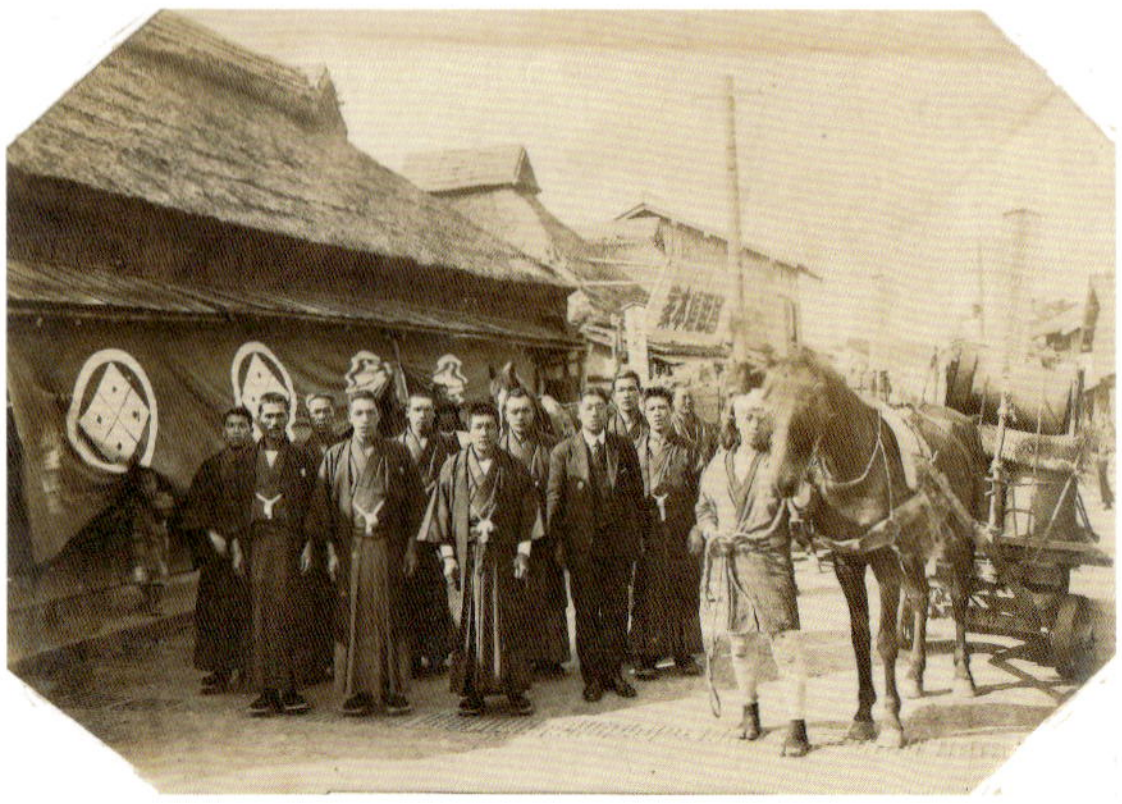

主基斎田で使う土管を納入する樺島家の前で記念撮影。関係者は紋付袴の礼装

1932（七年）東邦電力がそれまで木造であった今川橋（新今川橋）の架け替えを行い、今川橋停留場（西新町新地）と市内の路線がつながり、全線開通となる。

1933（八年）隣村姪浜村が福岡市と合併。

1934（九年）食肉専門店「肉類の勉強屋」が中西商店街に開店。

1935（十年）市道早良口有田線（現・原通り）が整備され、バス路線（北筑バス）が藤崎から早良口を経由して通るようになった。

同年 百道が市の風致地区になる。

同年 市道脇山口荒江線（現・早良街道）が整備。これ以前の脇山口は現在の西新二丁目の交差点にあった（三〇ページの図参照）。

1936（十一年）県立中学修猷館を前年卒業し、日本大学予科に進んだ葉室鐵夫がオリンピックベルリン大会、二〇〇米平泳ぎで金メダルを獲得。

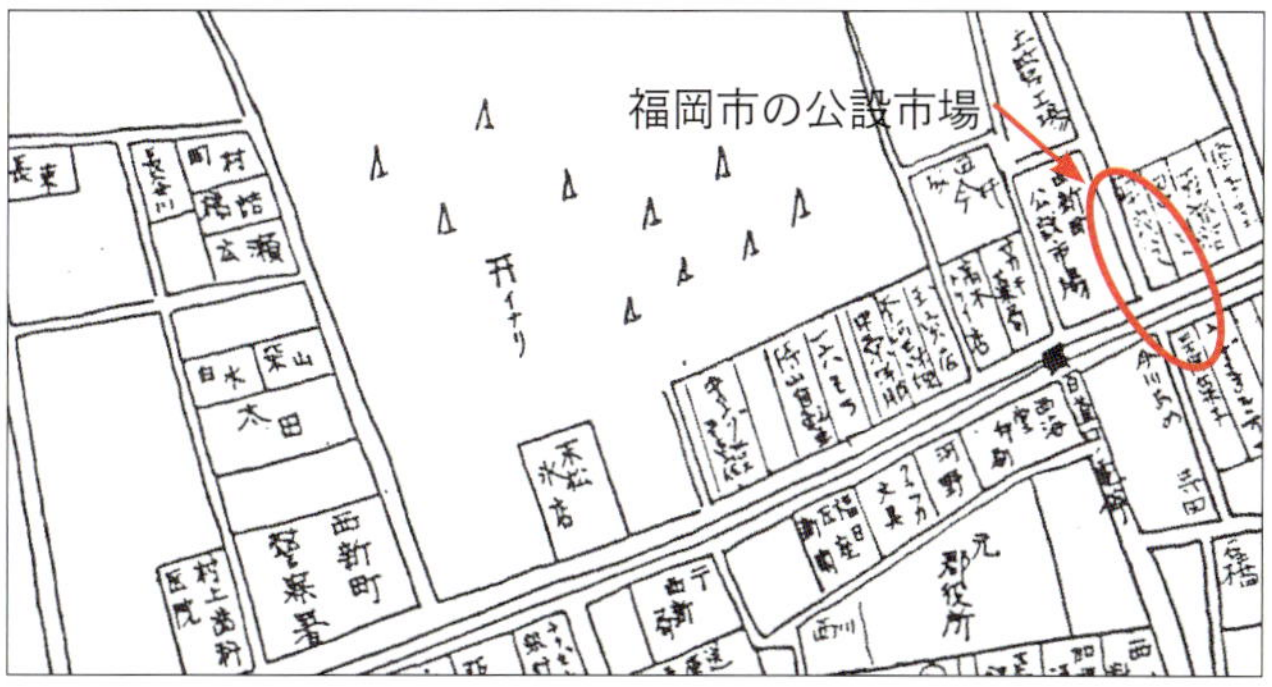

昭和６年頃の中東、片原町、新地

消防自動車ハドソン号と消防団員

←肉類の勉強屋
昭和 12 年の正月

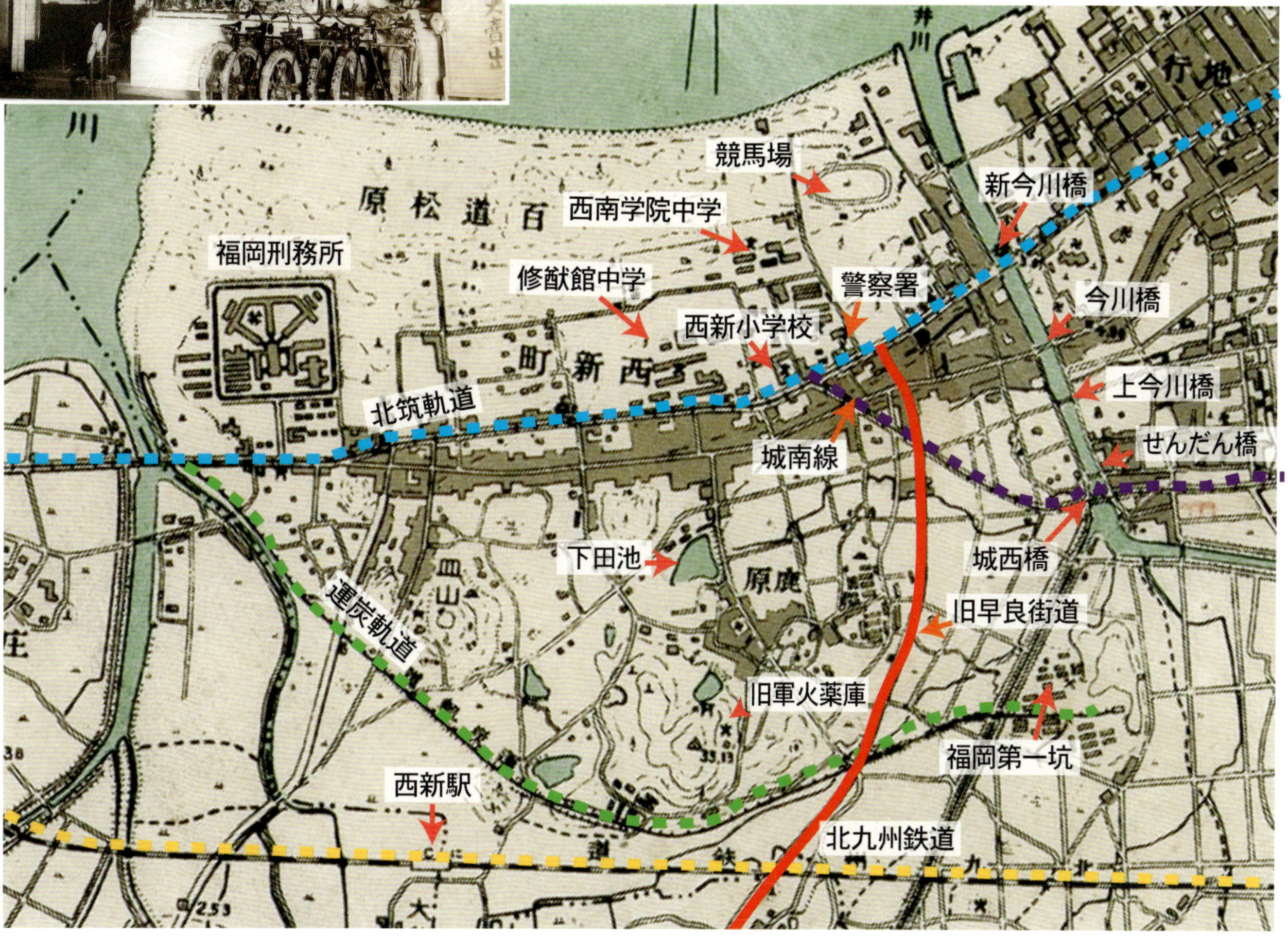

「福岡市及び附近圖」昭和２年実測に加筆（福岡県立図書館ふくおか資料室）

＝北九州鉄道　＝北筑軌道　＝運炭軌道　＝城南線　＝早良街道

西新小学校　校舎転々

創立当初

西新小学校は百五十年の歴史をもつ小学校です。

明治五年（1872）、学制が公布されるにともない小学区が設定されましたが、当初、その設立と運営は学区内の寄付金で賄われていました。そのような状況で、明治七年、前年に開校した西新、百道、紅葉の三校を合併し、紅葉小学校（翌年西新小学校と改称）を設立。この年が西新小学校の創立年とされています。明治十三年発刊の地図には、唐津街道に面した大字西新（中西。現・西新五丁目）に記されています（四二ページ参照）。

学制が施行された明治初期は筑前竹槍一揆や西南戦争などの影響を受けて環境が整わず、行政からの教育費も不十分で一時、小学校の運営が難しいこともあったようです。筑前竹槍一揆で小学校が打ち壊しの対象となったのは、「子どもに学問をさせるのは、田圃に草が生えるもとだ」という親たちの無理解もあったと言います。

しかし児童数は着実に増え続け、そのため教室が不足していきました。

早良郡西新尋常小学校と西新高等小学校

明治二十年、名称が早良郡西新尋常小学校となり校舎を新築しています（二十二年竣工）。前年敷設された早良郡西新高等小学校は、翌年、校舎が分かれて高取一丁目（現・早良郵便局の位置）に移転しますが、その翌年には西新尋常小学校に高等科が敷設。西新尋常高等小学校となり、先に分かれた西新高等小学校を統合、校舎を増築しています。

明治期は学校令改正が何度も行われ、三十四年には小学校令の改正により授業料が撤廃、それにより就学率は高くなり、三十二年の児童数は二一三名と増加し、学校はいよいよ手狭になったようです。

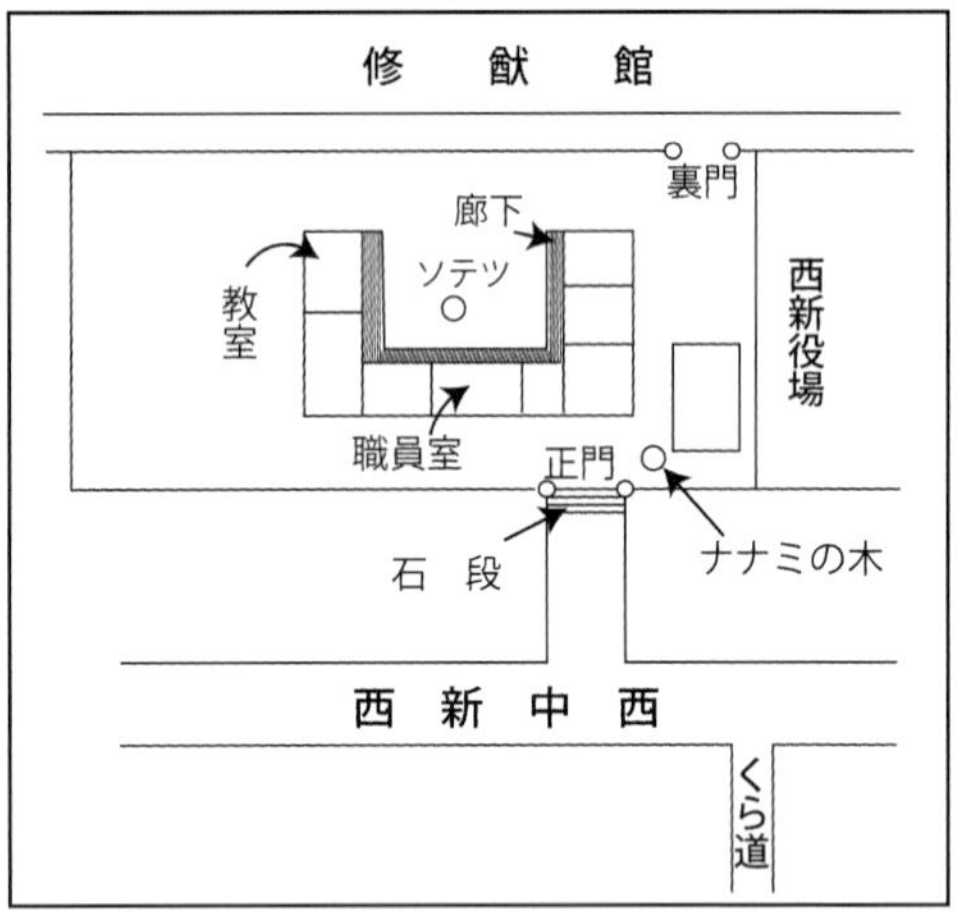

「私の小学校時代」

明治三十四年　西嶋　スギノ

その頃、母校は中西に在りました。石段の右側に、ナナミの樹がありますが、そこが役場でした。学校の玄関の前に楠の木があり、日陰であったので、そこで遊戯をしたものです。

小学校は四年卒業でした。一学年は四、五十人ぐらいの一組だけで男女一緒でした。校長先生は柴田真男先生、次に日高輝也先生、担任は真砂先生でした。私は石盤や石筆や教科書を風呂敷に包んで登校しました。

勉強は、修身、読方、作文、書方、算術、体操などで子供心にも教育勅語をいただくのが一番ありがたく思いました。（中略）

運動会が楽しみで、日の丸弁当とスボ付きかまぼこを白風呂敷に包み、肩から斜めに担って走って登校し、西浜の運動場に行きました（今の校舎の運動場付近）。旗取り、玉入れ、玉送り、綱引き、二人三脚、男子は川中島、障害物競走などで、私たちは筒袖の箱崎縞や久留米絣のよそゆきにタスキをかけ、わら草履をはいて出ました。遠足は麁原山や小戸のご膳立などでした（後略）

（「西新　創立百周年記念誌」より）

（上図）早良郡西新尋常小学校明治後期の見取り図。大正２年卒業　広羽元春氏による
（中）明治 22 年、新築移転した早良郡西新尋常小学校の跡地（明治通り側から）
（下）中西商店街側からみた跡地。明治通りを挟んで、修猷館のグラウンドが見える

紅葉八幡宮の西隣に移転

四十二年、義務教育の延長により学級数が増加、旧校舎を売却し当時の紅葉八幡宮西隣の土地三二一八坪を払い下げてもらい、ここに新築着工しています（五八ページ写真）。四十四年に完成したときの児童数、四五一名と記録があります。

大正に入ると生徒数はさらに急増し、大正五年（1916）七一〇名。校舎は増築されていますが、西新町が福岡市に編入した十一年には、福岡市西新高等小学校と改称し、生徒数は一〇五六名となり、校舎はさらに手狭になり収容不能となりました。

これに対応するために、校地内にあった教員住宅に二学級、旧町役場に二学級を設けたそうです。

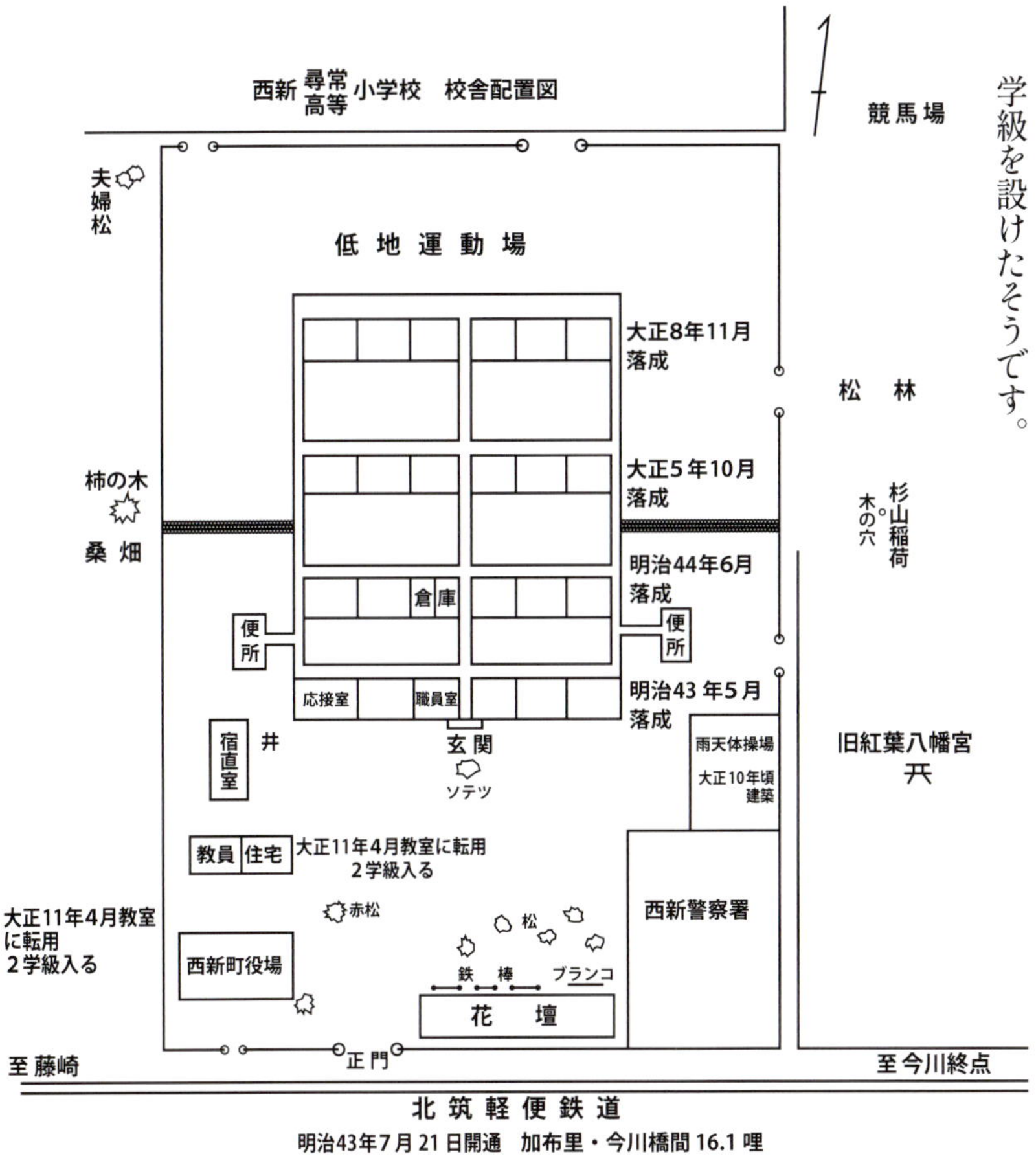

紅葉八幡宮西隣にあった西新尋常高等小学校の見取り図

最後の校地移転

このため福岡市との合併の一条件ともなっていた校地移転の話が進み、当時の市議会議員亀井弥太郎（味楽）氏の尽力により、旧陸軍射撃練習場百道松原跡地に一部かかるかたちで、現在地（西新四丁目）に鉄筋二階建を建設、十四年（1925）、校舎落成。昭和元年（1926）には、全児童一一〇〇名が移転完了しました。

この時の校舎は、昭和とともに歩み、戦禍を逃れて戦後を迎えましたが、昭和最後の年に新校舎が竣工し、その役目を終えました。

昭和11年（1936）西新小学校を上空から写した写真。右側の校舎と校庭が西新小学校。校庭の真ん中に松の木がある。左側の校舎と校庭は西南学院

西新小学校旧校舎（講堂と校庭）

西新小学校旧校舎（図書室、宿直室など）

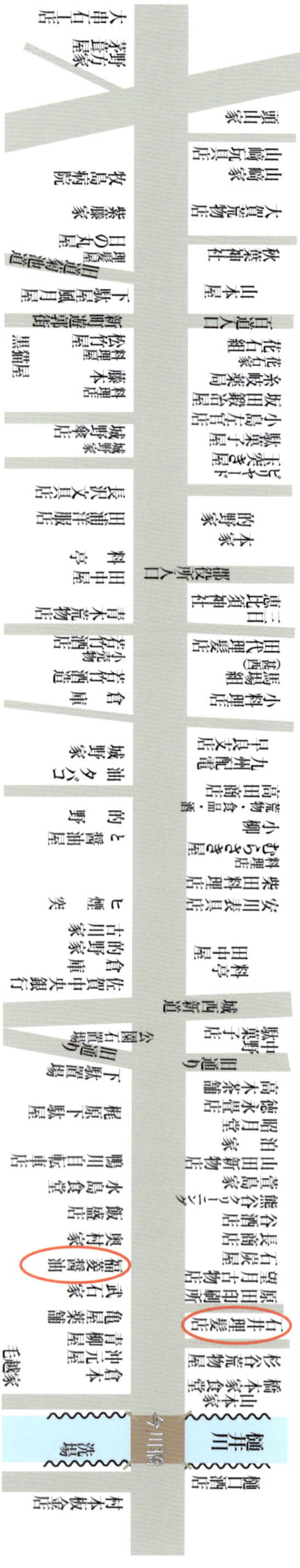

記憶に残る戦前の片原町

片原町のこと

西新町には、発展の過程で失われていった町名がいくつもあります。「片原町」もその一つですが、『筑前国続風土記附録』(1798) にすでにその名を見ることができます。

今川橋より百道原八幡宮辺りを里民片原町といふ。初北側斗に家居ありし故なり。其後南側にも家居をなせり。南側は鳥飼村に属し北側は鹿原村に属せり。

片原町は、現在の西新オレンジ通りの北側にだけ家があり、南側は荒地であったためにこの名前がつきました。明治、大正のころには西新町の繁栄の中心であり、その後、北筑軌道沿いに藤崎まで商店街が延び、西新町の三割弱の住人が商業に携わるようになりました。戦前まで賑やかな街並みであったことが「西新　創立百周年記念誌」の明治・大正の卒業生の証言からもうかがえます（五〇ページ）。

「西新町は早良郡の首都で郡役所、登記所などもあり、米を売る農家なども朝出掛けて夕方に帰っていく、そのため商店も買い物客で賑い煮売り屋も中食休憩所として繁昌（略）」

（「西新　創立百周年記念誌」より）

昭和五年（1930）、公設市場が開設、後には劇場兼映画館の聚楽座もでき、この通りは「聚楽通り」と呼ばれ商店が多くできました。終戦を挟んで昭和三十三年ころ、丸栄西新店（西新四丁目、現・市営駐輪場）ができるまで、聚楽通りと片原町が商店街の中心でした。そして、戦後の繁栄は段々に西新中央商店街に、さらに中西、高取、藤崎へと移っていきました。

右図は、戦前の片原町を知る徳永利光氏が当時の街並を描かれた図から作製したものです。

昭和40年ごろ（推測）の現オレンジ通り商店街。（上）今川橋を渡って西に。理容イシイの看板が見える。（下）その向かい側辺り、福菱醤油店

（「西新　創立百周年記念誌」より）

戦時下の西新町

1937	（昭和十二年）日中戦争勃発。
同　年	西新尋常高等小学校が高等科を廃止されるにともなって城西高等小学校（現・城西中学校）が新設。
同　年	重度の視覚・聴覚障害者であり、社会福祉活動家として活躍する米国のヘレン・ケラー女史が、西南学院中学及び福岡女学院を訪問。
同　年	土地区画整理で曙一〜三丁目、昭代が誕生した。
同　年	保健所法が制定され、福岡市立西新病院が早良公会堂の建物（現・西新五丁目）を活用して開業。
1940	（十五年）藤崎（現・百道中学校の位置）に福岡市立第一工業学校（現・福岡市立博多工業高校の前身）が開校。
1941	（十六年）太平洋戦争勃発。
同　年	西新町警察署を西福岡警察署と改称。
同　年	昭和バスが唐津から今川橋まで乗り入れる。
1942	（十七年）西日本鉄道が発足し、小倉市砂津にあった本社を西新町（西新三丁目、ドン・キホーテ付近）に移転する。
同　年	百道海岸で大東亜建設大博覧会が開催。
1943	（十八年）西福岡消防署が旧西新町二丁目に発足。職員二五名、消防車二台で、旧西福岡警察署の所轄管内を担当。
1944	（十九年）長谷川町子さん一家が疎開（現・西新二丁目）。
1945	（二十年）六月十九日、福岡大空襲。マリアナ基地を飛び立ったB29爆撃機二三九機は、市街地を中心に東西御笠川から樋井川まで焼夷弾で爆撃。死傷者、行方不明者が二千人を超える甚大な被害を受ける。西新では新地（公設市場付近）、片原町、藤崎の一部に被害があった。
同　年	八月十五日、日本はポツダム宣言を受諾して敗戦。

西福岡消防署

黒田藩の御用火消西組として生まれ、明治十四年に公設消防組の民間団体となりました。消防人に与えられる栄誉「金馬簾」を昭和三年から数回授与されています。九年、西新、原、当仁分団を統一し、福岡市西部消防組が誕生。十八年には西福岡消防署が発足、職員二十五名、消防車二台で旧西福岡警察署所轄管内を担当、姪浜派出所、黒門派出所など開設し、二十年の福岡大空襲の折は、消火や避難誘導、また、焼跡整理に団員は寝食を忘れて従事しました。

福岡大空襲

昭和二十年（1945）六月十九日、マリアナ基地を発進したB29は、九州の行政、経済の中心である福岡市の工場、港湾、鉄道などを攻撃目標として、有明海から佐賀県、脊振山地を越えて西南部方面から本市上空に侵入しました。二二一機といわれるB29の反復攻撃は、午後十一時十分ごろから翌二十日の午前一時ごろまで続き、約二時間にわたる空襲で、市の繁華街をはじめ、主要な地域のほとんどが焦土と化しました。

西南学院に来訪したヘレン・ケラー（前列右から４番目。西南学院史資料センター提供）

昭和バス。戦中戦後走行した木炭バス

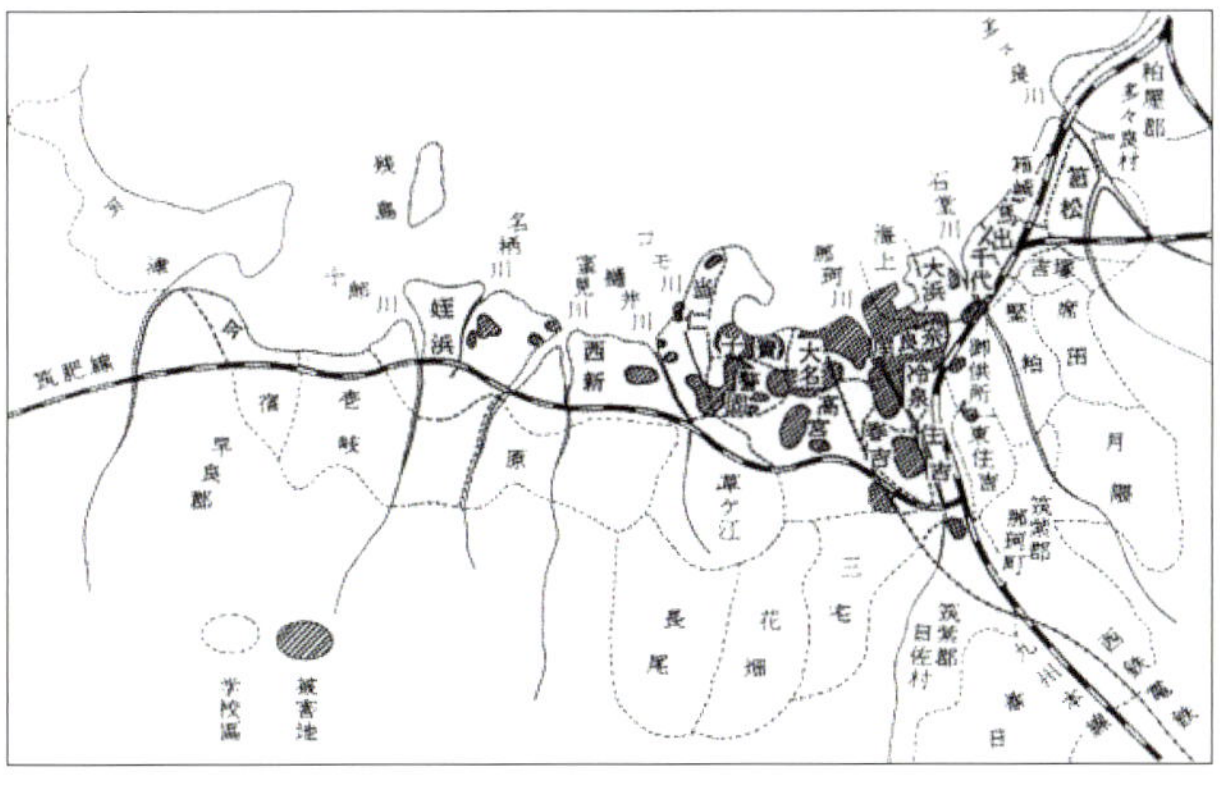

福岡市戦災略図

第一工業学校の防火訓練の様子。昭和 19 年

（上・右）西新５丁目（現・高取１丁目）の隣組の消火訓練。隣組は、昭和 15 年の「部落会 町内会等 整備要綱」によって結成することが義務づけられ、上意下達的な情報の伝達、食糧その他生活必需品の配給、防空 防火、資源回収、国民貯蓄、体位向上・厚生、その他戦時体制下に伴うさまざまの国民統制の末端を担っていた

空き地を耕し食物を作ることが奨励された

中学西南学院の生徒の勤労奉仕。陸軍墓地建設のために石を運ぶ（西南学院史資料センター）

女学生の戦闘訓練

戦時中の子どもたち

（「西新　創立百周年記念誌」より）

戦時中の西新校教育　溝田　繁雄（西新小学校旧職員　昭和十三〜十八年在職）

（前略）当時、世は軍国調一色の時代でした。現在から見ると全く狂気の沙汰です（中略）。まず教職員の服装から申上げますと、戦が峻烈になるにつれ男は背広から詰襟に、帽子はソフトから海軍帽（県からの命令）に、それに全員ゲートル姿、女は長い袴からモンペ姿に変わりました。靴も段々入手がむずかしくなったと思えて私はよく下駄履きで登校していました。子どもたちもズックの配給が充分でなく、裸足で通学するものが段々ふえていきました。

教育は特に体育と科学が重視され、それも全くスパルタ式でした。私は剣道の係をしていた関係上、毎日放課後、五六年生全員の指導をしていました。けいこもすごく激しく、子どもが押し倒されて泣いても起き上がって打ってくるまで打ちすえるということもありました。水泳も盛んで毎年七月になると紅葉八幡宮でカッパ祭りをして、四年以上全員で百道の海を泳ぎました。運動会も（運動場の真ん中に大きな松の木あり）川中島や棒倒しはなくてはならない種目になり、肉弾三勇士というようなものさえ登場しました（中略）

卒業式も子どもたちが泣いて母校を去り教師も涙して教え子を送るという雰囲気から、国の為にはたらく戦士を送ると云うようにムードが一変し、「万才、万才、万才」という歌詞の歌をうたって送ると云うように変わっていきました。（後略）

戦時中の思い出　江藤　博章（西新小学校旧職員　昭和十七〜二十九年在職）

（前略）私が着任したのは昭和十七年、太平洋戦争も二年目で日本軍が南方で赫赫たる戦果をあげているころであった。この頃の教育は「皇国民の錬成」に主眼がおかれた。教材も軍国調であり、国家主義的な内容であった。

（中略）

戦況は我が国にとり不利になってきた。年度も終わりに近づく頃、命により校庭や学校の周囲に防空壕を数カ所作った。勿論地下壕で真竹で壁を張った。六七名は退避できる見事なもので、学校防衛のための職員用防空壕である。

（中略）

児童の在校時に警報が発令されると、部伍別に運動場に集め松原に退避させたり、時間に余裕がありと判断される場合は、部伍別に帰宅させることにしていた。姪浜が艦載機で爆撃された日は本当にこわかった。ちょうど児童が登校している時間帯で至近距離にでも爆弾が落ちているように窓ガラスにガンガン響いた。百数十名の子が職員室に集まってきた。咄嗟に廊下に出し、伏せの姿勢をとらせたが、南校舎を借りていた軍隊が毛布を子どもに被せていってくれたことは有難かった。

福岡が大空襲を受けた日には西新校周囲にも焼夷弾が雨霰と落ちた。講堂の北側にも大型焼夷弾を受けたが、軍隊の手で消し止められて大事に至らずにほっとした。

＊

「修猷館中学の生徒は電車の運転手・車掌、渡辺鉄工所（海軍の魚雷等作製、博多区相生町）での勤労奉仕作業をしました。

福岡大空襲後一時多くの兵隊が駐留し、西新小学校の講堂に物資が積み込まれ、鍵が掛かっていた」

（西新在住西川氏、樋口氏の話）

〈聞き書き〉

西新町の空襲

高杢　修平（高杢材木店会長）

高杢修平さんは昭和五年生まれ。糸島から高取に移ってきたお父様と一緒に現在の高杢材木店の基礎を築かれました。昭和十八年、西新小学校卒業。入学した時に支那事変、中国との戦争が始まって、「学校に行きようあいだは全部戦争やった」と話されます。百道中学校が開校されてなかった時代、城西中学に通学しました。

福岡大空襲の日の話、戦時中の生徒の勤労奉仕の様子などをうかがいました。

＊＊

福岡大空襲の日、愛宕の山の辺からB29が六十機の大編隊で並んでザーッと焼夷弾を落としていくとですよ。とにかく一人も残すな、皆殺しにしようという勢いやったですよ。

私は火を消すために屋根にのぼってみよったです。うちのところは編隊の飛行機と飛行機の間やったから燃えんやったけど、この辺は結構燃えた。それでも被害が少なかったのは、家が少なかったから、落ちて燃えてもどこにも火が移らんかったからですよ。家がなかったからよかったとですよ。

焼夷弾というたら尾翼のついた大きな鉄の筒の中に数十本束ねた焼夷弾が入っとうとですよ。それが舞いながら燃えながら落ちてくる。そのころは木造の家ばっかりやったから、落ちたら燃え広がる。でも、油脂爆弾と言うてタールのごとあって、落ちてもすぐに棒なんかで払い除ければ家に火がつかんとです。私は払うために屋根に登って構えとったですよ。私の友だちはそれが手にあたってから、戦時中やけんろくな手当もなくてばい菌が入って死んだ。十五歳の時やった。

空襲はそん時一回やったけど、グラマンは毎日きよったですもんね。人が通りよったら撃つとですよ。それでも、この辺は被害が少なかった。西公園から東が酷かったですよ。

勤労奉仕ははじめは農家の手伝いでしたが、一年の中ごろから板付空港を造りに行くようになりました、陸軍の席田飛行場。電車は通りよったけど、電気が足らんから今日は通らんという日もあって、その時は城西中学から歩いて行って歩いて帰るしかない。

あそこには捕虜収容所があって三百人くらいおって働きにきよった。仕事をして、同じところで食べるでしょうが。別に怖いとかはなかったし、私たちから見たら結構いい待遇やったですよ。捕虜の人たちは収容所から弁当を持ってきよったけど、私たちは物のないころだから、おかずでも梅干の一つか二つ入っとうくらい、煮干しの一つも入ればいいくらいのところが、向こうは野菜の煮付けとか魚とか入っとった。「お前たちゃ捕虜のくせによかね」と言いよったですよ。

ところが終戦後、捕虜の待遇が悪かったって収容所の所長が絞首刑になったと聞いてびっくりしました。戦争裁判では、ただ話だけでろくに調べもせんと絞首刑になった人がいっぱいおった。戦争が終わって、帰ってきて民間の仕事をしようとを引っ張っていっとうとです。ひどい話ですよ。

昭和の西新町　戦後

戦後の復興　新設小中学校の開校

1945　（昭和二十年）焼け残った聚楽座（映画館）が営業開始。
　聚楽座は十月には米軍の慰問用の劇場として接収されたが、柳瀬鴻氏の米軍への陳情により、土曜の夜と日曜日の昼夜は一般に興業を許可され、翌年には米国直輸入の新作を借り受けることができた。接収は翌年四月で解除になったが、この半年間の米軍の使用料よりも、土日の映画上映の売り上げが多かったという。

1946　（二十一年）引き揚げ孤児、戦争孤児などの一時保護所「百道松風園」が百道二丁目に開設。

同年　吉村外科醫院（現・吉村病院）が西新三丁目（現在地）に開院。地域医療を担う。

（上）修猷館を仮校舎にした百道中学校第一期生の卒業式。背景は修猷館（昭和23年3月）
（下）百道中学校の木造新校舎の開校式（昭和25年）

1947　（二十二年）日本国憲法が施行。

同年　学校教育法制定により新制西新小学校、百道中学校が開校。
　百道中学校は修猷館を仮校舎とし、十一月、福岡市立第一工業学校の跡地に校舎を一棟建てたが全員は収容できず、二十五、六年まで入学式等の行事は修猷館講堂で行われた。運動場は砂浜で、町の有志が生徒のために鍬鋸を持参で毎日作業し、生徒たちもトラックの荷台に乗って名島発電所まで石炭ガラの積み込みに行き、それを砂の上に敷き詰め二十四年十月、校庭が完成した。

同年　山口内科医院が現在地（早良区西新五丁目一四―一五）に開院。

同年　戦後復興のため福岡市と福岡商工会議所が主催した春の市に西新町から明吉商店街が参加し、戦後の西新の商店街をけん引した。現在、小さな鳥居のある水天宮の位置と明治通り沿いに井戸があり、昔は馬小屋だったとも言われる。

1948　（二十三年）西新小学校児童数二三八九名、四年生以下は二部授業を行う。
　「二部授業ほんとに困りました。私も困りました。担任教師の教諭各位も困りました。学童も其の保護者も……。（中略）高取校を分離しても百道校が新設されても二部授業は解消しませんでした。私の校長生活約十年間は二部授業の明け暮れでした」（元校長笹栗九八郎　昭和二十一～三十年在職「西新　創立百周年記念誌」より）

■百道中学校と修猷館

百道中学校は福岡県屈指の進学校である修猷館高校への近道と言われるようになり、他の中学校区からの越境通学者もありました。江戸期から修猷館の前身である亀井塾に入塾するため西新町の商家に下宿する他藩の学生があり、明治期に修猷館が移設されると西新高等小学校へ転籍する生徒もありました。
団塊の世代の時期には、百道中学には補習授業があり、学年が上がるとクラスが増えるといった具合に他地区から寄留し、百道中学校へ入学・転入する生徒が多くありました。

「百人家族」百道松風園のこと

　昭和二十一年、百道松風園は親や家をなくし戦後の荒廃した街で暮らす戦争孤児や家出少年たちを保護収容し（当初一〇四名）、養育を行う施設として開園しました。園では子どもたちが食事や就寝等の基本的生活習慣を取り戻すために規則正しい生活をすることに努めましたが、子どもたちは当初、そのような集団生活になじめず、脱走を繰り返していたようです。市社会課職員と婦人警官が連日午前四時に出勤し、子どもたちの所在を確認、ときには三十一名しかいないこともありました。

　そのような子どもたちも、徐々に松風園生活に慣れていきます。子どもたちは、松風園を「一家」とみなして、職員を「兄さん」「姉さん」と呼び、園内でつくる新聞名のように「百人家族」を目指し、さまざまな活動に取り組んでいきます。

　国が払い下げた松林を切り開いて運動場にしたり、ボーイスカウト第一〇団を結成したり、日銀福岡支店の指導・援助を受けて園内に子供銀行「松風園銀行」を開いて金銭感覚を養ったりして、子どもたちの取り組みは高く評価されました。クラブ活動や年中行事も熱心で、野球部は山口・九州福祉施設野球大会で何度も優勝しました。

　そうした子どもたちを励ますために、昭和天皇の行幸やアメリカの児童福祉家・フラナガン神父、マッカーサー夫人はじめ大相撲横綱大鵬など著名人が慰問に訪れています。

　昭和三十年代には一八〇名ほどいた園児も徐々に減っていき、五十三年には五十名を切り、平成十五年（2003）、六名の卒園をもって閉園、百道松風園は開園以来五十七年間、延べ千三百人を超える児童が巣立って行きました。

駐留米軍から寄付されたグローブでボクシングの練習をする子どもたち（昭和 30 年頃）

雑煮を食べる子どもたち（昭和 20 年代）

子どもたちがつくり、運営する子供銀行（昭和 24 年頃）

職業指導を受ける子どもたち。和傘部（昭和 24 年頃）

優勝旗・優勝杯を手にする野球部

松の木に登る子どもたち

結成されたボーイスカウト第 10 団

百道松風園旧園舎（百道３丁目、百道小学校の西側）

1949（二十四年）十月、西新小学校でユニセフ給食が始まる。

同年　第四回国民体育大会で修猷館高校ラグビー部が全国優勝する。

1950（二十五年）朝鮮戦争勃発。

同年　城谷医院開院。

同年　城西（現・城西レガネット付近）に米軍機F86ジェット戦闘機が墜落。

1951（二十六年）一月、西南学院大学ラグビー部が第一回全国新制大学ラグビー大会で優勝。二十八年まで連覇。その後も三十四、三十五年、三十九年と優勝する。

同年　西新小学校から高取小学校が分立。「高学年は机と椅子を持って転入しました」（元・高取小学校教諭中村先生）。一～五年生までの児童八〇〇名と職員二十名が移動して開校。校区では一戸当たり二〇〇円、児童がいる家庭は二五〇円を拠出して教材や設備費にあてた。校名は校区住民から募集した。

同年　下田団地（一五二戸）が竣工、入居開始。現・城西三丁目と祖原三丁目。早良街道を挟んで建つ。

同年　高取幼稚園（昭代二丁目八番）が開園。

西新小学校のユニセフ給食

ユニセフ（国際連合児童基金）が一九四六年に設立。当時、日本は主要な被支援国でした。西新小学校では、昭和二十二年から旧軍用の食品および缶詰を使って一九〇〇名の児童の給食を実施、二十四年には給食実験学校の指定を受けています。

しかし当時は、学校給食の重要性が認識されておらず、「ミルクなど毛唐のもの、日本人は梅干コンコンで日清戦争も日露戦争も勝った」など父兄から理解がなかなかえられず、給食導入に反対が多くありました。これに対して笹栗九八郎校長はじめ関係職員は「給食は教育である」と信念をもって説得にあたり、農具倉庫を改築した調理室に平釜三基を備え炊事専任婦人を雇って週三回実施に至りました。しかし増えつづける児童数に調理室が対応できず、二十五年には近代的設備の給食調理室に大改造しました。

西新小学校の給食への取り組みは高く評価され、三十二年には、学校給食実施の成果多大として文部大臣より表彰状を受けています。

西新小学校の給食の様子（昭和20年代か）。後ろに参観者が並ぶ

優勝した修猷館高校ラグビー部部員（『修猷館高校ラグビー部創立80周年記念誌』より）

米軍機、城西橋に墜落
乗員二名行方不明
一戸炎上、一名焼死

戦闘機の墜落を報じた新聞記事（昭和25年9月20日）

全国新制大学ラグビー大会で優勝した西南学院大学ラグビー部（西南学院大学史資料センター提供）

高取小学校の木造校舎（「高取小学校75周年記念誌」の表紙より）

同年　西新にリヤカー行商が出現、西新商店街で販売するようになった。

1952　（二十七年）サンフランシスコ講和条約発効により、日本と連合国との間の戦争状態が終結。

1953　（二十八年）中西商店街が発足。

同年　パチンコ店ひばりが現・西新中央商店街に開店。令和四年、閉店。

同年　中西商店街に上野豆店が開店。

同年　社会教育法（二十四年）のもと西新公民館（西川虎次郎氏宅の一角）、高取公民館が（高取小学校の一角に）開設。

同年　六月二十五～二十九日、九州北部を中心とした集中豪雨のため西新地区では樋井川と七隈川（当時は堤防なし）が氾濫し、城西・曙地区は床上浸水、上今川橋通り・中田町は床下浸水した。「昭和二十八年西日本大水害」では筑後川をはじめとして九州北部を流れる河川のほぼ全てが氾濫、死者・行方不明者一〇〇一名という大災害となった。

同年　西南学院バプテスト教会の付属幼稚園として西南幼稚園開園。

1954　（二十九年）西南学院大学にランキンチャペルが竣工。

同年　平和台が本拠地の西鉄ライオンズがリーグ初優勝を果たす。

ランキンチャペル。関西学院大学はじめ数々の西洋建築を手がけた宣教師で建築家メレル・ヴォーリズの設計による。当時、福岡市内にこの規模のホールは電気ホール以外なかったため、文化的イベントの拠点となった（西南学院大学史資料センター提供）

昭和 40 年頃の西新商店街のリヤカー部隊

西新商店街名物・リヤカー部隊

リヤカー行商は戦前からあり、はじめは天神、柳橋等市の中心部での商いを主としていました。西新中央商店街には昭和二十五、六年の朝鮮戦争の頃から現れ、当初は重留や橋本あたりから農産物を持ってきていたそうです（西新中央商店街樋口喜郎氏取材「西新　作り始めて350年」より）が、その前は唐人町近辺でリヤカーを引いて行商をしていたようです。

昭和三十年代になると数が増え、両側の店も道にはみ出して商品を並べるなどして、リヤカーと店の間が狭く人が通るのもやっとというような状況でした。

また、当時はリヤカー行商は営業許可を得てなかったため、警察の取り締まりにリヤカーを引いて逃げ回ることもありました。そのためリヤカー部隊は昭和四十二年に西新町行商組合を結成し、営業許可を得た人が決められた時間に商店街に入るようになりました。農家が直接、新鮮な野菜や果物を手頃な価格で売るリヤカー部隊は全国的にも知られる西新の名物となりました。

現在は後継者不足のため、数が激減しています。

戦後復興の商店街と歓楽街

西新小売市場（現・西新一丁目てんぐ屋ビル）、みどりマーケット、明吉商店街、ハトヤ市場、三ツ矢市場（現・十八銀行の西側一角）、高取では紅葉市場など商店街は戦後復興の勢いが顕著でした。

その一方で、戦時中の締め付けから解放された人たちが訪れる映画館やパチンコ店、飲み屋、さらに売春防止法の施行（1957）まで売春を生業にする店があり、西新町はそうした歓楽街と日々の食料品を求める生活者が混在するまちでした。

西新商店街のリヤカー部隊。（右）平成の頃（exite blog「風じゃー」片山文博氏撮影より拝借。2008 年）。（左）2023 年撮影

1954（二十九年）大正七年創業のてんぐ屋が西新に開店。

1955（三十年）前年、西新小学校分校として創設された百道小学校が開校。

同年 城西に西鉄電車城西車庫を設置。

1956（三十一年）前年開設した百道中学校の分校が高取中学校として開校。

同年 九州発の賃貸公団住宅曙団地が曙一丁目に竣工。

「ガス風呂や水洗トイレを完備した公団住宅は当時の主婦の憧れだったそうです。敷地内にはレンガの縁取りしたバラの花壇や四阿《あずまや》があり、全体に西洋風の洒落た雰囲気がありました。近隣の住人が当時目新しかった水洗トイレを見学にきたそうです」（当時から同団地に住む住人の話）

同年 西新カトリック幼稚園が開園（城西三丁目一四）。

同年 ラーメン専門屋台「博多ラーメンしばらく」が城南線沿いに中洲から移転開業。当時、「しばらく」をはじめ「天ぷら柳川」、「餃子のアトム亭」など城南線沿いには屋台が七軒ほどあって城西の西鉄電車車庫の職員や学生に人気だった。

1957（三十二年）大相撲九州場所（福岡市天神スポーツセンター）が始まり、百道海岸の設備屋などに稽古部屋を開いたこともあり、西新でも多くの力士の姿がみられた。

1958（三十三年）前年に売春防止法が施行され、西新町でも特殊飲食店が廃業。

同年 西消防署が昭代（現・曙二丁目）に新築移転。

同年 丸栄西新店（福岡初のスーパーマーケット）が西新四丁目三（現・プラリバ南駐輪場）に開店。

「丸栄ができたときは、うちのばあちゃんが走っていって買ってきたレタスのことを『ニューヨーク』って言いよった。えらいシャレた野菜に見えた。ほしいもんをカゴに入れてまわり、レジに並んでまとめて支払う店とかあのころなかったもんね」（吉村文具社長の話）

1958（三十四年）昭仁親王と正田美智子さん（現・上皇ご夫妻）のご成婚パレードがテレビで放映され、これを機に家庭にテレビが普及する。

1960（三十五年）前年開設した高取小学校室見分校が、高取、百道、原の各小学校区から一部を引き継ぎ室見小学校として開校。

（上）てんぐ屋西新店開店当時　（下）てんぐ屋店舗が面した早良街道。左奥に見えるのは下田団地（昭和32年）（株式会社てんぐ屋産業のホームページより）

昭和34、5年当時の曙公団住宅。右手奥の屋根の後に見える細い塔は、西消防署の火見櫓

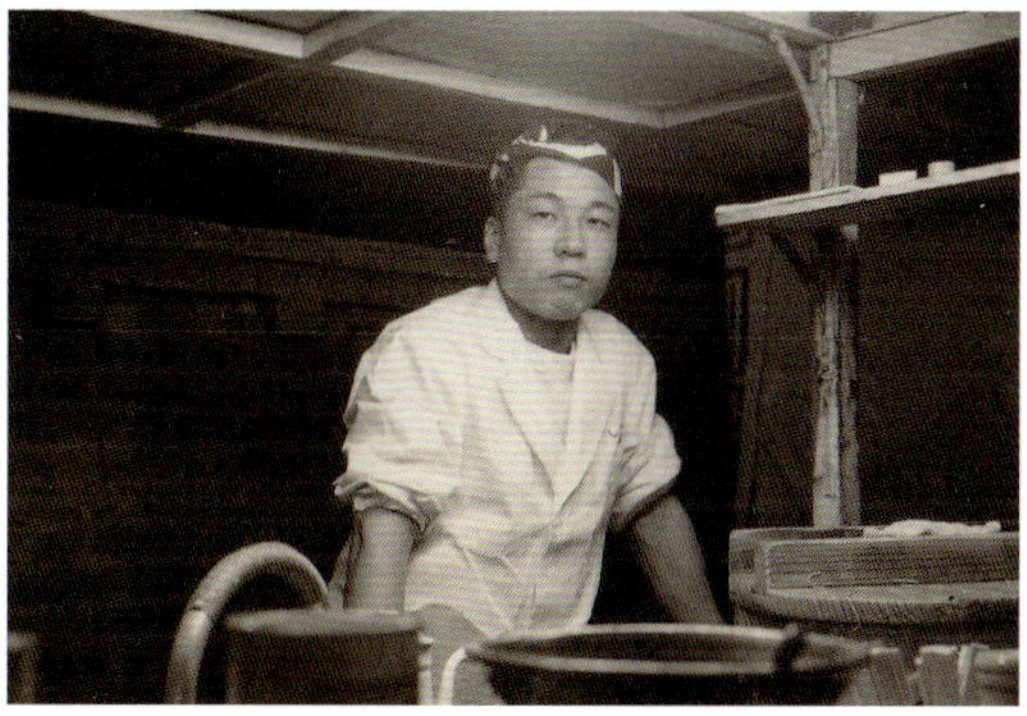
博多ラーメンしばらくの創業者外村泰徳氏。西新町に屋台を出した当時（しばらくのホームページより）

福岡初のスーパーマーケット丸栄。城南線に面して。電車の右側の建物

1960（三十五年）高取中学校の生徒数の増加と新設の室見小学校の児童が国鉄筑肥線を渡って通学するのは危険であり、中学生のほうがより危険度が低いという理由から、高取中学校と室見小学校が校地交換し、それぞれ現在地に移転する。

同年 西新病院が、下田池を埋め立て新築移転する。現在福岡大学西新病院がある場所に病床数一〇〇床、内科、外科等八科を有する鉄筋四階建てを新築移転、診療開始する。移転前は、西新尋常小学校の跡地（西新五丁目。小学校移転後は公会堂）に建っていた。

同年 修猷館高校のヨット部が第十五回国民体育大会で優勝。翌年も優勝、連覇を果たす。

同年 元寇防塁跡に元寇で亡くなった人を敵味方なく慰霊する目的で元寇神社を建立。平成十八年（2006）に現在の社殿に建て替えられる。

1962（三十七年）博多どんたく港まつりが市民総踊りとなり、西新にも演芸舞台が建ち、住民が参加した。

同年 百道中学校の鉄筋三階建ての校舎が完成。

同年 早良（姪浜）炭鉱が閉山。ボタ山のボタを使って埋め立て、現・豊浜地区が造成される。

1963（三十八年）六月二十九日、一時間最大雨量五三・八ミリ、一日の降水量二二九ミリという大雨洪水に襲われる。樋井川、七隈川が氾濫し、上今川橋通り、城西、曙、昭代地区で床上・床下浸水の被害が出た。大人の悲鳴をよそに子どもたちは、道が突然川になり、はしゃぐ様子もみられた。これを契機に樋井川の整備が進む。

同年 福岡西新電信電話局が城西三丁目に開局。令和四年（2022）、建物を取り壊し、令和六年竣工。

高取中学校（現在）

新築移転した西新病院

百道の海で練習する修猷館ヨット部（「修猷館ヨット部創部五十周年記念誌」より）

商店街を練り歩くどんたく隊

大雨洪水のため床上浸水した家の前で、城西付近

福岡西新電信電話局開局当時の建物を残すNTT西日本西新局（令和３年）

西新町にあった映画館

昭和三十年代映画全盛期、福岡市内に映画館は七十数館ありました。西新町には、戦後いち早く営業を開始した聚楽座、光映画劇場、東洋映劇、西新文化、中央日活、新聚楽、西新東宝の七軒がありました。経営者が変わるにしたがい映画館名も変わり、テレビが普及するにつれて次々に閉館していきましたが、昭和三十年代の中ごろまでは、まちにはどぎつい色づかいのポスターや大きな看板があちこちに見られました。西新小学校、修猷館、西南中学などが並ぶ通学路沿いの電信柱にも、際どい絵のポスターが貼られていました。

資料をみると、平成八年（1996）百道浜に開館したミニシアターシネサロン・パヴェリア（2007年閉館）を残して、平成十一年、西新アカデミーの閉館をもって西新町から映画館はなくなりました。

（前略）娯楽といえば映画しかない時代でした。このような時代背景の中で「光映画劇場」は娯楽に飢えた人達、特に若者で溢れんばかりであった。平屋建ての細長い建物で、通りに面した窓口で学割で三十円位だったか券を買って中に入ると黒い幕があり、左手にトイレがありいつも臭気が漂っていた。黒い幕の横からのぞくと大きなスクリーンが一気に飛込んで来るといった感じだった。（中略）

夏は天井の扇風機だけの人いきれでムンムンする館内で汗まみれ、冬は暖房もなくコンクリートの底冷えする中震えながら毎週スクリーンの上に心を湧き立たせ、胸を躍らせたものである。（後略）

（「回想　西新光映画劇場」糸岐健二〈百道中学校　昭和二十九年卒業〉）

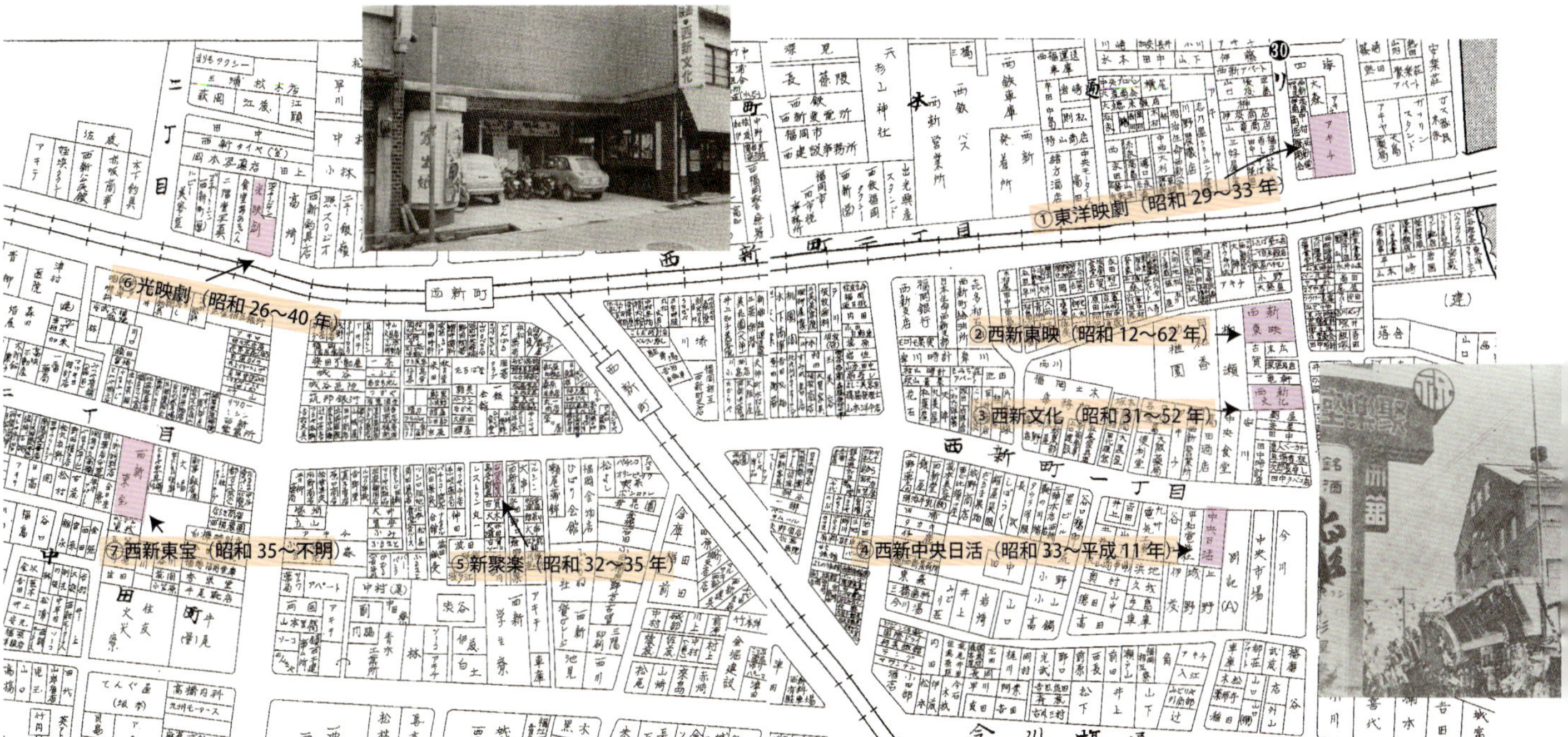

昭和40年（1965）のゼンリン住宅地図に加筆。①東洋映劇：邦画再映館　②聚楽座→聚楽映劇→西新東映劇場→てあとる西新。東映劇場は東映の封切館だったが、後に再映館　③西新松竹→西新文化：松竹の封切館、後に洋画再映館　④西新中央日活→西新アカデミー：日活封切館のちに邦画再映館　⑤新聚楽：当初、大映の封切館、のちに邦画再映館　⑥光映劇：第２東映封切館、のちに洋画再映館　⑦西新東宝：東宝の封切館

昭和二十年代末から三十年代の西新町

波多江伸子

下田県営アパートと西新中央商店街

私は昭和二十三年、父が勤めていた西南学院構内の教員宿舎で生まれた。一軒の教員宿舎に何家族もが同居していたので台所が足りず、中学の生徒たちが「おはようございます」と挨拶しながら通り過ぎる横で七輪をおこす生活で、幸運にも憧れの団地の抽選に当たった時は天にも昇る心地だったと母が何度も語っていた。

下田県営アパートは当時としては珍しい水洗トイレにガス風呂、ガスコンロが備わった2DKのモダンなアパートで、母はコンロの上にテンピを乗せてパイやクッキーを焼き、快適な「文化生活」を楽しんでいた。

私たち子どもはレンコン畑だった下田池で泥まみれでザリガニ捕りをし、祖原山の防空壕跡を探検しては大人たちに叱られた。

西新中央商店街ではその頃、白い病衣を着た義足の傷痍軍人が、アコーディオンをもの悲しく奏でてカンパを募っており、戦争で腕を失くした紙芝居屋のおじさんも、片手で器用に「黄金バット」を上演していた。昭和二十年代末から三十年代はじめのころは戦争の傷跡がまだ色濃く残る時代だった。

西新小学校から新設校・百道小学校へ

昭和二十九年、西新小学校に入学。校門横の二宮金次郎の銅像の下で友人たちと待ち合わせて毎日一緒に下校した。遠回りをして西南学院の赤レンガの門の前を通り、銀行頭取の豪邸を眺めて「お金持ちと結婚したらこんな家に住めるとかいな」と評定し、男の子たちが、西鉄ライオンズの中西太選手や初代若乃花のメンコに興奮する様子を「幼稚やね」と陰口を叩き、他愛もないおしゃべりをしながら電車通りを横切って下田県営アパートに帰った。

昭和三十二年、藤崎の西南学院住宅に引っ越したので百道小学校に転校。百道小は昭和三十年（1955）に開校された新設校だった。

百道小学校開校当時は児童数七六八名、学級数十四、教師二十二名。福岡刑務所北側松林の中にポツンと校舎が建ち、周辺は家も少なく潮騒が聞こえるほど静かだった。

転校した頃は校庭の松林の間に屋外教室が設置され、授業や給食時間に使われていた。古材でできた太い丸太の椅子と大きな木のテーブル。青空の下で給食を食べるのは楽しかった。コッペパン、脱脂粉乳、鯨の竜田揚げと白玉代わりのマカロニ入りみつ豆。好き嫌いがなく出されたものはすべて完食する私は、悪評高いあの脱脂粉乳もおいしいと思っていた。脱脂粉乳が嫌いな級友たちは毛虫が落ちそうな松の木の下にアルミのミルク碗を置き、運よく毛虫が落ちると先生に見せて許しをもらい、松の木の根元に捨てていた。教育大を卒業したばかりの若い理科の担任教師と授業中にリヤカーを引いて植物採集に出かけたこともあった。野外教育に熱心な時代だった。

昭和三十四年に室見小学校が新設され、児童数一〇〇〇人を超える大所帯の百道小からも居住地によって何割かの児童が転校することになった。体育館に集められ校長先生から説明があると、女の子たちは手を取り合ってすすり泣き、男の子たちはしゃがんだ膝の間に頭を落として歯を食いしばっていた。あんなに別れを惜しんだ級友たちだったが、二年後にまた百道中学校で顔を合わせた時は特に感慨もなく新しい友人と仲良くなるのに忙しかった。

百道小学校のすぐ近く（現在の早良区役所や税務署のあたり）に福岡刑務所と拘置所があり、高い赤レンガの塀沿いの道を刑務所官舎に住んでいる級友たちが行儀よく登下校する姿が懐かしく思い出される。

ヤクザ映画全盛期で、福岡刑務所でも日活や東映のヤクザ映画のロケが行われていた。出所する兄貴分を出迎えるシーンに鶴田浩二と高倉健が出るというので、子どもだけでなくエプロン姿のお母さんや、なぜかちょっとおしゃれをしたお姉さんたちが人垣を作り、背伸びをしてロケ風景に見入っていた光景が、小学校の同窓会で時々話題になる。

海辺のグラウンド・百道中学校

百道中学校は潮騒の聞こえる松林の中に建っていて、運動場の北側はそのまま海岸だった。体育の時間に海の中に飛んで行ったバレーボールを追いかけ、腰まで海に浸かって流されそうになり、先生から「なんばしようとか！危なかろうが！」と怒鳴られる生徒もいた。

その頃の百道浜にはカブトガニが打ち上げられることもあったが、埋め立てや環境汚染が進み、いまや絶滅危惧種になっている。

十年ほど前、クラス会の折に百道中学校を見学させてもらったことがある。百道海岸は埋め立てられて「よかトピア通り」になり、運動場の北側は長いブロック塀になっていた。もうボールが海に飛び込むことはない。

昭和三十六年（1961）に入学した百道中学校には一学年が十二組まであった。一クラス五十名前後だったので一学年六〇〇名くらいの生徒数になる。これが全校集会ともなると大きなグラウンドの端はもう霞んで見えないくらいの大集団。顔も知らないまま卒業し、仕事やボランティアの仲間が百道中学で同学年だったことを知り、砂浜でのビーチバレーの話で盛り上がることもある。

学校、デパート、海水浴場、どこに行っても子どもたちで溢れ、笑い声や泣き声で賑やかだった昭和三十年代に子ども時代を過ごした私たち団塊世代が後期高齢者になった。最近、西新町にも高齢者の姿をよく見かけるようになった。

（了）

校庭が百道海岸に面した百道中学校。後ろが百道松風園。少し離れて刑務所の建物が見える

あのころの高取

高井嘉代彦（高取食品前代表取締役）
高井　誠（高取食品代表取締役）

高井嘉代彦さんは昭和二十年生まれ、甥の高井誠さんは四十年生まれ。現在、会社は糸島に移転して、自然食材にこだわる志摩とうふや糸島ざるとうふなどで人気の高取食品株式会社を運営していますが、創業の地は高取小学校のとなりにありました。長野県出身で、炭鉱景気で賑わう宝珠山（東峰村）で豆腐店を営んでいた先先代の高井今次氏が、火災を被ったことを契機に「今からの時代は町に出らないかん」と移ってこられて開いたのが高井豆腐工場です。

昭和四十年、先代の高井久夫氏が個人経営の豆腐店五軒の全面協業で豆腐の製造販売を行う高取食品企業組合を設立されました。

嘉代彦　親父（今次）が、宝珠山からここに移ってきたのは、私が小学校四年の頃でした。今、原に住んでいますが、高取周辺に七十年も住んだことになります。当時この辺は何もなくて田んぼばっかりで、西新駅の前がレンコン畑でした。

誠　うちの裏が高取小学校の西門のところで、前の道をまっすぐ行った突き当たりが西新駅。

嘉代彦　側溝というか小さな川があちこち流れとって、私たちはよく魚を獲ったりしよった。雨が降ったら、祖原のほうからずっと坂になってるでしょう、向こうの水が全部流れてきよったですもんね。ちょうど流れ着いたところに自宅があって工場もあったんですよ。そうしたら細い川が溢れて……。

誠　ぼくらの小学校のころもよく溢れていたですよね。ビチャビチャで帰りよった。

嘉代彦　もう床上浸水とか、しょっちゅう私たち小さいころは経験したです。

誠　よく溜まりよって、ようなったのは昭和五十年代からやろうね。アスファルトとか整備されて。おじさん、家から高取中学校が見えたって言いよったよね。

嘉代彦　私が一期生か二期生やからね。校舎はできたばっかりで、運動場やらまだきれいに整地されとらんで、運動会のときなんか、もう雨が降ったらベチャベチャやった。筑肥線の横のところで、高取中だけ離れてあって、だから昭代から学校が見えよったです。そこまでなんにもなくて。

誠　田んぼばっかりで人家とか少なかったけん工場を動かせたとかな。昔の機械はガンガンガンガン音がすごかった。子どものころは、耳鳴りがするくらいで今でも覚えてます。

嘉代彦　昔は夜中に工場を動かしよったけん、昔の機械ってうるさいからね。ガンガンガンガンって。人家が少なかったから、それでよかったとでしょうね。

当時、うちの工場には四人くらい住み込みの人がおって、夜中につくって、朝一眠りして、昼と夜は巡回用の頑丈な自転車に一斗缶を積んでからそれぞれの地域で決まってるところに、ずーっと回るんですよ。藤崎のほうから、曙、飯倉、それから原小学校のところ。なくなったら中継地にしてるところに戻ってきて、積み込んでまた売りに回る。

はじめは、薄板に豆腐を載せて新聞紙でくるんでお客さんに渡しよったです。それから、八百屋の店頭に冷水をはった水槽を置いてもらって、その中に入れるようになって、スーパーが出だしたころから、青いプラスチックケースに変わっていった。高取商店街にあったトーホーストアとか、つ和ストア。それから曙町のマルイ商店、藤崎の杉屋商店街、紅葉町の紅葉市場とかに卸してました。

誠　いろんなお得意先が西新商店街の中にあって、私のころはもう車で回っていたから、小さい頃は「つれてってー」ってよく助手席に乗せてもらってました。

遊び？　少し大きくなってからは、紅葉山とか祖原山で遊んでいました。赤土の山で崖登りをしたり、あの頃はクワガタとかカブトムシとかおって、それを取りにいったり、紅葉山はヘビも多かった。秘密基地を作ったりして、よう紅葉八幡宮の宮司さんに叱られてました。

おじさんたちはどこで遊びよった？

嘉代彦　子どもの頃は紅葉山に防空壕があって、ホームレスのおじさんたちがおってよう遊びに行きよった。親も何も言わんし、おじさんたちも何も言わずに、いろいろ教えてもらったり遊んでもらったり。それから西新の電車の停留所の前に花見煎餅や本屋がある商店街があって、あの辺にはよく遊びに行って、いろいろ見たり、そこで買ったものをもって紅葉山に登って遊んだり。花火大会の時は、紅葉山の展望台から大濠公園の花火大会がよう見えよったね。

ちょっと物心ついてからは映画館。西新の東宝とか日活とか東映とか、記念病院の裏の道に映画館が四、五軒あった。盆正月には必ず行ってましたよ。

昔も今も食卓に欠かせない豆腐。製造販売を生業にする高取食品は、地域のあちこちの店とつながり、お二人とも町をよくご存じです。その変化も見てこられました。お二人の話から、戦後の高取、昭和の西新町の風景を垣間見ることができました。

高取の空き地で遊ぶ子どもたち

昭和40年当時、高取の自宅前の路地で遊ぶ高井誠さん兄弟（中央が誠さん）

西新商店街の子どもたち

吉村　修一
吉村　雄二

昭和四十年のゼンリンの住宅地図（九三ページ）をみると当時の商店街の店舗の多さに驚きます。東西一六〇メートル程の道の両側、明治通りに面した店、ハトヤ商店街はじめ横丁の商店街、そして路地にある店を数えてみると一三五軒がひしめきあっています。現在の西新中央商店街にはざっくり数えて七十軒くらいです。

その一角（西新四丁目九―二三）にある明治三十三年創業の吉村文具店の吉村修一、雄二ご兄弟に昭和四十年の住宅地図を前に、お話をうかがいました。お二人とも商店街の発展に力を尽くす一方、定点観測でまちの移り変わりをじっくりと見てこられました。

記憶の中の西新町の風景

修一　あれ、これ違《ちご》うとぉ。脇山口交差点を渡ったらまっすぐ、修猷館の横の道につながっとかんとおかしいよ。昭和四十年言うたら、俺が中学二年のときやけん。

雄二　西新小学校までまっすぐの道やったよね。修猷館の角に釣具屋とかあったかいな。

修一　うん、木下釣具店、俺の同級生やった。

雄二　海水浴とか、この道をまっすぐ、水泳パンツのままタオルひとつ持って行きよったよ。

修一　この前の道（早良街道）は舗装されてなくて、俺の小学校の低学年ころまで土埃の道やった。今、城西の筑邦銀行はうちの隣でうちの地所にあった。俺たちが世話になった城谷医院もこのころはその隣にあって、柴田不動産が今、角にある柴田ビル。まだ、福銀とかこっちに移っとらんかった。正金相互（現在の福岡中央銀行西新支店）はあった。

雄二は修猷館にうちの売店があったと覚えとぉ？　この写真、ばあちゃん（吉村トミさん）がいくつの頃やろうか。だけん、子どもの頃は修猷館によう遊びに行きよった。前のロータリーのソテツがあったところで自転車に乗ったりして。

雄二　うちの向かいがリッカーミシンやったかな？　みすじ寿司じゃなかったかいな？　この地図はその隣になっとうね。あの頃は、校区外に行ったらいかんって言われよったけん、向こう側（高取校区）にはあんまり行っとらんもんね。西新校区は（早良街）道のこっち側（東側）ばっかり。

修一　商店街の通りを挟んでうちの店の前が青柳薬局で、（早良街）道沿いにいくとその横に饅頭屋があって、両国そばがあって、角が山本豆腐店。今のベスト電器のところにあったとは覚えとう。

雄二　そうやった。あのころ、あそこで豚を飼っとったね。

修一　オカラをやって育てよった。

雄二　それから電電公社があって、その向こうが下田団地。下田町薬局があって、その後ろに風呂屋があった。福湯か。

修一　覚えとう。その向こうにパンを作りようところがあったろうが、あ、この福岡製パン工場。パンのいい匂いがしよった。その前の空き地が、矢野サーカスがきよったところ。

雄二　こげん狭かところにきよったとかいな。大きな看板が立っとったね。

修猷館の売店に座る吉村トミさんと生徒（戦前の写真）

昭和 33 年頃、修猷館のロータリーで遊ぶ吉村兄弟

下田団地には友だちがおったけん遊びに行きよった。２ＤＫで水洗トイレがついてシャレとった。西新側と祖原側は造りがちごうとったろう？

修一　そうそう、祖原側には西鉄ライオンズの関口（清治）がたしか一階に住んどって、友だちが下田団地におって仲がよかったけん、頼んでサインをもらったことがある。

雄二　西鉄ライオンズ全盛期やったもんね。そういえば、中西太さんの立派な家があったねえ。今の城西郵便局の前に。

子どもたちと空き地、生活があった西新商店街

雄二　まちのなかに映画の看板が多かったよね。結構、ケバいのとか。

修一　あの頃は手描きやったけんね。芸術よ。映画館がいくつもあった。今のドン・キホーテがあるところのもっと西側に光映劇があって、そんなに大きくなかったけど、第二東映の封切り館やった。当時の白馬童子で一世風靡した山城新伍が封切の挨拶に来たこともあった。

雄二　あれ？　洋画やなかった？

修一　洋画はその後、俺が高学年のころで、ちょっとピンクっぽいものもやっとった。「ピーピング・トム」とか、その時覚えた。

　うちの風呂から見える道（早良街道）の向こう側とところに看板が立っとって、お化け映画ので怖かったっちゃんね。そっちは小さな映画館で大串通りへんにあって、新東宝の封切館、会社が潰れてすぐになくなったけど。

雄二　俺たちが子どものころって昭和三十～四十数年くらいで、まちにはなんでもあったよね。映画館やパチンコや飲食店は大人やけど、菓子屋とか玩具屋とか本屋とかレコード店とか、子どもが小遣い握って走って買いに行ける店がいっぱいあった。

　この地図を見たらたいがいの店を知っとうけど、覚えとらん店もある。この頃から商店街はどんどん変わっていったとよね。

修一　部伍会ってあったと覚えとう？　小学校の高学年になったらリーダーをするっちゃけど、ラジオ体操とか町内の子どもの集まりは部伍会が声をかけてしよった。今のベスト電器の駐車場あたりが空き地で、そこに五、六十人は集まったと思う。子どもがいっぱいおったよね。

雄二　西新の同級生もいっぱいおったよね。空き地もあちこちにあって俺たちはそこで野球とかしよった。そして、細い道もいっぱいあって、俺たち子どもはよう知っとってどこからでも抜けていけよったもん。

修一　今と違って、店と住居《すまい》が一緒やったけん、商店街は子どもが多かった。

雄二　そしてなんでもあったとね。土曜日とか店が忙しい時は、唐人ベーカリーでコッペパンを買って揚げ物屋でコロッケを買って、それにマヨネーズをつけて食べたら、それが昼飯やった。

　同級生の角田君のうち、角田鮮魚店の奥が小さな商店街になっとって、そこに揚げ物の店があったと。そこで揚げたてのコロッケとか買って。

修一　どこの家も商売に忙しかったもんね。生活の匂いがする商店街やったとね。

お二人の話からは、衣食住のすべてが商店街の狭い空間にぎゅーっと詰まっていて、大人たちは商売に精を出し、その間を子どもたちが縦横に走り回っていた戦後昭和の西新町の溢れんばかりのエネルギーが伝わってきました。

昭和 48 年当時の脇山口交差点

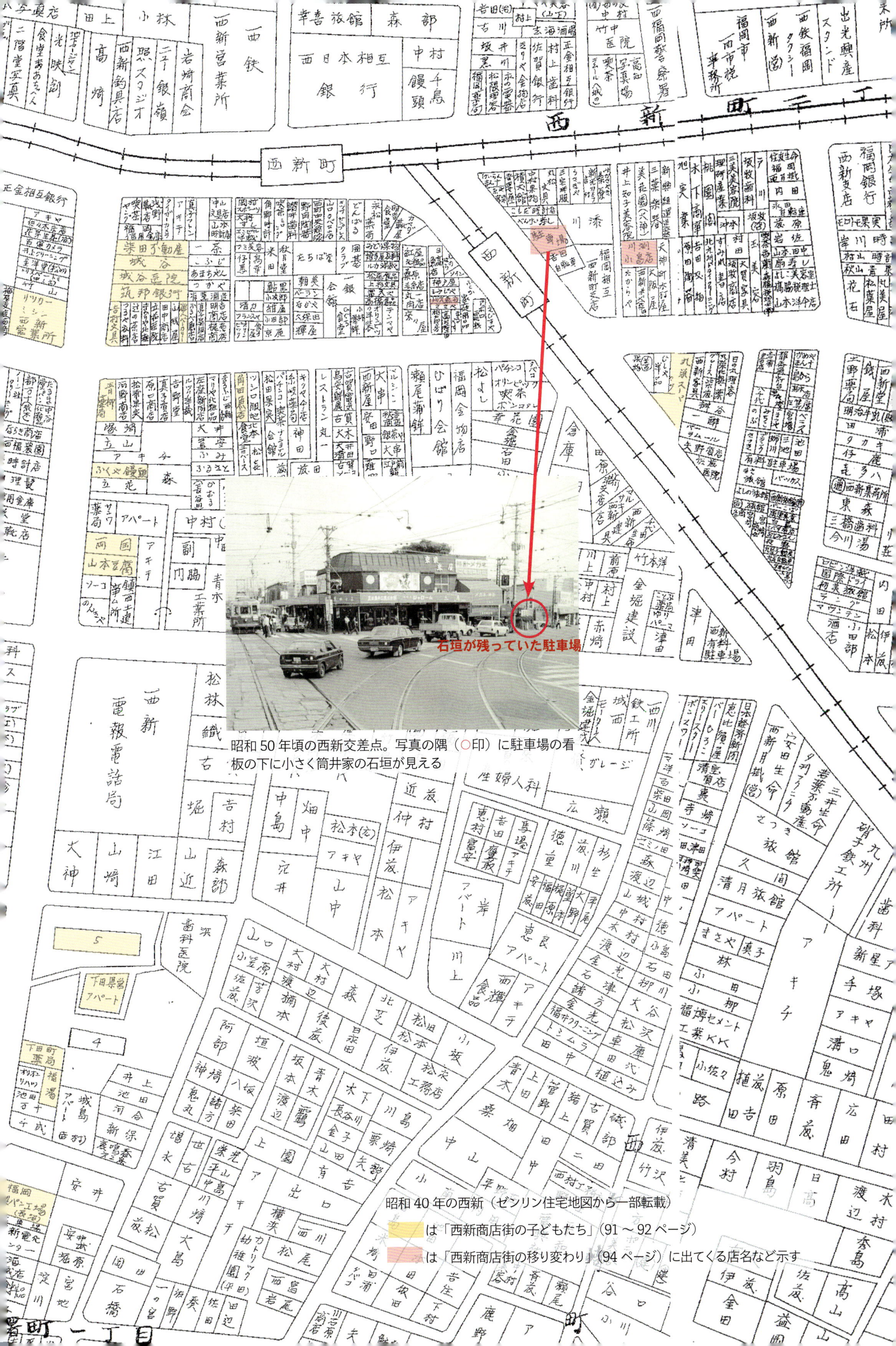

昭和 50 年頃の西新交差点。写真の隅（○印）に駐車場の看板の下に小さく筒井家の石垣が見える

昭和 40 年の西新（ゼンリン住宅地図から一部転載）

は「西新商店街の子どもたち」（91 ～ 92 ページ）

は「西新商店街の移り変わり」（94 ページ）に出てくる店名など示す

〈聞き書き〉

西新商店街の移り変わり

西新発展協議会会長　鳥巣　勲

昭和の頃から西新に住んでいる人は明吉商店街（現・勝鷹水神商店街）にあった鳥巣鮮魚店で買い物をした方は多いと思います。鳥巣勲さんはその三代目、現在、鮮魚店はありませんが、福岡県商店街振興組合連合会会長や西新商店街連合会会長などを務め、さまざまに商店街の発展に尽力するとともに、半世紀以上にわたってまちの移り変わりをみてこられました。

昭和二十六年（1951）生まれの鳥巣さんの生家は、木造の店舗が寄せ集まった明吉商店街の一画。「台風が来たりすると、屋根が飛ばされるっちゃなかろうかって心配やった」と。

幼いころの記憶に残るまちは賑やかな音に溢れ、中でも西新町電停で貫線と城南線が行き交う電車のゴトゴトいう音や店の前のパチンコ屋の閉店を知らせる蛍の光、それからパチンコ玉を洗うジャージャーという音。遊び場は、城南線に面した頭山満の生家（筒井家・現・PRALIVA）、石垣で仕切られ（九三ページ写真）、中央に楠がある庭（西新公民館に移植）でした。

子どもが走って渡る電車道はまだ舗装されておらず、信号もなかったそうです。プラリバとブリリアタワーの間は明治通りに抜ける小道になっており人家が並び、その一軒の小鳥屋でシマリスを買ったのも勲少年の思い出です。

鳥巣さんの少年時代は西鉄ライオンズの最盛期、野球が大流行りで少年たちの遊びはもっぱら三角ベース。まちのあちこちに残っていた空き地がグラウンドでした。現在の城西郵便局の向かいに西鉄ライオンズの強打者中西太（後に監督、解説者）の家があり、鳥巣さんたちが近くの空き地で草野球をしていると、中西本人が出て来てやさしい目をしてながめながら、時には「こうやって打て」と指導もしてくれたそうです。大感激かと思うのですが、遊びに夢中の少年たちは「うわー、また来た」という感じだったとか。

中学、高校までは西新に住み、その後室見に引っ越したため一時期西新から離れた鳥巣さんは、関東の大学を出て銀行に就職が決まっていたところを、お父さんに呼び戻されて西新に帰ってきて店を継ぎました。

昭和四十年代後半から五十年代にかけて、高度成長期のまちは賑わっていました。リヤカーが五、六十台も商店街に乗り入れ、買い物客で溢れていました。ピークを迎えるのは、地下鉄西新駅が開業し、西新エルモール岩田屋が開店した昭和五十六年（1981）頃、大型デパートとの共存を目指した西新商店街には老舗デパートのブランドを求めて西から東から南から人が訪れ、帰りに商店街で買い物をする。西新にはフレンチやイタリアンの料理店が開店し、新鮮な魚は高値でたくさん売れました。

しかし、バブルが弾け平成十五年（2003）岩田屋が撤退した頃からその勢いに陰りが生じはじめました。一方で、西新町は平成に入り百道浜の埋め立てにより、北に大きく広がりました。

鳥巣さんが西新商店街連合会会長になったのは、平成十九年（2007）でした。日本中で商店街のシャッターが閉まるご時世、鳥巣さんは打開策の一つとして西新町が長谷川町子のゆかりの地、サザエさん発祥の地ということで、「サザエさん」誘致を提案し、商店街はもとより地域、大学、企業、福岡市と協働、長谷川町子美術館の協力を得て「サザエさん」をシンボルとしたまちづくりを実現させました。今、脇山交差点からシーサイドももちまでつづくサザエさん通りは新しい観光名所となり、五つの商店街を結んでつけられた「サザエさん商店街通り」はまちを活性化する力になっています。

この夏、連合会会長の座を退いた鳥巣さんですが、良くも悪くも急速に変わりつつある西新商店街に新たなビジョンをもたらされることが期待されます。

商店街に面した店先に魚を並べる鳥巣鮮魚店

広がる西新町

日本が走る　西新町が変わる

1964 （昭和三十九年）第一八回オリンピック東京大会開催。

同年 トンキン湾事件をきっかけにアメリカがベトナム戦争に介入。

同年 現・早良郵便局の前身となる福岡西郵便局が現在地（高取一丁目一―一）に鉄筋三階建てのビル新築とともに開局。

1965 （四十年）西新保育園開園（曙一丁目―三）。焼却場跡地であったためトラック五十数台分の土砂を廃棄したという。

同年 福岡記念病院が西新で開業。

同年 蜂楽《ほうらく》饅頭が熊本から現・西新中央商店街に出店。蜂楽饅頭は水俣市に創業するが、西新に開店すると住民はもちろん県外からも買い求める客も多く福岡土産にもなり、現在も行列のできる店である。

同年 大正二年から藤崎にあった福岡刑務所が宇美町に移転。

1966 （四十一年）百道公民館が百道小学校の一角を借りて開設。翌年に百道二丁目七―一一に開館。

同年 修猷館ヨット部がスナイプ級で全国優勝。

同年 ビートルズ来日。東京武道館コンサートに日本中の若者が熱狂する。

1967 （四十二年）上今川橋から現・西新ＴｅｎＧｏｏｄＣｉｔｙ（祖原一―一）まで市道に流れていた用水路が暗渠になる。

同年 西新商店街連合会発足。西新一丁目商店街（現・オレンジ通り商店街）・西新中央商店街・明吉商店街（現・勝鷹水神通り商店街）・はとや商店街・ハトヤ新道商店街・西新名店街（六十一年発足）・中西商店街・美食街B-dish（五十八年発足）。
　同時に、リヤカー行商をする人たちが西新町行商組合を結成。

同年 スーパー丸栄が西新四丁目に新築移転。ユニード1号店として開店。

1968 （四十三年）全国で学生運動が広まる中、東京大学医学部学生を中心に安田講堂を占拠（東大紛争）。機動隊が導入され、翌年、入試試験中止。

同年 私立高取保育園開園（昭代二丁目一〇―一二）。

1969 （四十四年）西新の防塁遺跡の調査が始まり、砂丘の上の粘土の基盤に、基部幅三・四メートルで石を積み上げていることがわかった。

1970 （四十五年）大阪で日本万国博覧会開催。

1971 （四十六年）七隈川の小河川整備事業が開始。平成六年終了。

福岡西郵便局（現・早良郵便局）。防塁電停から

西新中央商店街の蜂楽饅頭の店舗

上今川橋側の暗渠

昭和39年（1964）開催の東京オリンピック公式ポスター。日本全体が走りはじめた

太陽の塔を中心とした大阪の会場で日本万国博覧会が開かれ、入場者約6422万人を記録する

同年　翌年、福岡市が政令都市に昇格するにともない、西区役所（当時は西支所、現・早良区役所）が新庁舎を竣工、業務開始。

1972　（四十七年）福岡市が政令指定都市になり、区制（博多区・中央区・南区・東区・西区）が施行される。町名変更により下田町、二百石町等の町名が消える。

同年　西福岡警察署（現・福岡県早良警察署）が現在地に移転。

同年　ボーリングブームの中、西新パレスが開業。飲食店なども入り、本格的なレジャー施設となる（令和四年、西新パレスボールは閉店）。

同年　札幌冬季オリンピックが開催される。

同年　沖縄が返還され、日本本土に復帰する。

1973　（四十八年）現在の西新ＴｅｎＧｏｏｄＣｉｔｙの位置にショッピングデパートニチイ西新店が開店。

同年　福岡県立勤労青少年文化センターももちパレスが開館。

同年　第一次オイルショック。

同年　西新小学校が一〇〇周年を迎える。

1974　（四十九年）西市民プール（現・早良市民プール）が現在地に開設。

同年　ライブハウスＪＡ－ＪＡが西新４丁目大串通りにオープン（平成二十七年〈2015〉に閉店）。

西新パレス（2022年撮影）

西新ショッピングデパート　ニチイ

西新ビルの２階にあったJA-JA

行政サービス機関、公共施設の整備

戦後復興の時代を経て小中学校が新設されると、一九六〇年から七五年にかけて西新町はさらに整備されていきました。

気づけば道路脇の側溝が消え、七隈川の整備が進み、電信電話局が建ち、防塁電停前に福岡市西郵便局が開局。大正二年（1913）から藤崎にあって高い煉瓦塀に囲まれ一二ヘクタールという広大な敷地を有した福岡刑務所が宇美町に移転すると、その跡地には、西（現・早良）区役所が開庁、西（現・早良）警察署、西区保健所（現・早良区保健福祉センター）、西福岡税務署など行政サービス機関、西（現・早良）市民センター、ももちパレスなどが建ち、曙には市民プールが開設するなど、市民活動を支える公共施設が次々に生まれました。

一方、日本全体に目を向ければ、東京オリンピック、大阪万国博覧会、札幌冬季オリンピックが相次いで開催された時期であり、沖縄が返還されるなど、日本中が自信を取り戻し何かに向かって走っていた時代でした。

巷には、ビートルズはじめロック、ポップス、フォークなど新たな音楽シーンをもたらす曲が溢れていました。

早良市民センター。１階は藤崎バス乗継ターミナル

ももちパレス

早良警察署

福岡市立早良市民プール

消えた町名

江戸時代（元文四年〈1739〉）にはじめて「西新町村」という名称が使われ、明治期に早良郡西新町、大正十一年（1922）、福岡市と合併して福岡市西新町となった西新町は、昭和に入ると耕地整理法や土地区画整理により新町名がいくつも生まれました（昭和六年、十二年）。中には土地の由来を残す由緒ある町名もありましたが、昭和四十四、四十六年に統合され、現在に至っています。ＮＴＴの電柱には、エリア名として旧町名を見ることができます。

設置年	生まれた町名	消滅年	現町名
1931（昭和 6）	城西橋通り	1969	城西 1-3 丁目
1931（6）	上今川橋通り	1969	城西 1-3 丁目／西新 1-7 丁目
1931（6）	今川通新町	1969	城西 1-3 丁目／西新 1-7 丁目
1931（6）	城西町	1969	曙 1-2 丁目／城西 1-3 丁目
1931（6）	二百石町	1969	曙 1-2 丁目／城西 1-3 丁目
1931（6）	西ヶ崎町＊1	1969	曙 1-2 丁目／城西 1-3 丁目
1931（6）	西新町	1969	祖原／西新 1-7 丁目／高取 1-2 丁目／藤崎 1-2 丁目
1931（6）	中田町	1969	祖原／西新 1-7 丁目／城西 1-3 丁目
1931（6）	下ノ田町＊2	1969	祖原／城西 1-3 丁目
1937（12）	西新 1-2 丁目	1969	西新 1-7 丁目
1937（12）	曙町 1-3 丁目＊3	1969	曙 1-2 丁目／城西 1-3 丁目
1937（12）	藤崎町 1-3 丁目	1969	藤崎 1-2 丁目／百道 1- 3 丁目／高取 1-2 丁目
1937（12）	神楽町	1969	高取 1-2 丁目
1937（12）	弓田町＊4	1969	高取 1-2 丁目
1937（12）	上野町＊5	1969	祖原／西新 1-7 丁目
1937（12）	紅葉町 1-3 丁目	1969	高取 1-2 丁目／昭代 1-3 丁目／藤崎 1-2 丁目
1937（12）	弥生町 1-3 丁目	1969	弥生 1-2 丁目／藤崎 1-2 丁目／百道 1-3 丁目
1937（12）	麁原 1 番町 -4 番町＊6	1969	祖原／城西 1-3 丁目／曙 1-2 丁目／昭代 1-3 丁目
1937（12）	昭代町 1-4 丁目	1969	曙 1-2 丁目／藤崎 1-2 丁目／昭代 1-3 丁目

＊1. 福岡市と合併するまでは、菊池道から東側は大字鳥飼西ヶ崎だった。
＊2. 下ノ田町と二百石町は江戸期に二百石塘、下ノ田塘という溜池があったことからついた（『続風土記附録　河水記』）。
＊3. 1937 年に生まれた曙町 1-3 丁目は、現在の曙 1-2 丁目とはエリアが異なる。
＊4. 弓田町は、元寇の弓矢がこの地で発掘されたことによる。
＊5. 上野町は、上野山（現・西新 5 丁目の宮地嶽神社がある丘）に由来する。
＊6. 麁原の名は、明治 22 年まであった麁原村の名称の名残。

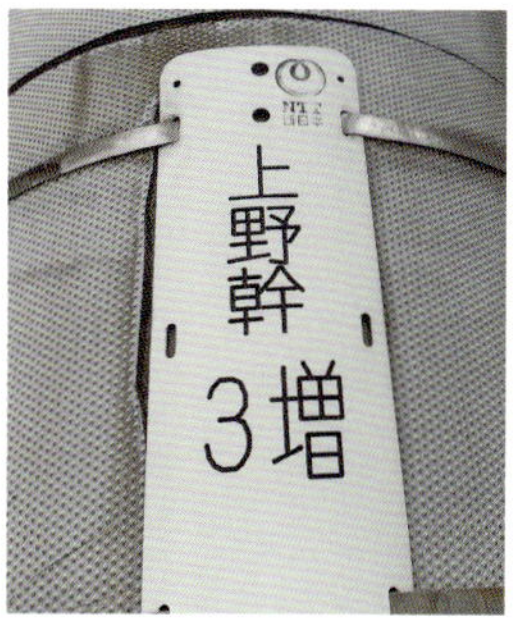

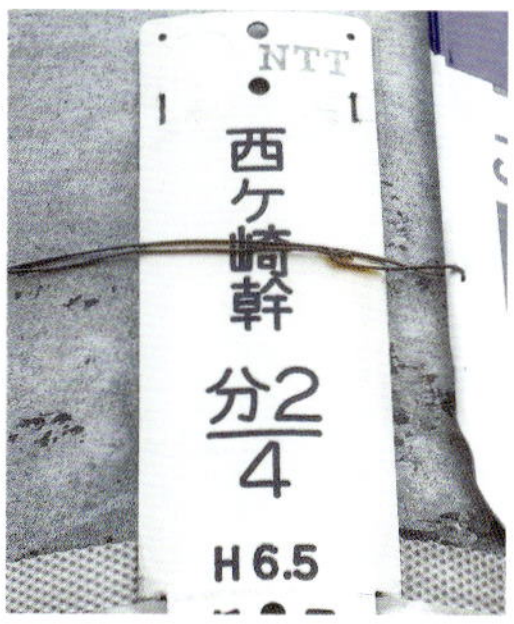

あのころの修猷館

昭和四十四年卒　桂　仁徳（獅子の会）

一九六〇年代、まちは生徒であふれていた

一九六〇年代、団塊の世代とそのあとに続く世代が中学や高校に入学しだすと、受け入れる学校は急遽プレハブの校舎をしつらえたり二部授業を行ったり、一クラス六十人前後と生徒数を増やして対応したりと、てんやわんやの時代、とにかく、生徒があふれた時代であった。

福岡では伝統校の筆頭に名が上がる県立修猷館高校は、一九六六年には、一年から三年まで一クラス五十五人で一〇クラスあった。校風は自由闊達、校則はなく、生徒手帳もなく、生徒たちは放任されていたがその分、自分で身の振り方は決めていくことになった。

格調の高い教官がそろっておられ、今でも、当時のニックネームでしか思い出せない先生もいらっしゃる。修猷館の先生のすごさは、なり立ての高校生に対しても大人として認めて対応されるところで、懐が深く高校生の心理をよくつかんでおられた。

モーカリ

起源は定かではないが、昭和三十年代にはすでに修猷館では、「モーカリ」という慣行的制度が存在していた。本来は六講時あるものを休講等が発生した場合、授業全体が繰り上がり五講時に短縮されるという制度で、自主自立を体現する修猷館の名物だった。当日のモーカリ予定が書き出された黒板を確かめるのが修猷生の楽しい日課であった。

気分の乗らない日のモーカリは特にありがたく、気分転換ができた。試験の前のモーカリも、集中したい学科の自習がはかどり、修猷館に入学できた幸せを味わえた。先生方にモーカリ交渉を行う「モーカリ委員」などというものがクラスごとに選出され、交渉力のある者は、三講時も四講時もモーカリを成立させて、クラスの英雄として尊敬された。モーカリは当時の修猷生にとっては極めて重要な制度で、この辺で自由の喜びを知った者も少なからずいたと思われる。

体よく言えば自主的休講なのだが、モーカリは生徒の一方的な要望では成り立つはずもなく、そこには懐深く慈愛に満ち、かつこの制度に習熟し手際よく授業を切り盛りする神業先生のおかげがあった。現在のような窮屈な学生生活では、信じられない制度かもしれない。アンチモーカリの先生は当時ももちろんいらっしゃったが、教育管理だという風潮が力を持ち出すと、おおらかな考え方は駆逐されるのだろう。昭和五十七年（1982）に、モーカリは終焉を迎えたとされている。

運動会

修猷館といえば、今でも「運動会」だろう。その規模の大きさは高校の運動会のさきがけだった。ここでも企画・運営は生徒の自主性にまかされており、いかに楽しむかを生徒たちは頭を寄せ集め、熱心に取り組んだ。四色のブロックに分かれ、共同作業をすることで、普段は話したこともない人や遠くで見ていただけの憧れの異性に近寄れるチャンスとなる。

夏休みが始まるころから、秘密の出し物を企画する。うれしいのは、工務店や建設会社に就職された卒業生の後押しで立派なスタンドを組んでもらえることで、いやがうえにも気分は盛り上がる。昔から、「修猷山脈」という言葉があるが、こんな行事の中でも一体感を感じていた。

修猷館の卒業生のアルバムには、運動会に撮ったものが多いのではないだ

ろうか。運動会で頑張った思い出は、たぶんどこかで将来を考えたときの推進力の一部になっている。

「星娘」とオールナイトニッポン

昭和四十年代の初めは、いつも音楽があったのも忘れられない。西郷輝彦が、「星娘」を歌っていたのもこのころで、修猷館の女子は一学年で八十名強しかいなかった。彼女たちはセーラー服の襟の後には六光星が輝いていて、星娘と呼ばれた。

昭和四十一年には、ビートルズが来日している。洋楽、和製ポップス、グループサウンズ、家に帰ればラジオを切る暇がない時代で、これらの歌の数々がずっと力をくれた。オールナイトニッポンが始まったのもこのころ。寝る間を惜しんでラジオに耳を傾けた時代であった。

どこの高校でもそうだろうが、当時は生徒数が多くて、知り合える友人は限られていたと思う。それが、時が流れて同窓会があると聞き、行ってみると同期生ということで、新たに友人になれる環境がある。人生の楽しみはこんなに遠くにもあったのかと思う。

誰が発した言葉か明らかでないが、優れた功績を残したリーダーを輩出した修猷館の栄光に驕らず、一人一人が自分の道に励み、周りから誇られる人間になれと、「修猷を誇るな、修猷が誇る人間になれ」の言葉が、ズシリと響いている。

手前中央、桂仁徳さん

高取小学校の思い出

中村　好宏（エスポアナカムラ代表）

ドーナッツタワーと秘密基地

昭和十三年（1938）、私の祖母の時代に、当時は「ガラ屋」と呼ばれていた燃料屋から創業した「中村商店」。私はそこで昭和四十二年に生まれ、四十九年に高取小学校に入学しました。

学校までの通学路は直線の一本道。歩いて五分程と近いこともあり、いつも遅刻ギリギリに走って登校したものです。当時は各学年四クラスで、今よりも校舎も教室も少なかったので運動場は広々としていました。

その運動場には、二本の高い電柱に輪投げのようにタイヤが真ん中くらいの高さまで積み上がり、その電柱のテッペンから二、三本のロープが垂れ下がった遊具「ドーナッツタワー」があったのですが、大人気の遊具だったので昼休みには全クラスの激しい争奪戦が繰り広げられていました。

まだテレビゲームもない時代だったので、学校の運動場と幼稚園側のグラウンドはもちろん、紅葉山や祖原山、近所のお寺、顕乗寺さんでもよく遊ん

大人気のドーナッツタワー（右端矢印）（高取小学校卒業アルバムより）

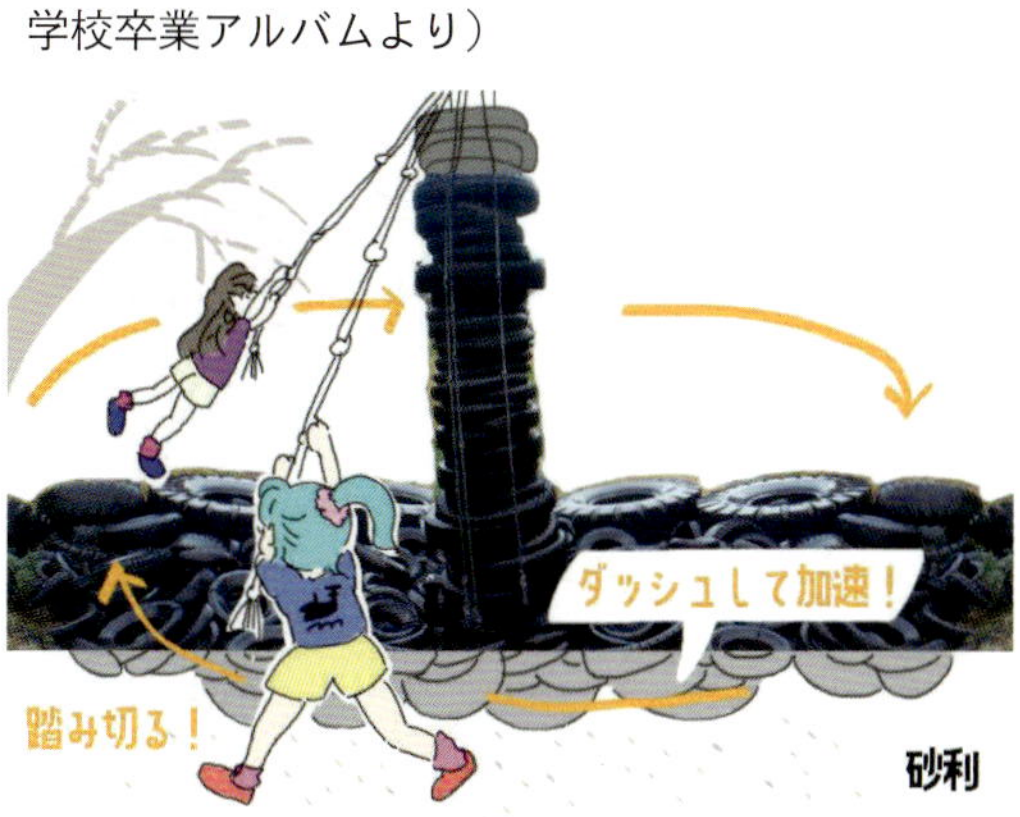

ドーナッツタワーの遊び方

でいました。

当時、祖原山や紅葉山にはまだ防空壕が残っていてその穴の中に入ったり、顕乗寺さんの本堂の縁の下に潜り込んで基地を作ったり……、よく事故にならなかったものだと思います。

また当時は「ドラえもん」や「サザエさん」に出てくるような空地があちこちにあり、子どもたちは目ざとく見つけては「○○球場」と名付け、プラスチックバットと柔らかいゴムボールで野球をしていました。

時には大ファールでボールが近くの家に飛び込んだり、ガラスを割ってしまったり。そんな球場も、工事が始まると追い出されることもしばしば。

「いもや」と「とみなが文具店」

子ども時代のもう一つの楽しみだったのが駄菓子屋です。

高取一丁目にあった通称「いもや」。その昔、焼き芋を売っていたのが名前の由来とか。とても小さな古いお店で、毎回買うのは決まって「亀せんべい」。亀の甲羅の形をした小さな甘い醤油味のせんべいで、一枚が一円か二円だったと思います。凧やコマも売っていたので、コマを買う時は必ずこのお店で選びました。当時はコマ、芯、紐、全てが別売りでした。

ちょっと怖いおじいちゃんか優しそうなおばあちゃんが店にいて、ある時「舐めるクジ」を引いて戸惑っていると、「ねぶらんか！」とおじいちゃんから軽くゲンコツをもらったこともありました。

他にも高取二丁目にあった「とみなが文具店」（現在の「きょくとうクリーニング藤崎南店」）にもよく通いました。丸顔でいつもニコニコしたおばちゃんとおじちゃんがいて、駄菓子だけじゃなく文具やプラモデルもあったので、中・高生になってからも度々お世話になりました。

その店の左側には車庫を利用したような小さなゲームコーナーがあり、十円で遊べるゲーム台もたくさん置いてあったので、先ずはそこで勝負して、五十円分の駄菓子交換札をゲット。コーラあめ、ボールガム（当たり付き）、水飴、えびせんべい、モロッコヨーグルトなど定番の駄菓子の他、袋を開くまで何が出てくるかわからないブロマイドやカードもあり、その当時の子どもたちにとってはチョットした楽園だったと思います（お小遣いさえあれば…笑）。

今ではほとんどの店が閉店してしまいましたが、その場所を通るたびにあの頃のことを懐かしく思い出します。

大人の駄菓子屋

当時を思わせるお店が、高取小学校に向かう一本道の途中にあります。「エル・パライソ&久保田みどり園」。お茶と食品を扱っていた久保田みどり園が駄菓子屋さんをはじめ、駄菓子の販売だけではなく、テーブルや椅子、本などを置き、放課後、子どもたちがそこで宿題をしたり読書をしたり、おしゃべりしたりできるスペースをつくり「子どもたちの大切な居場所の一つ」になっているようです。

昔も今も子どもたちが集まり、小さいながらも楽しく時間が過ごせる場所は大切ですよね。私の酒屋でも横に「ワイン角打ち場」を併設していますが、お客様から「大人の駄菓子屋ですね」と言われています（笑）。

中村商店の向かい（祖原 20 番）の角で。
中村好宏さんは手前右の男の子

中村商店（エスポアナカムラ。祖原 28 番）の前で。高取小学校の生徒たち

〈聞き書き〉

中西商店街の少年、少女

中西商店街の中西は旧字名で、「福岡城下町・博多・近隣古図」（文化九年〈1819〉）には大西とともにその名が見えます。明治期は早良郡西新町警察署、西新町郵便局、町制が敷かれると早良郡西新町役場が置かれ、西新町の行政の中心でした。西新尋常小学校も中西で開校しています。

中西商店街の少女

中西商店街はそんな「中西」の字名を残す商店街、ここで店を開いてから半世紀を超えて変わらず営業を続けている店舗があります。（豆）上野商店、おがわ餅饅頭店、丸十リフォームセンター、カワサキネーム、上野仏壇店、人形のさとう、みつや質舗、まさいち、寝具のてんぐ屋、コーヒーショップランダム……、肉の勉強屋さんは創業九十周年を迎えています。

＊

肉の勉強屋の二代目主人、片岡洋子さんは昭和十四年生まれ。高取小学校の第一期卒業生。五年生の三月に分校ができて、西新小学校からみんなで高取の新しい校舎に移動したそうです。小柄な片岡さんは椅子を持ったとか。

お父様の初喜さんは長崎ご出身。中西商店街で開業されて亡くなるまで商売一筋でした。当初は鶏肉を主に扱っていたようです（七三ページ）。

「私は勉強が好きでした」という片岡さんは中学・高校を福岡雙葉学園、卒業後は中村栄養短期大学で学び、栄養士の資格を取って店頭で焼き鳥をしたり惣菜を売ったりしました。また専門学校で経理を学び、店の帳簿をつけ、弟さんと二人、難しいと言われる二代目を背負って店を盛り立ててきました。

子どもの頃の記憶にある中西商店街はわりと道幅が広い、とは言え、舗装された道ではなく、穴ぼこを煉炭の灰で埋めて平《なら》すような道で、女の子はそこでケンケンパやゴム跳びをして遊んでいました。少し大きくなってからは、中西宮地嶽神社の辺りにも、その頃まで登窯があったことを覚えています。

「当時の中西商店街が特に賑わっていたとか、特別なものがあるわけではないけれど、普通の家庭に必要な生鮮食品や日用品が不自由なく揃っていた」という片岡さん、「朝、もう六時から八百屋さんが開いてて、お豆腐とかオキュウトだとか売ってるし、すぐ近くにお魚屋さん、その隣に佃煮屋さんがあって、お米屋さんがあるし、うちも肉屋でしょ。商店街までなっていないけど、お店が揃ってる。あの頃は冷蔵庫といってもほとんど氷の時代だから、その日の朝、ちょっと買い物しておみおつけを作って朝食をいただくという時代、そういう買い物客が多かったんですね」

片岡さんは五歳のとき、疎開先の長崎で被曝しています。「外で遊んでいたら飛行機が飛んできて、あわてて家に入った瞬間、ピカっと光って、家の中の何もかも飛んでいってなくなりました」。浦上天守堂で助祭をしていた叔父さんは服の切れ端しか残らず、下の川で遊んでいて火傷をおって泣いていた従兄弟が、その後亡くなったことをずっと後になって知ったそうです。

被曝のせいか、片岡さんは小学校三年くらいまでは病気がちで学校を休むことが多かったそうですが、その後は健康を取り戻し、八十四歳になる今でも病気らしい病気はありません。

長く茶道を習ってときには師匠の代理を務める腕前、六十歳からパソコンを学び、毎週ミサに出る大名カトリック教会では会計を手伝い、代替わりをした今でも夕方からお店に出て、とびっきりの笑顔で接客されています。

＊

昭和、平成、令和と西新の商店街が大きく移り変わる中で、住居と店を別にする店舗がほとんどになってきました。その中で中西商店街は住居が同じ家屋（ビル）にあるお店がわりと多いように思います。

上野商店もその一つ、「（豆）上野商店」と彫られた立派な木の看板を掲げた店のガラスの引き戸越しに、木箱に入った幾種類もの豆が並びます。品質にこだわって全国各地から取り寄せる豆類、なかなか手に入らないものもあり、遠方から買いにくる客も多いと言います。

日高和子さんは二代目、高取小学校第十期生です。活発な娘さんだったようで、学校から帰ってくると遊ぶのは修猷館のグラウンド、男子生徒を相手にドッジボールをしていたと言います。日高さんも中高は福岡雙葉学園に通学しましたが、入学当時は弱小だったバスケットチームをリーダーとして優勝に導き、厳格なシスターが喜んでユニフォームをつくってくれたそうです。

日高さんが子どもの頃の中西商店街は、店舗の裏側にある住居にはたいてい大きな庭があって、みかん、ザクロ、いちじく、葡萄……、果実が実っていて子どもたちには格好の遊び場、果物をもいで食べても叱る大人はいませんでした。当時は、今よりずっと自然が豊かだったのでしょう、フクロウが家に飛び込んできたこともあるそうです。

長年、自治会長を務めて町のお世話をしてこられた日高さんのお話を聞いていると、縦横に走り回る少女の姿が彷彿とします。

*

コーヒーショップランダムのご主人で高取校区自治協議会会長の吉武勝美さんは高取保育園、高取小学校、高取中学校のご出身、生粋の中西商店街育ちです。昭和三十~四十年代の子ども時代は、この辺一帯が遊び場だったと言います。

当時はまだ道が舗装されておらず、郊外から荷車を曳いてきた馬が商店街の中をポクポクと歩いていた光景を覚えています。夏は海水パンツ一つでタオルをもって百道海岸に泳ぎに行ったり、冬は手製のソリで祖原山の坂を滑り降りて遊んでいたそうです（「西新町のあゆみ」より）。

*

上野商店の向かいにある「まさいち」は定食の店、きちんと鰹節で出汁をひいて定番料理を出します。祖父母の代まで遡ると百年近くここで商売をしてこられたそうで、当初は甘味屋をしていたとか、屋号も違っていました。

ご主人の高田伸夫さんは「まさいち」を継いだ二代目。昭和四十三年生まれです。近くで長くご商売をしている人形のさとう、野口果物店のご主人も、昔、角にあったリッカーミシンの息子さんも同級生でした。

かなりのやんちゃ坊主だったようで、保育園生のとき、三輪車で室見のおばさんのお店まで遠征したり、一人でバスに乗ろうとして店の馴染み客に連れ戻されたり、隠れん坊で商店街のお店にあちこち潜り込んで叱られたり。

「勉強嫌いだった」という高田さん、外では思いっきり伸び伸びと走りまわったようです。遠い通学路もピンポンダッシュで走って逃げれば、苦にならなかったでしょう。当時、紅葉八幡宮の向かいにあったボタ山の上から下の自動車目掛けてパチンコを打ったり、川で捕まえた大きなウシガエルを店に持ち帰ったり、半端じゃありません。

商店街で自由に走り回った少年の記憶は鮮やかで、中西商店街に入った角の店から順番に教えてくださいました。

*

現在、中西商店街で人気の角打ち店を開いている石橋商店、ご主人と共に働く栗林美樹さんは昭和四十四年生まれ、この商店街で育ちました。栗林さんのご実家も今のお店があるところで、お父様は会社勤めのかたわら、敷地内で下宿屋をしておられ、西南の学生さんが下宿していたそうです。

小さい頃は裏の空き地で遊んだり、大きなヤツデの葉っぱを手に近所の家の庭を探検して回ったりしたそうです。

高取小学校、高取中学校ご出身で、中学の時は筑肥線を越えて通学していました。「遠かったですよー、ホント、バスに乗りたかった」。中西商店街から高取中学まで、大人の足でも三十分近くかかる距離です。部活に熱心だった高取中学校のバレー部で遅くまで練習して、それから帰路につくのは本当にきつかったでしょう。

美樹さんが休日、よく遊びに行ったのは、少女らしくちょっとおしゃれな雰囲気のビブレでした。

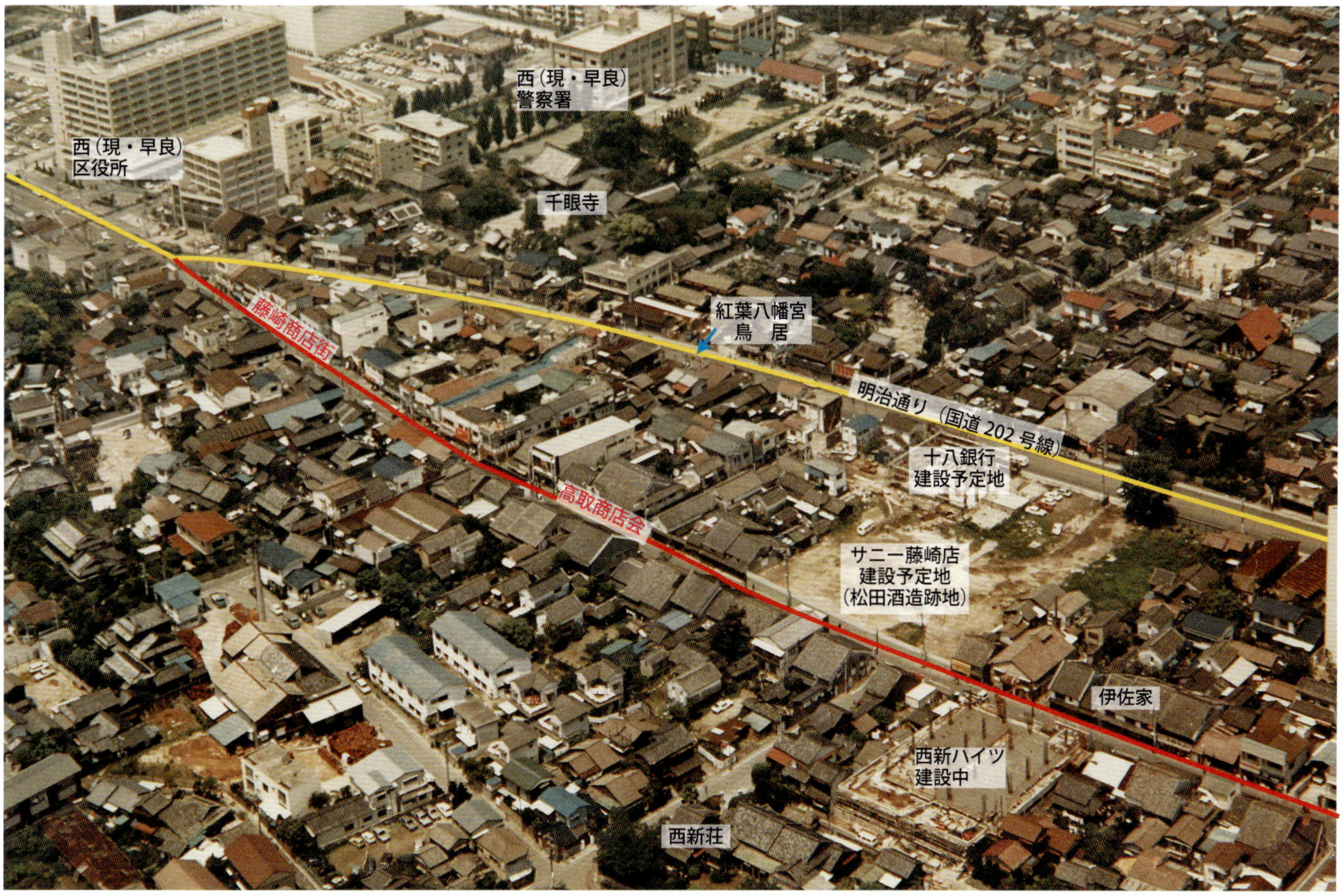

昭和 54 年（1979）当時の高取商店会、藤崎商店街（十八親和銀行提供）

高取商店会・藤崎商店街、昭和五十四年頃の街並

上の写真は十八銀行（現・十八親和銀行）西福岡支店が開業する前、昭和四十九年、建設予定地を上空から写した写真です。また、次ページの写真とマップは、それから五年後、「高取発展期成会」が当時の高取商店会（現・高取商店街）と藤崎商店街（現・藤崎通り商店街）を調査したもので、その後大きく変化していく街の当時の様子を留めた貴重な資料です。麁原で古くから酒店を営んでこられた知人から写真と共にお預かりしたデータです。

いまから半世紀近い前の商店街ですが、生活色の濃さに気付かされます。杉屋商店街やマルショクストア、つ和ストアなどの街のマーケットには生鮮食品を商う店、日用品を扱う店、生花店や茶舗が隙間なく並び、商店街の表通りにはふとん屋や電器店、金物店、酒店や米穀店、化粧品店、衣料品店、靴屋、書店、文具店、手芸店、菓子店や薬局、美容室、理容室などおよそ生活者が必要とするものは全部そろっています。牛乳屋さんもありました。銭湯もありました。また、今はもうないみかく寿司、雷寿司やレストランむらた、焼肉のテムジンなどなど食堂やスナックが立ち並んでいます。

そして、現在、国の登録文化財として指定されている伊佐家をはじめ趣のある町家が何軒も軒を連ね、近代の繁栄をしのばせています（一〇六ページ）。その下の写真はマルショクストアと杉屋商店街にあったお店です。

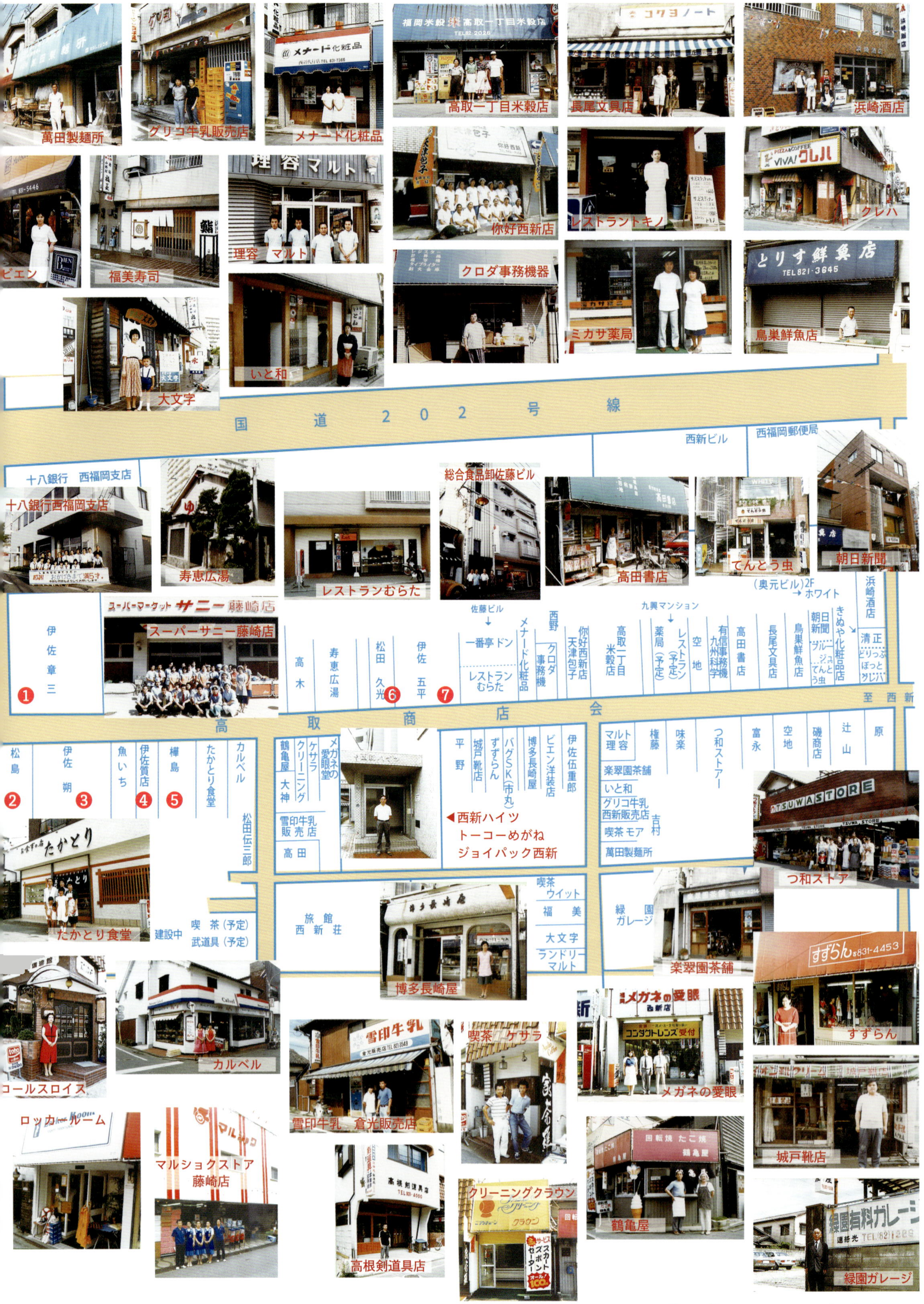

❶～❼ は 104 ページに紹介

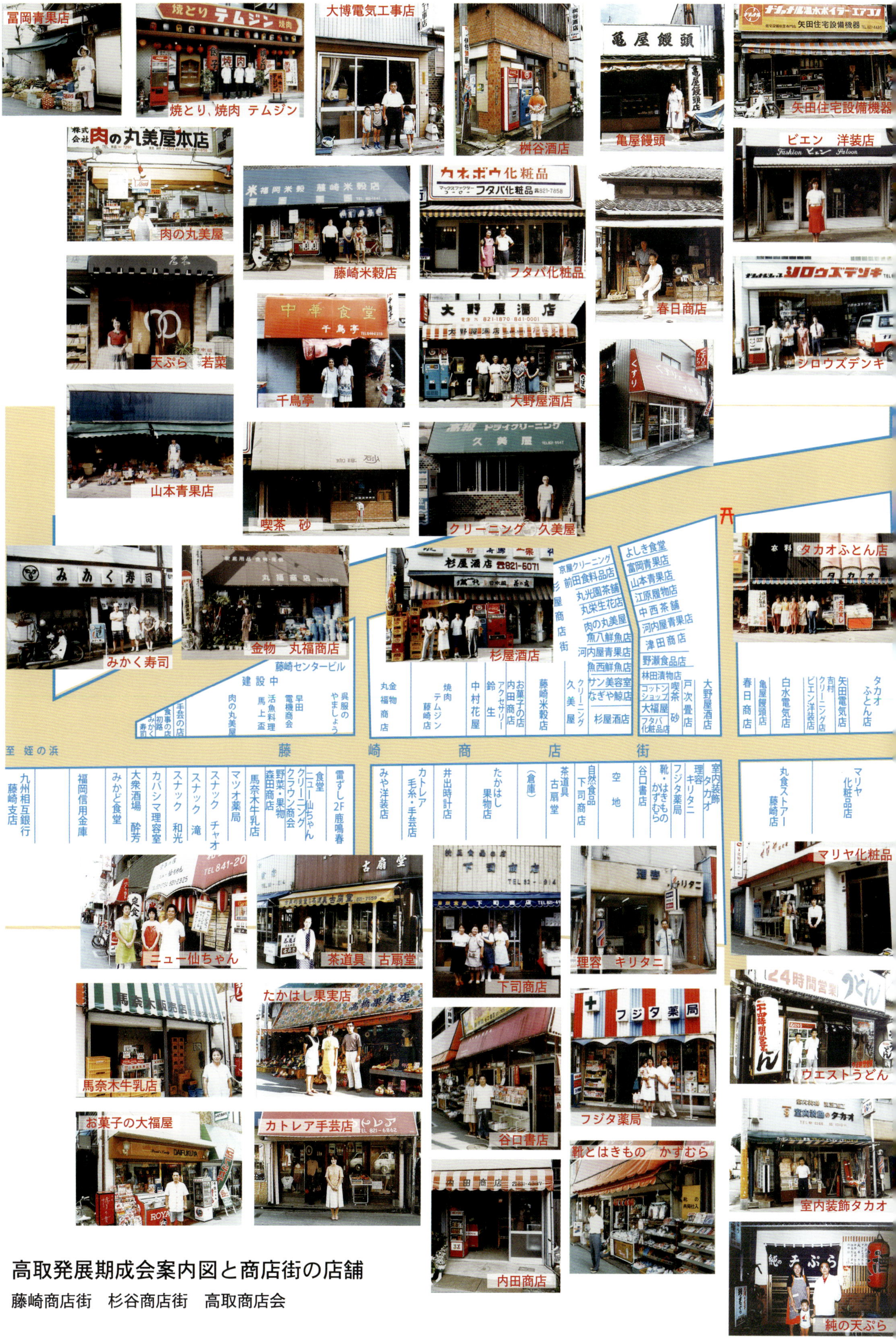

高取発展期成会案内図と商店街の店舗

藤崎商店街　杉谷商店街　高取商店会

高取商店街の町家

高取商店街は旧町名では大西と言われるエリアです。唐津街道沿いにあり、三瀬街道の起点でもあり、江戸の頃から人馬が交差する交通の要衝でした。昭和五十四年当時、高取商店街（旧・高取商店会）には唐津街道沿いに立つ町家が数軒残っていました。現在、残っているのは伊佐家の家屋と土蔵で、平成二十七年（2015）には国指定の登録文化財になりました。

商科建築（町家）造りの伊佐家は、大西一帯で広く商売をされた伊佐一族のお一人。福岡市文化財のホームページによると「伊佐家は、明治十四年（1881）に伊佐油屋本家から分家し、屋号を油屋と称して戦前まで米穀と肥料を、その後は（中略）様々な家業を営んできた」そうです。商店街には「伊佐」の名前がついたビルがいくつもあります。

「高取発展期成会」からお預かりした写真には、近世・近代の西新町の繁栄を支えた一族のお名前と思われる家屋が数軒ありました。

三段目の三枚の写真は、昭和三十〜四十年くらいの高取商店会の街並を写したものと思われます（「西新　創立百周年記念誌」より）。

令和になって、高取商店街の角の八百屋さんが移転し、その後に入った飲食店が家屋を改修したおりに、梁や柱などに使用されていた木材の立派なことに驚いたと言います。

1 伊佐章三氏宅

2 松島勝男氏宅

3 伊佐　朔氏宅

4 伊佐質店

5 樺島　清氏宅

6 松田久光氏宅

7 伊佐五平氏宅

（右）油屋質店（伊佐家）
（中）町家が並ぶ街並
（左）推測だが、現・サニー藤崎店の駐車場にあるイチョウの大木の辺りから空き地越しに高取商店会の家並を写したもの（西新　創立百周年記念誌）

丸栄生花店

丸光園茶舗

コットンコージー

中西茶舗

サン美容室

なぎや鯨店

マルショク精肉部　大阪屋

マルショク鮮魚部　魚西

マルショク野菜部　川口屋

マルショク果実部　西川

林田漬物店

河内屋青果店

前田食料品店

魚八魚店

〈聞き書き〉

自由な校風　西南学院高等学校

吉武　豊眞（極楽寺住職）
吉武　朋彦（極楽寺副住職）

南区若久の住宅街の中にある浄土宗の寺、極楽寺で住職を務めておられる吉武豊眞氏とご長男の朋彦氏、ご長女も西南学院高校のご出身です。

浄土宗のお寺のお坊さんが親子とも西南……？　昭和四十六～九年に在籍された豊眞氏にお話をうかがいました。

「当時の西南は男子校だったんですよね。他の学校と比べて一番違うと思うのは、校則がすごく少ない。校則で生徒を縛らないんです。例えば服装とか髪型は一切決まりがなくて、ただ唯一、これはなんでかわからなかったけど、靴だけは白い靴っていう決まりがあったんですよ。

だから服装はむちゃくちゃ自由で、僕の友人なんかアフロヘアでオープンシャツをズボンの上に出して着てて、それでもなんにも言われなかった。靴だけ白なら。夏なんか、教室が暑いからズボンを脱いで授業を受けていたんだけど、ある時、先生に当てられて慌てて立ったら下はパンツ一丁で、先生から『おまえ、なんばしようとや』ってそれくらいで、叱られることがない。

僕は当時バイクに乗ってたんだけど、教室でみんなと話しよううちに『梅ヶ枝餅が食べたか』ってことになって、太宰府まで走ったことがあったんですよ。机に誰もおらんかったらおかしいからって、わからんごと机をベランダに出しといて。各授業ごとに出席とかとりよらんかったからですね」

西新商店街もホームグラウンドだったようで、学校を抜け出して、「しばらく」でBラーメンを食べたり、蜂楽饅頭を買って食べたり、文化祭の時には商店街の麻雀屋に入って麻雀をしていたら先生がいきなり入ってこられて、「さすがにその時は停学になった」のだそうです。

天神や中洲界隈でも映画を観たりディスコに行ったりと遊んだ豊眞住職の話は、隣で聞いている平成の西南高校生、朋彦氏が呆れるほど自由ですが、お話からは教室が荒れていた、先生を馬鹿にしていたというようなすさんだ空気は感じられません。むしろ先生方を敬愛する気持ちが伝わってきます。

「当時、西南に入る子の三分の一が修猷館を滑ってきたものでしたからね。みんなどこかで修猷を意識していましたよ。その上で、俺たちは修猷生とは違うんだというある種、仲間意識ですかね。だからみんな仲が良かった。思い込みだけど、西南生はおしゃれでスマートだとみんな思っていましたよ」

お寺からミッションスクールに通う違和感はなかったのでしょうか。

「いや、僕は勉強になりましたね。主に新約聖書を学んだけど、お経と違って読みやすくていいなと思って。西南は聖書の授業と英語にはすごく力を入れていましたね。当時、ナチュラルな英会話の授業とかしている学校はあまりなかったんですよ。これは後にも本当に役に立ちましたね」

「部活？　部活はラグビーでしたね。いや、めちゃくちゃ弱かったですよ。強かったのは僕たちのずっと前と後の時代の話。部活の先生がいない時は、野球部なんかと二手に分かれてサッカーしたりですね。ちっとも練習してないから、あるとき他校との試合でスクラムを組んで突っ込んだらぐしゃっと潰れて、相手チームから『西南、ファイト』って言われてしまった（笑）」

豊眞さんは滑り止めで西南でしたが、朋彦さんは専願入学だったそうです。

「僕は西南に行ってほしかった。あの校風で絶対に伸びると思った」という豊眞さんが通っておられた頃の校舎は朋彦さんが在学中に新築移転、外壁の外側を煉瓦積みにした新校舎は本当におしゃれでスマートです。

豊眞住職も朋彦副住職も大学を出てから教職についておられました。朋彦さんは今も西南の非常勤講師として勤めておられます。

お話からは、当時の西南学院高校の明るく伸びやかな気風が伝わってきました。

地下鉄が通る。百道海岸が消える

1975　（五十年）福岡市地下鉄敷設工事の着工にともない、市内電車の貫線と呉服町線が廃止される。

同　年　（五十年）大正七年に開設され、半世紀以上にわたって賑わった百道海水浴場が、水質汚染のため海水浴には適さなくなり閉鎖される。

同　年　百道海水浴場開設の翌大正八年（1919）に百道海岸で開業した休憩所兼旅館の設備屋が閉まる（ゼンリンの住宅地図から消える）。

同　年　山陽新幹線の岡山―博多間が開通。東京―博多間の新幹線がつながる。

1976　（五十一年）福岡市の市街地開発事業が認可され、地下鉄西新駅舎との一体化を目指して、新たなまちづくりが着手される。

昭和 50 年当時、廃線後、架線が残る西新（撮影：中村博氏）

昭和 50 年当時、廃線前の西鉄電車今川橋車庫

昭和初期、現在の高取商店街を練り歩く紅葉八幡宮の稚児行列。右の家が松田酒造、現在のスーパーサニーが建つ場所（藤本光博氏提供）

百道公民館の前の西新緑地。頭山満が植えたという楠の大木と頭山直筆の碑、その後ろに筒井條之助の顕彰碑が立っている

筒井條之助

西新緑地の一角には「筒井條之助君記念碑」と彫られた石碑が立っています。再開発にともない西新四丁目から現在地に移されたものです。

筒井條之助は頭山満の甥になります。頭山が起こした「福陵新報」、後の「九州日報」の記者をする一方で、西新消防組の組長を務めるなど西新町の発展に尽力し、町会議員を務めていた折に福岡市との合併交渉がはじまると、その人脈を生かして成立させせました。合併寸前に病死したことを悼む文が「西新　創立百周年記念誌」の中、元西新町役場庶務主任の博田篤信氏の記事にあります。

同　年　明治通りの南側にあったみどりマーケットが道路拡張のため消滅。

同　年　高取商店会が発足。

1977　（五十二年）サニー高取店が開業。現在サニー高取店のある場所は松田酒造の跡地。

同　年　地下鉄敷設工事にともない、翌年にかけて発掘調査が行われ、藤崎一丁目、百道二丁目に一帯から百基を超す甕棺墓や古墳時代の方形周溝墓などが発見される（五ページ参照）。

1978　（五十三年）西新緑地が造られ、頭山満の手植えの楠が移植、頭山満

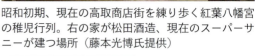

と筒井條之助の顕彰碑もともに西新四丁目から移される。

1978 （五十三年）福岡市渇水、この年の五月から翌年三月までの二八七日間、一日十四時間の給水制限が施行される。

1979 （五十四年）脇山口から南へ下る道路が、市制九十年事業で「早良街道」と愛称が付けられた。

同　年 大正四年（1915）に唐津街道と三瀬街道の分岐点に設置された紅葉八幡宮の一の鳥居が、お宮の南側参道へ移設される。

1980 （五十五年）西新音頭が作成され、詞は校区内から募集し斉藤清朝氏の詞が採用される。

1981 （五十六年）西新エルモール岩田屋が開業。平成十五年（2003）、岩田屋が撤退し、ショッピングモールプラリバとなるが、二十七年に閉店。令和三年（2021）、東側を高層マンション、西側をPRALIVAとして再開。

同　年 福岡市地下鉄の天神—室見間が開通、地下鉄西新駅、藤崎駅が開業。

同　年 西区役所（現・早良区役所）に隣接し、地下鉄藤崎駅に連結する藤崎バスターミナルが開業。

1982 （五十七年）西区を分割し、早良区、城南区ができる。これにより現在の住宅表示となる。

同　年 百道浜埋め立て工事が始まり、百道海岸が消滅する。

1983 （五十八年）地下鉄一号線（現・福岡市地下鉄空港線）と筑肥線の相互直通運転開始に伴い国鉄西新駅が廃止となる。国鉄筑肥線博多—姪浜間は廃線となり、跡地は二車線の姪浜鳥飼線の道路となる。

同　年 市立西新病院の跡地に福岡市医師会が成人病院センターを新築開院。

1985 （六十年）城西の西鉄電車車庫跡地で西新ゴルフセンターが開業。

同　年 修猷館の二百年記念事業として図書館・菁莪記念館が竣工。

1986 （六十一年）はとや商店街、ハトヤ新道商店街が火事に罹災。

同　年 早良区初コミュニティ道路オレンジ通り（西新一丁目）が整備される。

同　年 ユニード西新店に代わりダイエー系列の大型ディスカウントストアトポスが開店。

大正４年に建てられた一の鳥居（右上は紅葉八幡宮提供）

天神—室見間開通。福岡市地下鉄の開業を祝う

国鉄筑肥線の跡地に走る姪浜鳥飼線の道路。新開橋から東を望む

大串通りに面した大型ディスカウントストア・トポス（西南学院史資料センター）

設備屋

設備屋のテラスで開かれた歌謡ショー

百道海水浴場に軒を連ねる海の家や貸しボート屋

〈聞き書き〉

設備屋の話

中村　博輔

大正七年に「福岡日日新聞」が主催した百道海水浴場は、戦後も市電で行ける都心に近い海水浴場として人気が衰えることはありませんでした。

百道海水浴場は百道海岸全体に広がっていたわけではなく、現在のサザエさん通りとよかトピア通りの交差地点から樋井川にかかる手前までですから長さにして二キロ足らずです。西側は海苔の養殖場があり、海苔ひびなどが立っていました。

百道海水浴場の海岸沿いには、海の家や貸しボート屋が軒を連ねており、なかに一時休憩所兼旅館業を営む施設が数軒ありました。その中でも設備屋は二階建ての大きな施設でシャワーはもちろん大浴場が二つあり、二階は宿泊所になっていて、バンドを入れて歌謡ショーを開くなど人気の施設でした。

設備屋は百道海水浴場が開場した翌年に、中村與八郎氏が開業しました。中村さんは当時三十二歳、進取の気性に富む人で、それまで勤めていた銀行を辞めて海のレジャーランド百道海水浴場に新天地を求めたようです。

お孫さんの中村博輔さん（昭和三十年生まれ）にお話をうかがいました。

博輔さんが小学校の低学年の頃までは百道海岸には松の木が何本もあって、その間に家が建っていたそうです。博多湾の潮の加減でしょうか、年に数回溺死体が目の前の浜に流れ着いたそうで、夜は怖くて真っ暗な海岸には出られなかったといいます。

そうした水難者を弔って、與八郎さんが発起して海水浴場関係者に呼びかけ「百道地蔵」を祀りました。現在は博多区の崇福寺に祀られています（六三ページ）。

一方、大人たちは夜も訪れ、海で泳いだり、西新の繁華街で遊んだり、映画館に行ったりするときの宿泊所としても利用されたようです。

またシーズンを過ぎたお盆には、海岸から精霊流しをするまちの人々のため、海の家や貸しボート屋が請け負って、精霊船を沖まで誘導したそうです。

中村さんの記憶では夏場だけ海の家を開く家が多く、常時営業しているのは設備屋やピオネ荘など数軒に限られ、夏が終わると学生の部活の合宿所などに使われていました。なかでも相撲部屋は有名でした。設備屋の後ろにあった中村さんの実家の横には四本柱が立つ立派な土俵があり、西南のボート部があった横にも土俵が設けられていました。相撲部屋の朝稽古や百道海岸を走る力士の姿は冬の百道海岸の風物詩にもなり（一一二ページ）、子供会が主催して、子どもたちと力士がちゃんこ鍋を囲むなどイベントもありました。

中村與八郎さんは昭和四十六年（1971）に八十二歳で亡くなりました。その数年前、「アサリが採れるようになった。もう閉じないかんかもしれんな」と言っていたことを博輔さんは覚えています。生活排水などで海の汚染が進み、養分が増えてそれらを餌にするアサリが増えたということでしょう。

ゼンリンの住宅地図を見ると、百道海水浴場が閉鎖された昭和五十年を最後にその名前がなくなっています。一世風靡した設備屋ですが、目前の海が壊れていくのを惜しみながら閉じたのかもしれません。

西新町の再開発事業

戦後、西新町が福岡市西部の副都心として発展するなかで、貫線と城南線の分岐点になる西新町電停付近は交通の要衝でした。しかし、市内電車が廃止された昭和五十年（1975）当時は低層木造住宅と商店が混在し、道路が狭いなどインフラ整備が遅れ、車が輻輳する交通の難所として都市機能の低下が著しくなっていました。そのため福岡市は地下鉄開業を間近に再開発に乗り出し、昭和五十一年に事業認可を受けて共同ビル（西新エルモール）を建てるとともに町の緑化を進め、街路を整備し、道路を拡幅するなど西新町の目貫通りの様相を一新しました。

その一つ、地下鉄西新駅と一体化した大型商業施設西新エルモールを建てることにより、市内電車廃止以降も「電車道」（現・明治通り）と呼ばれ、花見せんべいの吾妻屋や積文館書店、井上和子美容院、みやけ洋装店、こもだ時計店、山本洋傘店、その他文具店や和菓子店、飲食店など地元の住人に親しまれていた店が並び賑わっていた西新電停前商店街の撤去となり、これらの店舗は移転したり、西新エルモールにテナントとして吸収されることになりました。

また、同時期、道路拡幅のために明治通りの南側にあったみどりマーケットはその半分が福岡市に買収されることで消え、現在、残り半分の土地に細いビルが建っています（一一二ページ上段参照）。

昭和五十六年、西新エルモールが完成し、新今川橋から脇山口の交差点までが両車線ともに三車線となり、歩道は六メートル幅に広がりました。

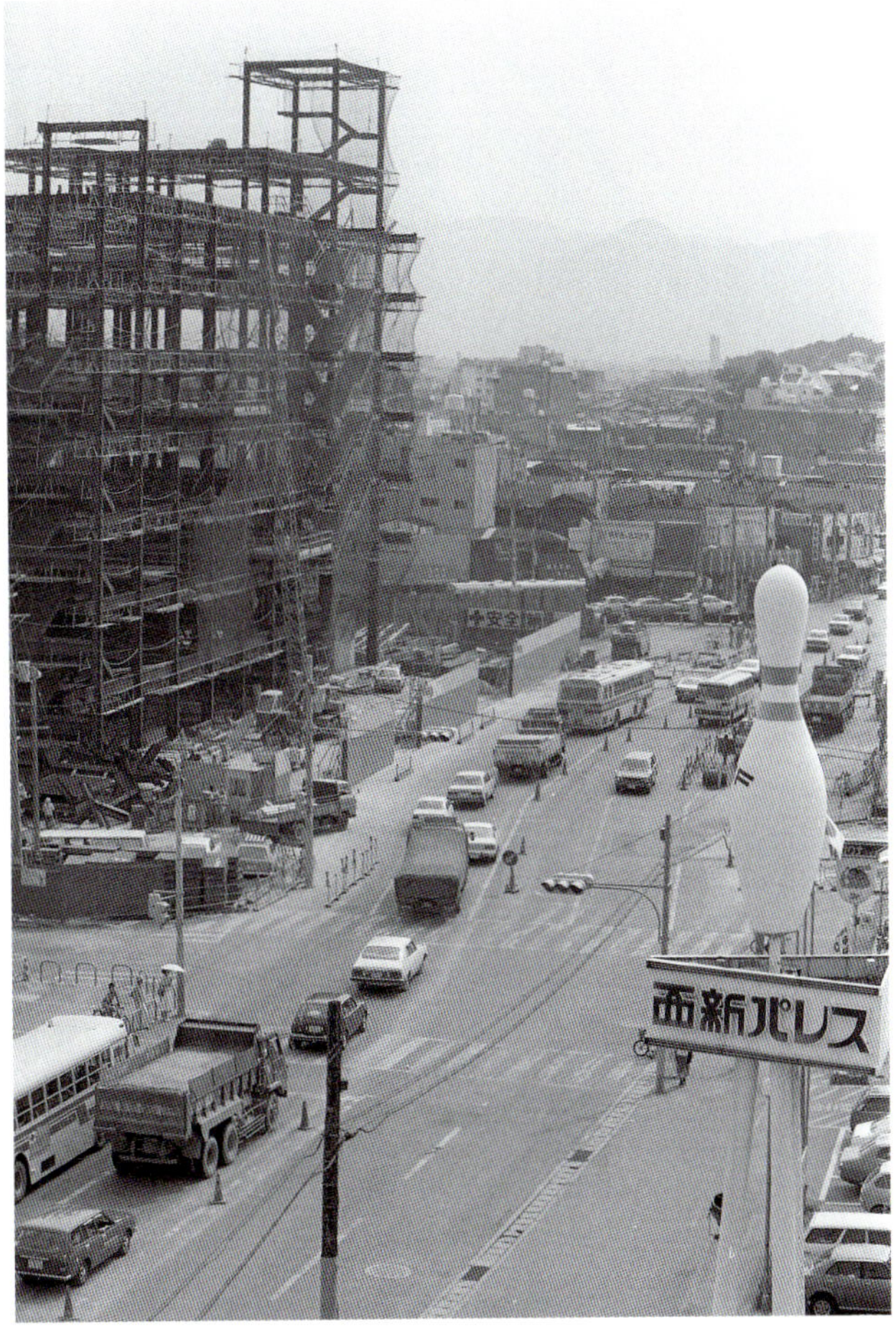

西新エルモールの建築の工事が進む西新の再開発（昭和 55 年〈1980〉西日本新聞社提供）

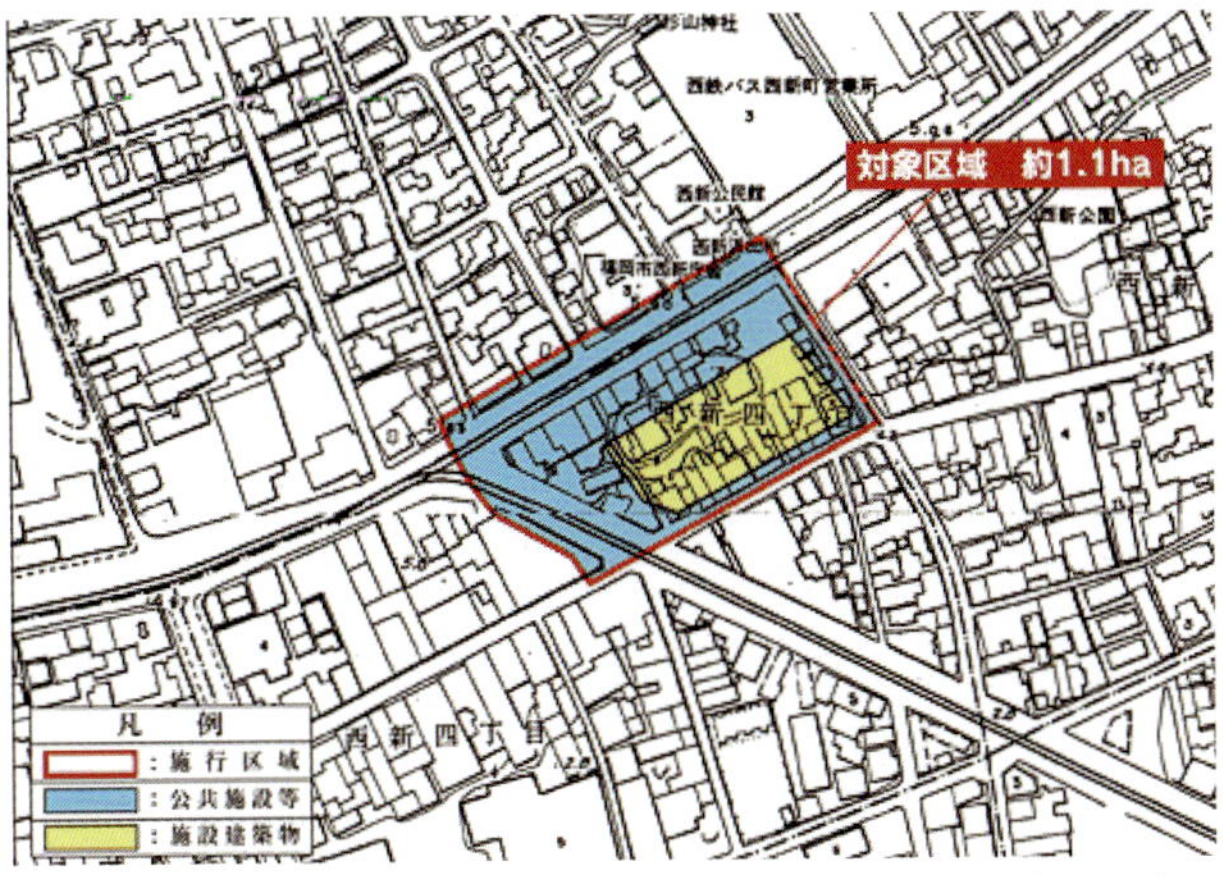

西新エルモールの建築予定の再開発地域（昭和 51 年認可）

城南線と貫線が交差する

西新エルモール岩田屋

西新電停前商店街

西新町電停付近

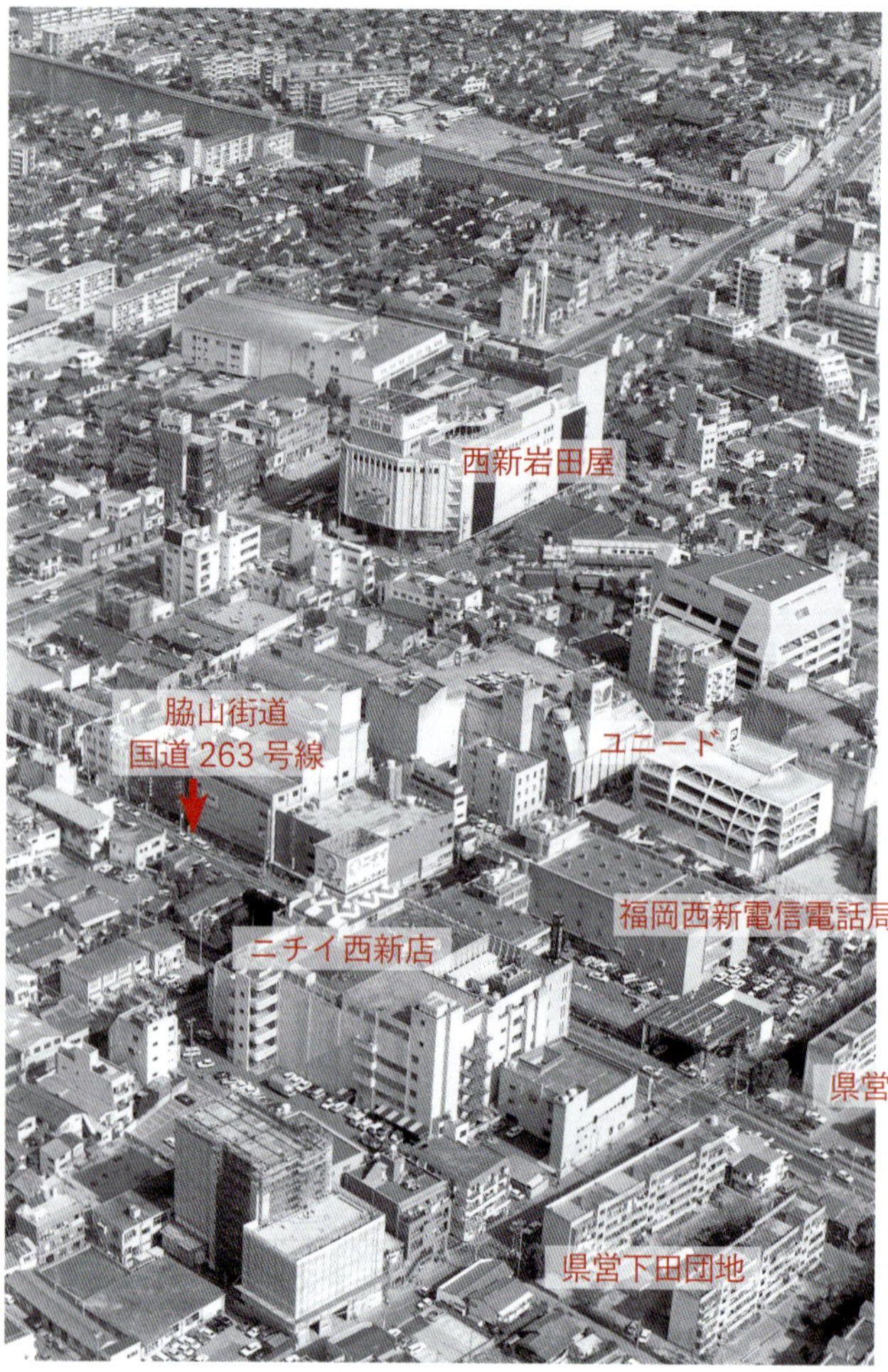

上空から写した西新町界隈。昭和 59 年（西日本新聞社提供）

（左）たばこ屋があるみどりマーケットの明治通りに面した歩道は敷石だった。（右）マーケットの半分が市に買収されたため、現在、残された所に建つビルは側面から見ると細長い

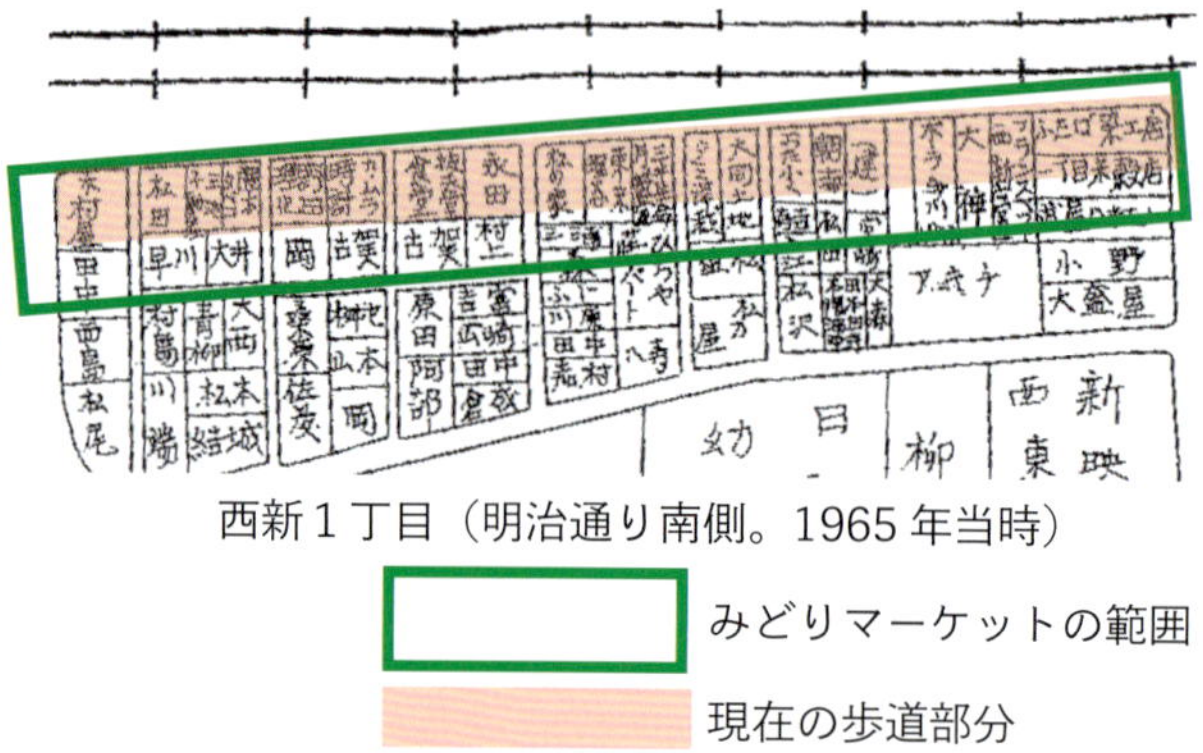

西新 1 丁目（明治通り南側。1965 年当時）

消えた百道海岸

戦前戦後を通して海水浴客で賑わった百道海水浴場は、昭和の高度経済成長にともなう水質汚染を理由に昭和五十年に閉鎖されました。

かつての百道海岸は霧笛や潮騒が届く、住民の暮らしのすぐそばにある生きた海岸でした。長谷川町子さんが散歩しながら「サザエさん」の着想を得た砂浜は、子どもたちの遊び場であり、シーズンが終わった海の家で学生たちが合宿し、セイリングをしたりランニングしたりするもう一つのグラウンドであり、遠浅の浜で釣りや貝掘りをするなど手軽に余暇を楽しめる海岸でした。

さらに漁や海苔の養殖をしたり、遡れば塩田もあり、生活の糧を得る場でもありました。西新町にあった数軒の醤油工場は、その塩を利用していたといいます。

西南学院大学の元学長であり、戦後、西南学院教職員住宅で少年時代を過ごされた村上隆太氏の「百道浜の記憶」に当時の様子が語られています。

昭和 30 年（1955）の百道海岸　（「西新商店街公式ページ」より）

昭和 56 年（1981）、埋め立て前年の百道海岸　（「西南学院史資料センター」より）

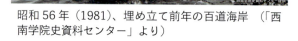

百道浜の記憶

村上　隆太（西南学院大学前学長）

私が西新小学校の生徒だった一九四五年頃は、樋井川の河口から室見川の河口まで広大な砂浜であった。現在のよかトピア通りは波打ち際で、その南側はかなりの幅の松林が砂浜に沿って続いていた。現・大学東キャンパスにあった学院住宅に住んでいた私は、用があって今の大学中央キャンパスに行くときには運動場を突っ切り、松林を通り抜けることになったが、鬱蒼とした暗い松林の中でフクロウが「ホウ、ホウ」と鳴いていて気味が悪く、駆け足で通った記憶がある。（中略）

西新小学校の北側の塀を越えると、塩田があった。海水を引いてきて塩を作っていたのだが、海水を干して作った塩で醤油も作っていた。この醤油工場（マツジュウ醤油）は、その後移転し、防塁前の旧通り、今の早良郵便局の東側にあって、その高い煙突が遠くから見えた。工場も随分後まで営業していたので、横を通ると醤油の匂いがした。

一九四五年頃から、西南学院の北側の砂浜一帯は、市民の海水浴場となっていた。沖には飛び込み台がおかれており、少し泳げる子どもは頑張ってそこまで泳いでいっていた。夏には大勢の海水浴客がやってきて賑わった。アイスキャンディー屋さん、貸しボート屋さん、休憩場などが並んでいた。百道浜は、海水浴場であったと同時に、貝掘りの場所でもあった。海に入れる時期になると、みんな腰まで水に浸かってつま先で石のように感じる所をちょっと潜って手探りでそれを取り上げると、手のひら位の白貝が取れた。綺麗で、しかも食べて美味しい貝だった。持って帰ってお味噌汁にいれて食べたものだ。樋井川の河口ではアサリ貝も採れた。アサリ貝は多少水が汚れた河口に生息するので、百道浜よりも樋井川河口の方が条件が良かった。その他、マテ貝もここで採れた。折れたこうもり傘の骨を海中の小さな穴に突っ込んで引っ張り上げると、長いマテ貝が引っかかって上がってきた。貝も百道浜の恵みの一つだった。

戦後、父が復員して西南学院中学校の教員をするようになり、家族はキャンパス内の学院住宅に住んだ。ここは海から五分の近さだったので、春、夏、秋と良く海辺で遊んでいた。

沖合で漁をしていた舟が百道浜に舟を着けて地引網を引いていたが、そのポンポン蒸気の音を聞きつけて、私は朝早く家を出て浜で網を引く手伝いをした。小学生の手伝いなど知れたものなのだが、漁師たちは「はい、お駄賃」といって、魚を私のバケツに放り込んでくれた。穏やかな夏の朝に、波打ち際の二メートルくらい先に小石を投げると、四、五センチくらいのイカの子がスーッと波打ち際に乗り上げてきて、私はそれをつまんでバケツに投げ込んだが、また石を投げてはポイ、と何匹も取ったものだ。百道浜は自然が豊かな海辺だった。（中略）

大相撲九州場所がある時期には、百道浜に何軒もあった「海の家」が相撲部屋の宿舎になっていて、お相撲さんたちは砂浜を走ることが運動になっていた。大相撲が近くなると西南や西新界隈には相撲取りの姿がよく見られた。

（後略）

（西南学院事務職員夏期修養会での講話より）

1964年当時の百道海岸

海岸で釣りをする子どもたち

シーサイドももち誕生

1986（六十一年）昭和五十七年に始まった埋め立て工事が完了。「シーサイドももち」の名称で百道浜エリアと地行浜エリアが生まれる。「ももち」の名称は、百道のもも、と地行のち、からつけられたものです。

1987（六十二年）新たに生まれたシーサイドももち海浜公園に、かつての百道海岸にあった松原を再現するために、江戸時代に倣い有志の福岡市民により松の苗木が植栽され、「夢松原」と名付けられる。

同年 日本国有鉄道が分割民営化し、ＪＲが誕生。

1988（六十三年）早良消防署が曙より百道浜（現在地）に新築、移転。

同年 西新小学校の新校舎が落成する。

同年 福岡ダイエーホークスが誕生。十年ぶりに地元球団が誕生。

1989（昭和六十四年／平成元年）一月七日に昭和天皇が崩御。年号が「平成」となる。

（上）百道浜建設中（魚田建博氏撮影）
（下）アジア太平洋博覧会のパビリオンなど建設中（福岡市博物館の案内パネルより）

夢松原の松の苗木を植える市民

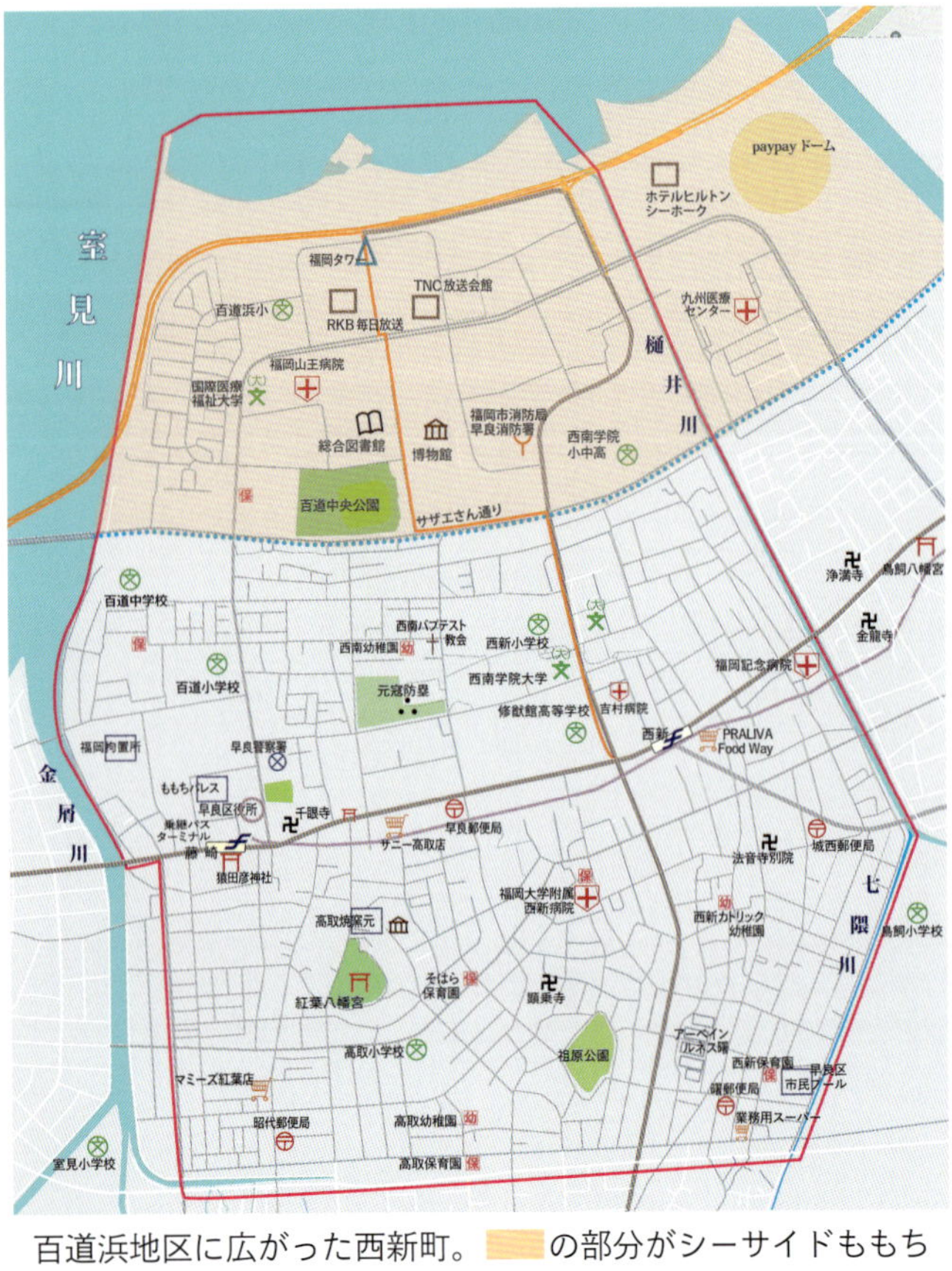

百道浜地区に広がった西新町。　の部分がシーサイドももち

1983 年、埋立て前の百道海岸（国土地理院　カラー空中写真）

1987 年、埋立て後の百道海岸（国土地理院　カラー空中写真）

七　海にひらくまち〈平成・令和時代〉

海にひらく西新町

百道浜地区誕生

1989　福岡都市高速百道出入り口が開通。
同年　福岡市のシンボル福岡タワーが竣工。
同年　埋立地シーサイドももちで市制一〇〇周年を記念してアジア太平洋博覧会（よかトピア）が開催される（三月十七日～九月三日）。
同年　博覧会閉幕後、跡地はシーサイドももち海浜公園として開かれる。福岡市のシンボルタワーとして福岡タワーが開業。
同年　消費税（三％）導入。
同年　市制一〇〇周年を記念して福岡シティマラソンを開催。翌年からシティマラソン福岡と名を変えて二十四年までつづく。
1990　（二年）劇団四季が百道浜にテント式仮設劇場を建設し、ミュージカル「キャッツ」をロングラン公演（四～九月）。
同年　アジア太平洋博覧会のパビリオン跡に福岡市博物館が誕生。
同年　ショッピングデパートニチイがビブレ西新店となる。
同年　福岡インターナショナルハイスクールが百道中学校敷地横に移転。
1991　（三年）百道浜（ももちマリゾン）とマリンワールド海の中道を結ぶうみなかラインが就航。
同年　大型台風一九号が福岡市の真上を通過し、大きな被害をもたらす。
1992　（四年）百道浜に福岡市医師会会館が新築・移転。
1993　（五年）百道浜小学校が開校し、百道浜地区の児童は西新小学校から転校した。
同年　六月九日、皇太子徳仁親王と小和田雅子さん（現・令和天皇、皇后）がご成婚。
同年　地行浜エリアに福岡ドーム（現・みずほペイペイドーム）が開業。福岡市の球団・福岡ダイエーホークスの本拠地となる。
同年　サッカーJリーグ誕生。
同年　この年から政府主導（総務省）で携帯電話の普及期間が開始される。
1994　（六年）創立以来男子校だった西南学院高校が男女共学となり、八年には、西南学院中学も男女共学となる。
同年　ももち福祉プラザ（早良障がい者フレンドホーム）が百道浜地区に開設。
同年　年間降水量が気象台観測史上最も少なく、福岡市は再び大渇水となり、八月四日から翌年五月までの二百九十五日という長期にわたって一日八時間の給水制限が行われた。
同年　高取商店街が誕生。
1995　（七年）一月十七日未明、阪神淡路大震災が発生。神戸市東灘区を中心に死者行方不明者六四三四名、都市の一部は壊滅的な被害を受け、大災害となる。

シーサイドももち海浜公園

福岡市博物館

百道浜と地行浜をつなぐふれあい橋

1995（七年）三月、東京地下鉄サリン事件が起こる。前年の松本サリン事件につづき、オウム真理教の信徒によるサリンを使った無差別テロは多くの死傷者を出し、世界を震撼させた。

同年 百道浜にスーパーマーケット、ボンラパスが開店。

同年 五月、平成期に西新町で育った中高生、学生のソウルフードとも言えるむっちゃん万十が開店。

同年 七月。百道浜と愛宕を結ぶ愛宕大橋が竣工。

同年 八月、福岡市で国際大学スポーツ協会が主催する第十八回夏季ユニバシアード大会を開催（八月二十三〜九月三日）。福岡市は各校区で外国選手を応援・接待する体制を取り、西新校区ではサンマリノ共和国・ニジェール共和国を応援。高取校区ではこれを契機に国際交流活動が始まった。

同年 福岡法務局西新出張所が開局。

1996（八年）百道浜に福岡市総合図書館が開館。

同年 百道浜のTNC会館パヴェリアにシネサロンパヴェリアが開館。インディーズ系の映画を多く上映（十九年、閉館）。

同年 西鉄電車車庫の跡地に西鉄ストアレガネット城西店が開店。

1998（十年）早良区出身で西新町にも関係が深い椎名林檎（JA-JAでライブ活動）、MISIA（西南学院大学出身）がこの年デビュー。

同年 二月七〜二十二日、長野で冬季オリンピック開催。

1999（十一年）福岡柔道整復専門学校が祖原に開校。

同年 集中豪雨により御笠川が溢れ、福岡ではJR博多駅が水浸しとなり、都市機能が麻痺し、典型的な都市型水害の被災例となった。西新地区では七隈川の氾濫で城西二丁目が床下浸水した。

同年 西新町で戦後開館し、地元民の娯楽をになった七つの映画館のうち最後まで上映していた西新アカデミー（旧日活）が閉館。

同年 九月、福岡ダイエーホークス初優勝。日本シリーズも制覇し、名実ともに日本一となり、福岡市民は熱狂する。

同年 外国人教師のために建てられた木造洋館（大正十三年）が市指定の有形文化財となる（福岡市早良区西新二丁目一六番）。

むっちゃん万十

室見川にかかる愛宕大橋。上は福岡都市高速道路

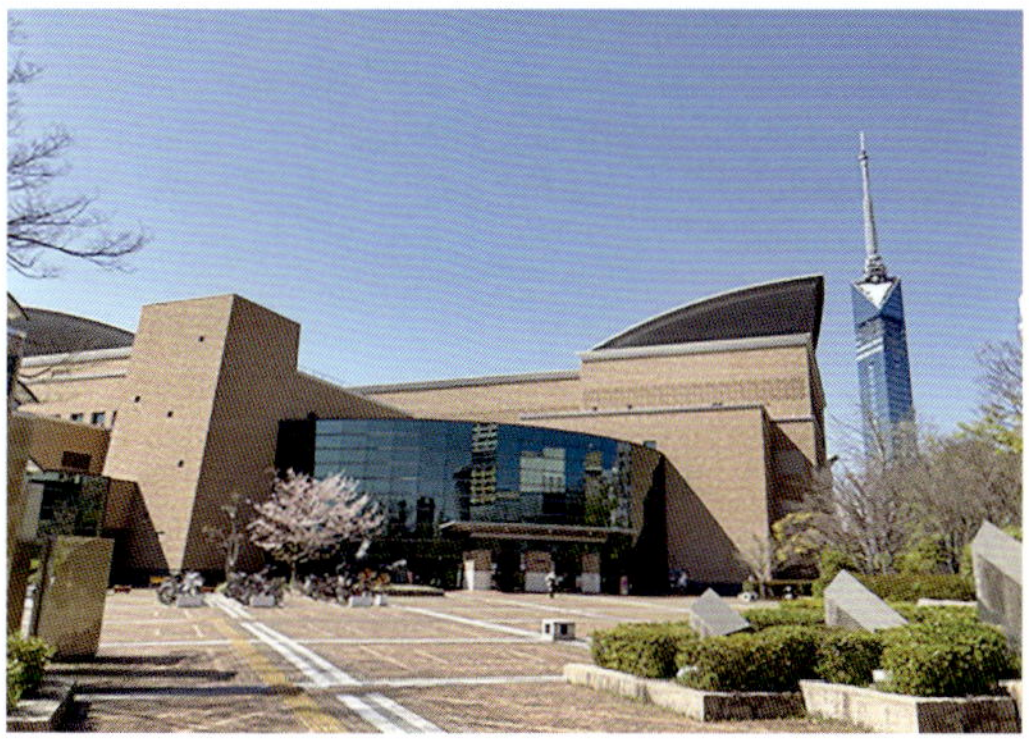
福岡市総合図書館

福岡市指定文化財、木造洋館

福岡ダイエーホークス優勝を特集する雑誌（西日本新聞社）

夕闇迫る博覧会会場。イルミネーションが灯り夜の祭が始まる

博覧会会場（観覧車から撮影）

スリランカの壁画パンドール

コカコーラアミューズメントパーク

アジア太平洋ゾーンに向かって位置する東ゲート

怪鳥の船首の背景に福岡タワーが浮かぶ

国内外から様々なゲストを迎えた
（上）ジャッキー・チェン
（下）ニューヨークハーレムの合唱団

おとなも子どもも楽しめる博覧会
（上）JR 九州ロコランドに敷設された本物そっくりの動くミニ SL に乗って大喜び
（下）プレイランド

● 印がついた写真は Kotoni ブログ（魚田建博氏撮影）による

■よかトピア

平成元年（三月十七日～九月三日）、約半年間にわたって開かれたアジア太平洋博覧会は「よかトピア」の名で親しまれ、「新しい世界のであいを求めて」をテーマに、海外三十七の国と地域、二つの国際機関、一〇五六の国内企業・団体が参加。国内三十三、海外一のパビリオンが建ち、さまざまなイベントが催され（延べ八八八一回）、会期中、八二二万九三九九人の入場者数が記録されました（『シーサイドももち　福岡市史』福岡市　参考）。

一九八〇年代は地方博覧会が各都市で催され、それらとの区別を図る「よかトピア」のコンセプトは「であい」。古代から海に開かれた福岡市を謳った「アジア太平洋博覧会」には、カラフルでエスニックな風が吹いていました。さらに祭り好きの福岡市民らしく祇園山笠や市民参加型の祭りが「であい」を盛り上げ、一般家庭にパソコンがなかった時代に大手の企業のパビリオンの科学技術の枠を集めたパフォーマンスで観客を魅了しました。

であいの博覧会よかトピア

魚田　建博

よかトピアが開催された一九八九年は、福岡市制施行一〇〇周年。日本各都市も博覧会が計画され、日本中お祭り騒ぎの様相を呈していた。そのような中で開かれたよかトピアの私のイメージは「手作りの地方博にもかかわらず国際博覧会」というものだった。

参加国はアジアからオセアニアまでその範疇に入れ、福岡タワーの周りに中国館、ソウル館、ニュージーランド館などを配置。その名の通りアジアと太平洋の博覧会であった。会場エリアはアジアの歴史・風土を紹介し体験するアジア太平洋ゾーンと日本を代表する企業のテクノロジーを紹介するパビリオンゾーンとで明確に分かれていた。

また、体験型の新しい試みが多くあり、アジア太平洋ゾーンは人工の川を太平洋と見立て、パビリオンゾーンの北側に位置しアジアのモニュメントやジャングルあり、バードショウ、トロピカルなディスコ、子ゾウに乗る体験ありで「入場者に主役の感動を」という趣旨のもとに現代のテーマパークのような娯楽性を取り入れ、当時の博覧会が科学技術を紹介することに特化したものが多いなかで、よかトピアは明らかに他の博覧会とは一線を画す試みがあった。

とはいえ、科学技術の紹介は顕在で、時価総額世界トップクラスの実力を誇り当時の日本を代表する企業のパビリオンゾーンは、科学の枠を体感できるパフォーマンスに溢れていた。

富士通ドームシアターでは現在でも最上位高性能となる8Kの3D映像を60フレームレート（＝一秒間に六〇コマ）で再現し、手を伸ばして摑もうとする子どもの姿が印象的だった。大げさだなと思っていた私も手を伸ばしていたほどだ。

NEC C&Cパビリオンでは、パソコンとネットワークの融合を、インターネットが普及する前に提唱し、高価なPCを埋め込んだターミナル席を利用して、入館者の意思でストーリーが変化する双方向型の展示をしていた。両者共に、科学万博つくば'85で使用した設備を惜しみなく投入したものだったが、人気は衰えるどころか全国から、もう一度観たいという人々が訪れた。

電力館では、四〇〇人を乗せ九〇トンもの重量の床を油圧でシミュレー

アジア太平洋ゾーンに造られた運河に浮かぶＷアウトリガー帆船

スーパーシップ９　電力館

NTT マリンターミナル

夜はライトアップされた各パビリオンとイルミネーションと花火の共演

人気キャラクターが登場する華やかなパレード

まつりのあと。各パビリオンの解体が始まる

ションして動かすモーションコントロール技術を娯楽用に世界で初めて実現。航空機メーカーのフルフライトシミュレータさながらの演出で観客を驚かせた。

住友館は、当時では見慣れないスマホ調の縦長画面で一五×一一メートルの世界最大スクリーンを8K映像で表現し、終盤ではスクリーンから実物の竜が出現して観客を圧倒。日立グループ館では二五〇インチハイビジョンを二つ並べて一一メートルの超大型ハイビジョンパネルを世界初で実現していた。さらにMITSUI・TOSHIBA館では、観客はコンピュータ制御された二九四台のモニタ映像に映し出される「海底都市」を探検し、シューティング・ガンで隕石を撃ち落とすなど双方向性のあるアトラクションを楽しんだ。

まだまだあるが、いずれのパビリオンも日本初、世界初、世界最大、各種の賞を受賞など目がくらむような勢いで、携帯電話がまだ一般に普及していない時代に、テクノロジーの方向性を感じ、未来を信じられるものとなっていた。

また、博覧会史上初めてといわれる女性をテーマにした大丸Ms.パビリオンも特筆すべき展示で特に海外からの評価を受けていた。

このように、よかトピアでは地方博の域を超えた展示やアトラクションで入場者の心をしっかりと摑んだが、そればかりではなく、イベント博ともいわれるように、会期中は博多を代表する祇園山笠をはじめ市民参加型の手作り催事などプロ・アマ問わず八〇〇〇を超えるイベントが開かれ、参加者は二十一万人にも上った。また、主催者側は、よかトピア歌劇団とも言えるシェイクハンズを設立し会期前からPR活動を行い、期間中はリゾートシアターで連日シェイクハンズショーを開催し好評を得た。

これらさまざまなパフォーマンスを通して博覧会のテーマ「新しい世界のであいを求めて」を表現したよかトピアは最終的に八二三万人の入場者を迎え、成功裏に幕を閉じた。これも鴻臚館の時代から受け継がれる来訪者を迎え入れ、楽しませ、送り出す、祭り好きの博多っ子気質が成功の要因となったと想像する。

海に開かれたアジアの拠点都市として今後の九州・福岡の活躍に期待する二度とない一〇〇年に一度の催し物であった。

（本項の写真は魚田建博氏のブログ kotoni からお借りしました。●印付き）

小学四年生のアジア太平洋博覧会

鶴原　創一郎

一九八九年、今から三十五年前、私は小学四年生、十歳だった。当時の私はビックリマンシールやテレホンカードなどの収集癖があり、博覧会会場で手に入れた各種パンフレットなども集めていたが、その後断捨離を断行したため一つを除いて今それらは手元に残ってない。その例外が、「よかトピア」のパンフレットだった。特に開いてみることはなかったが何故か捨てられなかった。

小学生の頃、混雑や行列が嫌いな父に遊園地に連れていってもらった記憶はない。そんな私が住んでいた家から愛宕大橋ができる前の仮の橋を渡ってすぐの場所が、アジア太平洋博覧会の会場だった。会場の入り口まで小学生でも自転車で十分程度である。室見川の対岸から、オープンに向けて観覧車やジェットコースターなどの遊具、各種パビリオンの建設が進むのを見て心が弾んだ。

プレオープンに市職員だった父に連れられて行ったのが、最初の入場だった。現在は福岡市動植物園に寄贈されているドーム状の鳥類鑑賞施設に入らせてもらい、柱のない開放的な空間の中で自由に羽ばたく鳥を眺めてワクワクした。

その後、祖父母や親戚にも連れて行ってもらい十回以上は行っただろうか。毎回飽きずに訪れたのは、イエティの頭皮が陳列されたネパール館とマイナス二〇度のチョモランマ体験館だった。イエティとはヒマラヤ山脈に住むという未確認動物のことで、要は雪男である。テレビで毛むくじゃらの生物が振り返る映像を見て、その存在を信じて疑わなかった私は、透明なケースに納められた頭頂部がツルツル、周りを茶褐色の毛に覆われた三角錐形の頭皮ミイラを張り付くように眺めた。

チョモランマ体験館は、今にして思えばなんのことはないただの冷凍室であるが、「雪男はこんな環境にいるんだ」とこちらも必ず入館した。

大型液晶テレビなどない時代、富士通ドームシアターの大画面に囲まれた空間で体験する立体映像、音、振動による演出は、現在のＵＳＪやディズニーランドのアトラクションかそれ以上の刺激だった。他にも、西部ガスミュージアム、日本初のガイドウェイバス、生まれてはじめて飲んだヤシの実ジュースなども思い出す。

小学四年生の私にとって、そこで体験するほぼすべてが初めてのことで、心を大きく揺り動かされる貴重な時間をあたえてくれた博覧会だった。

パビリオン群。手前右下のドームが富士通館。いつも行列が絶えなかった

博覧会のマスコットキャラクター・太平くんと洋子ちゃんがパレードを先導

観覧車の前の筆者

西新町の躍動

まちの景色が変わっていく

2001（十三年）西新ビブレの跡に商業施設を併設したマンション、西新TenGoodCityが竣工。二階にスポーツジムルネサンス西新が開店。

同年 この年のNHK大河ドラマ「北条時宗」のロケが百道浜にセットを組んで行われ、中世博多展が同時開催される。

同年 九月十一日、旅客機をハイジャックしたアルカイダがニューヨークの貿易センタービルに突入。同時多発テロが世界中を震撼させた。

同年 旧外国人宿舎跡（福岡市早良区西新二―一六）に、九州大学西新プラザが竣工。

2002（十四年）高取小学校五十周年記念にともない「高取舞」が作られた。

同年 サトー食鮮館昭代店が開店（令和五年閉店、マルショク昭代店開店）。

同年 百道小学校に知的障がい特別支援学級が新設が新設される。

同年 百道中学校の男子バスケット部が市・県・九州大会で優勝。

2003（十五年）エルモールプラリバ開店（西新岩田屋は撤退。平成二十七年に閉店し、令和元年、PRALIVAとして新築オープンする）。

同年 戦後まもなく開業し、花籠部屋の宿舎などに利用され百道海水浴場閉鎖後も残っていたピオネ荘が閉まる。

同年 西南学院中学校・高等学校が百道浜に新築・移転。

同年 戦後すぐに建てられた百道松風園が五十七年の歴史を閉じる。

同年 西新中央商店街の中、明吉商店街（現・勝鷹商店街）に勝鷹水神神社を創建する。これ以降、商店街を勝鷹商店街と改称する。

同年 ダイエーホークスが再び日本一になる。

2004（十六年）大正十年に建てられた西南学院の赤煉瓦チャペルが福岡市文化財に指定される。十八年に、ドージャー記念館（博物館）として開館。二十七年、福岡県文化財に指定。

2005（十七年）昭和二十六年、早良街道を挟む形で城西と祖原に建てられた下田県営住宅の解体が始まる（一一二ページ写真参照）。

同年 三月二十日午前十時五十三分、福岡県西方沖地震（マグニチュード七・〇）が発生。玄海島では大きな被害が出た。西新地区では建物の壁の一部が剥がれ落ちるなどがあり、埋立て地である百道浜地区は液状化現象が発生し被害が出た。

同年 ソフトバンクがダイエーの球団株式と興行権を取得、福岡ドームの使用契約を得て「福岡ダイエーホークス」は「福岡ソフトバンクホークス」と名称が変わる。

2007（十九年）百道中学校に知的障がい特別支援学級が新設される。

2008（二十年）高取商店街のマスコットキャラクター「たかリン」誕生。

同年 平成十年（1998）より始まった修猷館の新校舎建設が完了する。

2009（二十一年）福岡山王病院が百道浜地区に開院。

同年 国際福祉医療大学が百道浜地区に開校。

明吉商店街の一角に勝鷹水神を祀る

福岡県西方沖地震で液状化現象が起きた百道浜の海岸。（「福岡県西方沖地震における人工海浜液状化被害の差異　列状の噴砂跡。西側人工海浜、2005年3月20日撮影」より転載）

同年　福岡市政一二〇年を記念して、早良口交差点から次郎丸交差点までの道路区間（市道藤崎（早良口）四箇線）に「原通り」と愛称がつく。

同年　七月、中国九州北部豪雨により、死者三十六名を含む甚大な被害が出る。

2010　（二十二年）百道浜地区に西南学院小学校が開校。

同年　福岡柔道整復専門学校が福岡医療専門学校に校名を変更。

同年　百道浜小学校に知的障がい特別支援学級が新設される。

同年　中西通商店街の西新モケイ（通称西モケ、西プラ）が閉店。

2011　（二十三年）三月十一日、東日本大震災発生。マグニチュード七・九～九・〇、最大震度7を観測し、揺れや大津波、火災などにより、東北地方を中心に十二都道府県で約一万九〇〇〇人の死者・行方不明者を出す未曾有の被害が出た。同時に津波により福島第一原子力発電所の全電源が喪失し、炉心溶解。被曝を避けて広範囲の住民が避難することになった。

同年　九州新幹線博多駅―鹿児島中央駅ルートが全線開通。九州新幹線開通に合わせて博多駅がJR博多シティに改築。

2011　保育園サニーサイドナーセリー&プレスクールが西新五丁目に開園。

同年　西新小学校、百道中学校、修猷館高等学校卒業の小川洋氏が福岡県

早良口交差点からまっすぐ延びる原通り

福岡山王病院

西南学院小学校

西新モケイ（西モケ、西プラ）

吉安　寅彦

中西商店街のビルに挟まれたこぢんまりとした店。店の看板には赤い蝶ネクタイを結び、シルクハットをかぶりステッキをもったサメなのかシャチなのかよくわからない魚、そしてシンプルにカタカナで「モケイ」。子どもたちは略して「西モケ」、「ニシモケー」「西プラ」と呼んでいた。

店先のガラスケースには軍艦やラジコンやプラモデルが飾ってあり、店の中に入ると棚にジャンルを問わずさまざまなプラモデルの箱が整然と積み上げられていた。

私が小学生のころはミニ四駆が大流行りで、小学生がお小遣いを握りしめて買いに行くところが西モケだった。より速いミニ四駆を作るための改造パーツや改造専用の道具も売られており、あれやこれやと尋ねる私に、店のおばさんは辛抱強くやさしく教えてくれた。中学生になってガンダムのプラモデルを買いに行ったときも、図工の自由研究で塗装に使う缶スプレーを買いに行ったときも、色の使い方などを教えてもらった。

印象に残っているのは、種類ごとに分けて整然と積み重ねてあるプラモデルの箱や、レジ前のガラスケースに丁寧に収められた道具や完成品。それは子ども相手というよりも、親たちのプラモデル世代も夢中になったであろう昭和の模型店の雰囲気。ちょっと緊張していたのは自分だけではないはず。でもそんな店の雰囲気と、おばさんのやさしい気遣いが地元の模型好きを増やしたにちがいない。

もしいつかおばさんに会うことがあったら、看板のアレはサメなのかシャチなのか、ぜひとも聞いてみたい。

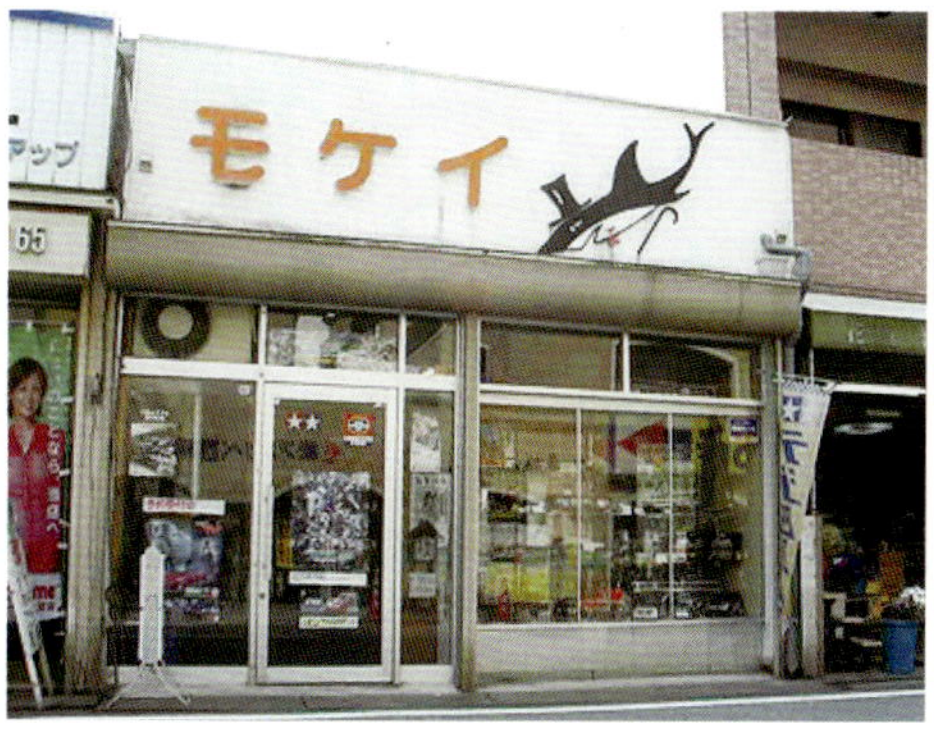

西新モケイ

知事になる（令和四年、病のために辞職、同年逝去）。

2012　（二十四年）五月、脇山口四つ角からももち海浜公園まで「サザエさん通り」が誕生。オープニングセレモニーやパレードなどが行われる。

同年　福岡都市高速道路全線が開通し、環状線が誕生。

2013　（二十五年）紅葉八幡宮が現在地に移って百年を記念して、紅葉八幡宮と高取商店街振興組合が連携して紅葉まつりを行う。

同年　「サザエさん通り」誕生を機に、これを活かしたまちづくりに行政と地域が協働して取り組むことになり、構想検討会など設置される。

同年　修猷館高校の旧正門が福岡市の登録文化財となる。

同年　高取小学校に知的障がい特別支援学級新設。

同年　福岡市の人口一五〇万人突破（推計人口）。

2014　（二十六年）市内と糸島を結ぶ福岡マラソンが始まる。

同年　西新小学校に知的障がい特別支援学級新設。

同年　桜の大樹で親しまれ、西新町には数少ない旅館だった西新荘が閉館。

2015　（二十七年）西新エルモールプラリバが閉店。

同年　サザエさん通り沿い七カ所に案内サインを設置し、横にサザエさん、カツオくん、ワカメちゃん、タラちゃんのシルエット像を設置。

同年　伊佐家の家屋、土蔵が国の登録文化財に指定される。

2016　（二十八年）西南学院大学が一〇〇周年を迎える。

同年　修猷館創立二三〇周年事業の一環として財団法人修猷協会の支援により増改築がなされ修猷資料館がリニューアルオープン。

同年　四月十四日、熊本で震度六・五、つづいて十六日、震度七の地震が発生し、死者五十名、熊本城の一部が崩壊するなど大災害となる。

2017　（二十九年）サザエさん通り商店街（西新オレンジ通り商店街・西新中央商店街・中西商店街・高取商店街・藤崎通り商店街）が発足。西新から藤崎までが大商店街となる。

同年　福岡市医師会成人病センターが福岡大学西新病院として開院。

2018　（三十年）七月五日から七日にかけて大雨が降り続き、全市町村に大雨・洪水警報、うち八割以上の市町村で、「大雨特別警報」が気象庁から発表。四十八時間雨量の観測史上最大を記録。

2019　（平成三十一・令和元年）平成天皇退位にともない、五月一日より「令和」に改元。

紅葉まつりに集う市民。高取商店街のマスコットキャラクターのたかリンも参加

修猷館高校の旧正門

西新荘

修猷館資料館

（上）高取商店街に面した伊佐家住宅
（左）土蔵

平成の西新の釣り事情

古野 南斗

かつて白砂青松を謳われた砂浜だった百道海岸が埋め立てられ、海は汚くなったイメージがあるかもしれない。たしかに大量のアオサで黒く濁った水面で海水浴なんて、埋め立て前の地元の人は入れたもんじゃないと言っていた。しかし、釣りとなると話が別。

子どものころに百道海岸の防波堤へ釣りに行くと、夏はサビキ釣りでアジやイワシ。投げ釣りでキスが釣れた。夜釣りに行くとウキ釣りでセイゴ（スズキの若魚）さらにはミズダコが釣れることもあった。秋になると二〇センチぐらいの大きなハゼ。冬になると愛宕大橋から糸を垂らすとカレイも釣れた。

さらに言えば夜釣りでなんとアナゴが釣れて、家で望外なご馳走にありつけたこともあった。サザエさんの舞台となったあの豊かな海は、平成でもいろんな魚が棲んでいた。

不思議なのは西新を挟む西の室見川、東の樋井川で釣れる魚がまったく違うこと。

室見川は多様な魚が釣れて、しかも春先にかけてはシラウオや、潮干狩りでアサリも採れるとても魚種豊かな川。一方、樋井川というと、とにかくボラ。夜の樋井川の水面でうごめく不気味な生物の正体はとみると、蝟集するボラの大群が。直線距離にして二キロも離れてない川でこれほど釣れる魚が違うのは子どもながら不思議に思えた。

また、時代とともに生態系も移り変わるようで、水質が改善された室見川で最近ではシジミ貝が獲れるし、上流には川エビが生息する。そのかわり川の栄養が少なくなってしまったのか、ハゼが釣れなくなってしまった。

樋井川も今以上にきれいになると、ボラたちもどこかに行くかもしれない。海もまちと同様、ある程度清濁混じってたほうが豊かになるようである。

室見川河口付近

バードランドのこと

松藤 裕太

祖原の交差点にあった楽器屋バードランド。百道中学からの帰り道、ショーケースに飾ってあるギターとその奥に並んでいるギターが扉越しに見えていた。中学三年で音楽に目覚めて、バードランドのドアを開けた。

奥にガラスケースのカウンターがあり、店長が座っていた。上にはスタジオ料金表やメンテナンスの価格表が貼ってあった。見たこともないような値段のギターやベースが飾ってあって萎縮した。店長はバックが樹脂材の Ovation のエレアコを勧めてくれて、たしか三万円くらいだったか、「わからないことがあったら聞きにきていいよ」と言われた。

アコギに満足できなくなり、エレキに変えたところで、挫折。

高校に入学してドラムを始めることになり、初めてのスティックを買った。入り口の右手側にはドラムスティックの棚があり、ペダルも売っていた。

バードランドには練習スタジオがあって、高校生にもやさしい料金設定で、友だちとバンドを組んでよく練習に入ったものだ。スタジオは道路側の扉から入る。L字型のスタジオで、ドラムセットは奥の一段高くなった端のところにピッタリと収まっていた。予約が入っていない時間は一時間三〇〇円で個人練習もできて、暇さえあれば電話で空きを確認しては個人練習をしたものだ。

二〇〇〇年前後は西新近辺、天神、博多にもたくさん楽器屋やスタジオがあったが、帰るたびにどこかしらが閉店していった。そんな中、バードランドは開いていて、たまに帰ると顔を出して、店長と話をしたりもした。

最後に行ったとき、壁にかかっている高価なギターの中に Gretsch のテネシーローズの新品があり、二十万円程度と当時の市場価格よりかなり安かった。浅井健一に憧れる身としては買いたかったのだが、ギターを挫折してドラムに転向した手前、そんな高価なギターを買うことはできなかった。

久しぶりに帰郷すると、バードランドが閉まっていた。寂しくなりつつも、あの時テネシーローズを買っていたらなと後悔している。

サザエさん通りとサザエさん商店街通り

長谷川町子さんの「サザエさん」は昭和を代表する国民的漫画で、サザエさんはじめ磯野一家の面々は日本人に愛されてきました。

「サザエさん」の連載が始まったのは昭和二十一年（1946）の「夕刊フクニチ」。4コマの漫画の中に溢れる日常的なユーモアが、敗戦後疲弊した世の中を元気づけました。掲載誌は途中「朝日新聞」に変わりローカルから全国に広がった「サザエさん」は四十九年までつづきました。

さらに、四十四年に始まったテレビアニメの「サザエさん」は現在も続いており、サザエさんの庶民的で底抜けに明るいキャラクター、彼女を囲む家族やまちの人たちは身近でどこか懐かしく、戦後の昭和を代表する漫画ですが、今に至るまで愛され続けています。

長谷川町子さんは平成四年に亡くなりましたが、没後、漫画家としてはじめて「国民栄誉賞」を授与されました。

長谷川さんがサザエさんの着想を得たのが、西新に疎開していたとき（昭和十九年）に散歩をしていた百道海岸です。サザエさんに登場する人物の名前はすべて海にまつわりますが、百道の海が発想の源だったのかもしれません。

「サザエさん通り」の名がつく通りは、長谷川さんが四十年住んでいた東京都世田谷区の桜新町商店街について全国で二番目、平成二十四年生まれの通りの名前です。

脇山口交差点を起点に、シーサイドももち海浜公園までの一・六キロ。修猷館の角に立つ大看板から途中、看板や銅像、案内板を指差すシルエット像が道案内をしてくれます。よかトピア通りに面した角は「磯野広場」と名付けて当時の百道海岸をイメージしてカニのオブジェが張り付いた岩やベンチ、サザエさん、カツオくん、ワカメちゃんの銅像が立っています。途中、西南学院大学図書館の前には「サザエさんうちあけ話」からとった等身大の銅像がありますが、これは創立百周年を記念して西南学院から寄贈されたものです。

ももち浜の入口の案内板

西南学院大学図書館の前に立つ長谷川町子さんにうちあけ話をするサザエさんの像

シーサイドももち海浜公園の案内板

磯野広場とそこに立つサザエさんきょうだいの像

西新町は、江戸時代の唐津街道など歴史を遡ってみても人の往来が多い町でした。平成時代も令和のいまも、移り住んでくる人が多く、学生時代を過ごして出ていく人、転勤で訪れいっとき住んでまた出ていく人など出入りが多いまちです。

そのようなまちに「サザエさん通り」が生まれたことをきっかけに、地域と行政の協働する「サザエさん通り」を活かしたまちづくりが進められています。その目指すところは、『まち全体がサザエさん一家』をテーマに、地域に住んでいる人も地域を訪れる人も、子どもからご高齢の方も全ての人がみんな家族のように生き生きと遊び、学び、交流するまちづくり」です。

＊＊

そのような活動の一環として平成二十九年（2017）、西新の五つの商店街（西新オレンジ通り商店街・西新中央商店街・中西商店街・高取商店街・藤崎通り商店街）に「サザエさん商店街通り」の愛称がつきました。

サザエさん商店街通りには地下鉄西新駅と藤崎駅があり、通勤、通学路であり、食料品や日用品、ファッションを求める人、軒を連ねる飲食店目当ての人など、朝早くから深夜まで往来が途切れません。メイン通りばかりではなく、昔の菊池霊道やくら道（おもしろ21通り）、大串通りにも所狭しと飲食店が並んで賑わっています。商店街から明治通りに抜けるアーケード街があり、横丁や路地、最近増えてきたテナントビルにも次々と店ができて、サザエさん商店街通りは縦に横に上にと延び続けているようです。

シャッター街など縁がなさそうな大商店街ですが、よく言えば新陳代謝がよく、言い換えれば入れ替わりが激しい商店街でもあります。慣れ親しんだ店が閉まって見知らぬ店ができ、半年と経たぬうちに新しい店に変わる、客側は戸惑い、店側には大変競争が厳しい商店街でもあります。

そうした商店街を盛り立て、住人との交流を図るためにも「サザエさん」は期待されており、商店街の入り口には商店街名とサザエさんの笑顔が並んだアーチ看板、その下には毎年デザインが変わる連続旗がさがっています。

また、令和に入ってコロナで一時中断したこともありましたが、毎年、「サザエさん商店街通り夢まつり」が開かれ、出店やフリーマーケットが並び、着ぐるみを着たサザエさん一家がパレードをしたり、紅葉八幡宮の神輿が練り歩いたりとお祭り気分を高め、たくさんの人が訪れて賑わいます。

祭りの期間、出店で賑わう中央商店街

ワゴンでナンを勧める外国の人も

オレンジ通り商店街ではフリーマーケットが店を連ねる

着ぐるみのサザエさん一家も登場

サザエさん商店街通り　夢まつりを案内するポスター

百道浜の三十六年

二十一世紀型ニュータウン

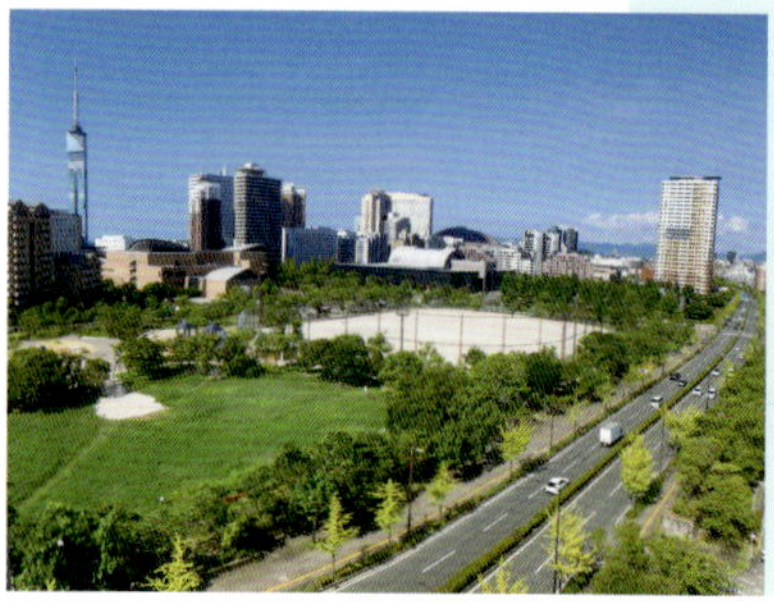

昭和六十三年（1988）にシーサイドももちが生まれて三十六年が経ちました。

行政区は地行浜（中央区）と百道浜（早良区）に分かれ、百道浜（103.06ha）には、西新町（362.83ha〈行政区〉）の約二八・四％を占め、七四〇〇人あまりの人が住んでいます。

よかトピア通りを渡って百道浜エリアに入ると、緑豊かな風通しのよい空間が広がります。電柱がなく、広告看板がないせいか空が広く感じられるまちは、洒落た石畳やレンガ道が通りをつくり、アスファルトの道路は住宅街を迂回しており交通渋滞から解放されています。通りの向こうの西新町とは明らかに異なる空間にまちの喧騒はとどきません。

百道浜の西側のエリア、百道浜三・四丁目は、戸建て住宅街と高層マンション群や著名な現代建築家の手による個性的な建物が並び、洗練された街並みをつくっています。また、重厚な趣の福岡市博物館、一二〇万冊の蔵書やシネマシアターを持つ総合図書館、広々とした百道中央公園、百道浜小学校、九州大学産学官イノベーションプラザ、福岡山王病院、福岡国際医療福祉学院などはこのエリアにあります。

樋井川沿いに広がる東側のエリア（百道浜一丁目）には西南学院小・中・高校が広い敷地を占め、URシーサイドももちの団地群が建ち並びます。早良消防署や福岡市医師会館、商業施設やホテルもこのエリアにあります。

北側の環状線の百道料金所に近いエリア（百道浜二丁目）は企業エリア。二つの放送局とオフィスビルや企業の自社ビルが建つビジネス街になり、東西、南の中継地となるバスターミナルがあります。

そして海岸沿いには、ランドマーク福岡タワーを中心に夢松原が白砂青松を再現するシーサイドももち海浜公園が広がっています。

百道浜はアジアの拠点都市福岡が誇る、二十一世紀型のニュータウンです。百道浜校区自治協議会会長の大森光洋さんにお話をうかがいました。

百道浜自治協議会の悩み

自治会と住民の高齢化

百道浜にあるマンションや戸建住宅は九〇％近くが分譲で、自治会はマンション単位であります。各マンションの管理組合は建物を管理・維持するための区分所有者の団体ですから、基本的に自治会費を払って自由意志で入会する自治会とは目的が違って、両者がともに行動することは難しいようです。また、分譲賃貸というかたちが結構あり、そうした場合は五、六年で入居者が入れ替わります。転勤族が多いのも特徴です。

「マンションが多いということもあり、マンション毎ではコミュニティが若干ありますが、マンションの単位を超えると交流がなかなかありません」と大森さんは言われます。一方で、まちの住民の高齢化が進んでいます。当初から住む第一世代の年齢が上がってきているからです。

「自治協議会としては当然、住民みんなの交流をいろいろ考えたいと思っているのですが、結局、人が出てこないとか、高齢化がそれを阻みます」

また、現代人のライフスタイルの変化も自治会活動を難しくしています。

「今は六十五歳定年で辞める人は少ないです。退職したからと言って、いきなり地域に顔を出そうとする方はなかなかいません」と。

そういうまちでコミュニティをつくるのはむずかしそうですが……。

「だから、今ある点のつながりを面のつながりになるように拡大していこうとみんなでがんばっています」

現在、百道浜地区には子ども会と老人会が一つずつあります。自治協議会として開くイベントは、夏祭りと敬老会。餅つき大会、どんど焼きがあります。夏祭りでは、子ども神輿が練り歩き、ステージを造りカラオケ大会、太鼓の競演、櫓を組んで盆踊り、出店もありました。

「地域の祭りとしてたくさんの人が楽しんでくれました。自治会活動としてイベントは続けていくつもりですし、続けていかなければとも思っています」

百道浜小学校と親父の会

まちのコミュニケーションをはかる機会は子どもを通して、とくに小学校のPTAや親父の会ということが大きいのではないでしょうか。

百道浜小学校にも「シーサイドクラブ」という名称の親父の会があり、大森さんが会長を務めておられた頃は、百道小学校の「松葉」や西新小学校の「きらく会」との交流もあり、三校合同でイベントを企画して、一緒に遊ぶこともあったそうです。しかし、コロナ以降中断してしまい、いま、少しずつ取り戻そうと現役が頑張っています。

百道浜小の親父の会はOBが多いそうで、夏祭りなどの行事の際に焼きそばをつくったりと何かと活躍されています。実際に、現役だけでは成り立たないのが現状で、そこには子どもの数の減少という事情があります。


今年、百道浜小学校の一年は二クラスでした。全校の生徒数も五〇〇人足らずで、転勤で分譲賃貸に移ってきた家庭の子どもがわりと多いようです。博多弁や福岡弁があまり聞こえてこない小学校ですが、むしろ中国語や韓国語が聞こえてきます。百道浜小学校は海外から来た子どもの受け入れ校になっており、日本語を話さない子が結構いるそうです。

ですから百道浜小の子は、初めて会う外国の人にも、相手が日本語を話さなくても、自分から積極的に話しかけていっているそうです。

観光のまち

「マリゾンや福岡タワーは福岡市のシンボルになっていますから、海外からの旅行者は非常に多いですね。ただ、多いと言っても、市内観光の前にバスに乗って福岡タワーを一応見に行く。滞在時間は三十分ぐらいで次の観光地に行ってしまいます。中国や韓国の人には、都心からこんなに近いところにきれいな海浜があるということが珍しいようです。

若い人たちがインスタにマリゾンの夕日やTNC放送会館の寿司が美味しかったとあげるとそこを目指して来て行列をつくる。クリスマスイルミネーションや福岡タワーの光の演出なんかも、それを背景に写真を撮ってインス

よかトピアのモニュメント・ウォーターランドを手前に福岡タワーに向かうサザエさん通りを挟んで建つ福岡市博物館と福岡市総合図書館

百道浜の西側エリア。世界の建築家通りとも呼ばれ、黒川紀章（右前面、インターナショナルハイスクール別館）、マイケル・グレイブス館（左前面）、葉祥栄など設計の建物が連なる

白砂青松のかつての百道海岸を再現したようなシーサイドももち海浜公園

マリゾンに面した中央プラザ広場とモニュメント

タであげるとか、そういう人たちがすごく多いです」

残念なことに福岡タワー周辺は、いま、タバコの吸い殻や空き缶などゴミが多く、地域、行政と話し合っているところです。

まちの老朽化

百道浜は美しく整備されたまちですが、三十七年経つとさまざまなところで老朽化が進んできます。維持・管理はこのまちの大きな課題です。

いま、市はＰＦＩ（Private Finance Initiative）、民間の資金と経営ノウハウを導入して、百道浜の公共施設も管理していこうと考えているようです。例えば、大濠公園がスターバックスなど民間企業の営業を許可し、その代わりに公園の維持・管理も受け持ってもらうというような手法です。

一見よさそうに思うのですが、大森さんは「ただ綺麗な空き地がある。民間でメンテも含めて何かできないか。土地を貸しますよと言ったところで、企業は出てくるのでしょうか。もっと具体的なビジョンをもって企業に提示していかないと、ただ募集するだけではすまないと思います。具体策がないなら地域ぐるみで考えていく必要があるのではないでしょうか」と言われます。

とは言え、木々も大きくなり緑豊かなこのまちを維持するのは急務です。中央公園の遊具類が老朽化していたのですが、今年、福岡市がリニューアルしました。コンセプトはインクルーシブな公園作り、足の不自由な人、目の不自由な人、他者と行動することが苦手な人、さまざまな障害を持つ人がともに楽しめる公園作りです。

今年中にあと半分の芝生のほうを市が改修することになっています。点在する小さな公園や緑道は、ボランティアの方々が清掃活動や草刈りなどがんばっておられますが、継続するのが難しい状況です。

インクルーシブルな公園は遊具もアート

このまちのライフスタイル

ところで、百道浜にはスーパーをはじめ生鮮食品を扱う店は限られており、商店街などありませんが、住人は不便ではないのでしょうか。

「車で移動される方が多く、最近は周辺に大型ショッピングセンターがあるので、皆さん、そっちのほうに行かれています。となりのマークイズに行ったり、愛宕のイオンに行ったりとか、天神や博多駅方面もバスを利用すれば二、三十分で行けます。逆に西新へは近いのですが、道路は混むし、駐車場もないことから行きづらい感じはあります。

実際、南北の線で動くことよりも、東西の線で動くことのほうが移動が楽なんです。バスの本数も多いし、グランドパスもあります」

現代社会はネット上に、注文したら届くさまざまな商品が溢れています。

「僕自身は船橋からきました。転勤族だったんで、最初室見に住んでいて平成八年に百道浜に移りました」という大森さんは百道浜に住んでかれこれ三十年、このまちを愛し、誇らしく思う住人です。

「住んでいる方はやっぱり百道浜が好きなんですよね。僕もそうです。ゆったりとしていて静かだし、緑も多いし海も近い。朝、散歩していても本当に気持ちがいい。交通の便もいい。こんなところはないなって思います」

転勤族が多いという百道浜の住人。いろいろなまちに住んだからこそ、しがらみの少ない百道浜の魅力は大きいのかもしれません。

住環境のよさには身近にある充実した施設も入ります。大森さんの友人は、総合図書館のシアターで上映される映画を楽しみに利用しておられるとか。博物館のセミナーに参加したり、マリゾンでジョギングを始める人、すぐそばの都市高を利用し、早朝、趣味のバイクを走らせる人もいます。

二十一世紀のニュータウン百道浜に住む人は、新しいライフスタイルをみつけているようです。

神様とモニュメントとアートな空間

著名な建築家によるマンションや現代芸術家によるモニュメントをまちの随所に配した百道浜を歩いていると、ビルの合間や街角でふと足を止めてひと休みしたくなるアートスペースがいくつもあります。百道浜は、まち全体が近代アートと融合したミュージアムのようです。一部を紹介します。

神様

百道浜には埋立地だから神社も仏閣もない……と思っていたら、神様はちゃんといらっしゃいました。

ヒンドゥーの神々が十体、TNC会館側向かって左からシヴァ、ガンダルヴァ、ガネーシャ、インドラ、ヴァイラヴァ。RKB側向かって右からマリーチ、ヴァラスティー、ラクシュミー、パールヴァーティー、ブラフマン。アーリア系の彫りの深い表情豊かな顔、豊満で引き締まった肢体が剣や杖、楽器を手に、躍動的な姿を現した素晴らしい木彫群です。

アジア太平洋博覧会の開催に際して、福岡市がインドの彫刻師に依頼したものだそうです。

もう四体、福岡市博物館の正面玄関を挟んで二体ずつ。こちらは神様ではありませんが、神々しさは怖いほど。一体が三・七五メートルあるブロンズ像。彼らが台座を降りて歩き出したら…と想像するとちょっと怖い。

ヨーロッパを代表する近代彫刻家エミール＝A・ブールデル（1861-1929）の作品で、福岡市が市制一〇〇年を記念してブールデル美術館から購入した4もの。正面玄関を挟んで向かって左に男性像「雄弁」「力」。右に女性像「勝利」「自由」が並びます。グラディエーターのような彼らの肉体や表情から力強さや強烈な意志が滲み出ています。

右から「力」「雄弁」の男性像

右から「自由」「勝利」の女性像

ヒンドゥーの神々の像

現代アートとモニュメント

百道浜で出会うモニュメントや現代作家によるアート作品は、美術館に展示してあるものとは違い、触ったり撫でたり腰掛けたり、子どもが遊んだりしてもかまわないというのが大きな魅力です。その一部を紹介します。

「ノスタルジア・サーキュレーション」崔在銀（チェ・ジェウン）

「ミラー・ニジンスキー」B・フラナガン。ふれあい橋の左右に伝説のバレエダンサー・ニジンスキーを模したユーモラスなウサギが跳ねる

「Poodl」申明銀（シン・ミョンウン）少女が大きなプードルの頭に手を伸ばしています

「向波容」清水九兵衛。RKB 毎日放送会館の前に建つ

「森の詩」加藤昭男。福岡市総合図書館の前で大きな羽を広げて雛に餌を渡すふくろう

ウォールアート「てぶくろ」。戦禍で破壊されたウクライナ・マリウポリの壁画を再現（福岡壁画プロジェクト）ミヤザキケンスケ

光のまち

百道浜は光害が少なく、光の演出が生きるまちです。百道浜の最大のモニュメント・福岡タワーは一辺が二五メートルの正三角柱、高さは二三四メートル、全面ハーフミラーに覆われて、日が暮れると映し出される季節に合わせて変化する光のパフォーマンスが市民を楽しませてくれます。

クリスマスや桜の時期にはブルーやピンクのイルミネーションを樹々がまといます。

「海生風」赤堀光信。住宅街の一角に地面から生えて来たよう

「BURUDON」流政之。福岡市総合図書館の横の歩道、思わず撫でたくなる

「ナイトシーン」ジャン・フランソワ・ブラン。昼間みるとガラスのボックスのオブジェが夜のライトアップで美しく変わる

福岡タワーは、夜は光の塔に変わり、動くイルミネーションが季節をいち早く教えてくれる

早良郡の鎮守の神様・紅葉八幡宮の祈り

紅葉八幡宮宮司
平山　晶生

サザエさん商店街通り夢まつり

ひと昔前のコミュニティの中心には、必ず鎮守の神様がいらっしゃいました。西新町の鎮守の神様は、紅葉八幡宮にいらっしゃいます。

令和六年九月二十九日、サザエさん商店街通り夢まつりが開催。商店街通りはマルシェやガレージセール、サザエさん一家のパレードをはじめさまざまなパフォーマンスで賑わい、たくさんの人が訪れ、一日を楽しみました。

祭りの中心は紅葉八幡宮の御神幸《ごしんこう》。早朝、紅葉八幡宮本殿で出立のお祓いを受けた御神輿とそれに付き従う紅《くれない》太鼓（大太鼓、小太鼓、笛の鳴り物）が樋井川沿いの記念病院の駐車場に設えた御旅所―遷宮前はここも紅葉神社の境内でした―を目指して、五つの商店街を練り歩きます。神輿を担ぐのは西南学院大学の学生や高取小学校、西新小学校の「おやじの会」の面々。

平山晶生《あきお》宮司は勝鷹水神の小さな社殿の前で出迎えて祝詞を上げ、祭り進行の無事とサザエさん商店街通りをはじめこのまちの繁栄を祈願されます。早良区長、小学校校長、公民館館長、商店街会長など各界の代表者は、社殿の前で神妙に頭を垂れてお祓いを受けます。平山宮司にお話をうかがいました。

神輿の先導をする紅太鼓

神輿を担ぐ青年たち。後ろに獅子頭がつづく

勝鷹水神に大麻を捧げる平山宮司

祈願とお祭り

紅葉八幡宮の例大祭は十月十一日、元々は旧暦の九月九日の重陽の節句でしたが、黒田のお殿様に「菊の節句の頃は家来たちも何かと忙しいから十一日にしなさい」と言われてこの日になりました。黒田家ゆかりの神社です。

その日は「登城御免」（休日）、藩主や奥方、藩士が揃って参拝、玉串を奉納して、境内では流鏑馬《やぶさめ》や猿楽、相撲などが奉納され、この日ばかりは庶民もともに祭りを楽しんだようです。その頃の紅葉八幡宮は、三代藩主黒田光之公から寄進された百道松原の一画に、三万二千坪の境内がありました。

明治になっても、人々は紅葉八幡宮のお祭りを楽しみにしていたようで、その様子が「西新　創立百周年記念誌」に描かれています（四八ページ）。

お祭りは例大祭に限りません。月次祭《つきなみさい》といって毎月十一日には祝詞を上げて祈願されます。初詣や節分厄除け、夏大祭茅の輪くぐり、獅子祭り、元寇祭、七五三、紅葉祭り等など毎月のように行事が執り行われます。

紅葉八幡宮の祭神は神功皇后（息長帯比売命《おきながたらしひめ》）、應神天皇（誉田別命《ほんだわけのみこと》、八幡大神）、菟道稚郎子命《うじのわきのいらつこのみこと》等十二柱の御祭神がおられ、ご神徳は安産、子守り、厄除け・災難除け、縁結び、開運出世などがあり、御祈願に訪れる人が後を絶ちません。

そして日供《にっく》、紅葉八幡宮では毎朝、社殿で「このまちが繁栄しますように。氏子はじめ崇敬者に病気や怪我ありませんように。四方の波をたたむように平和でありますように」と祈願されます。「四方の波をたたむように」とは穏やかで、争いや戦争がないようにという意味、平山さんが宮司を務める西新にある神社は元寇神社、中西宮地獄神社、杉山神社があり、それぞれ初午の日、戎さんの日、夏祭りなど、お祓いし祈願されます。

百道浜小学校で今年も夏祭りがありましたが、そこで子どもたちが担いだ小さな手製の御神輿も平山宮司がお祓いをされて「しばらくの間、ここにお降りください」と祝詞を上げられるのだそうです。

その百道浜は埋め立て地なので寺社仏閣はなく、神も仏もない……と思っていましたが、今、百道浜に末社、遥拝所を造ろうという話もあるそうです。

紅葉山の上にあった貯水槽のこと

平山宮司は高取のご出身、高取小学校に通い、子どもの頃は神社の境内や裏の紅葉山が遊び場でした。「昔の紅葉八幡宮はちょっと薄暗い感じで、怖いような……」と失礼な問いかけに、「そう、僕たちも肝試しをしていましたよ」と笑う宮司さんは飄々として洒脱な方ですが、学識によって神社本庁から与えられる神職の階位が上から浄階・明階・正階・権正階・直階とある中で、明階の資格をもっておられ、紅葉八幡宮に関することに限らず知識は幅広く豊か、このまちの歴史もよくご存じです。

昔、紅葉山の上に昔、セメントで固めたプールのようなものがあったのを覚えている人は多いと思います。二十年程前まで展望台があったところです。「落ちたら猫も上がって来れんくらいの深さがあった」それは貯水槽で、簡易水道の水をそこに貯め、高さを利用して近隣に給水していたそうです。百道や高取一帯は浅く掘れば真水が出ましたが、少し深く掘ると塩水でした。地下鉄敷設でその真水が枯れて近隣の家々にあった浅い井戸が使えなくなったときは、先代宮司が井戸の水神上げに何軒も回られました。

今、紅葉八幡宮の井戸は六〇メートルの深さから真水を汲み上げています。

平山宮司のアイデア

平山宮司は、地域の人たちが訪れるお宮にしたいといろいろなアイデアを実現してこられました。

神輿の先導を務めた「紅太鼓」もその一つ、平山宮司の「子どもが集まるお宮にしたい」という思いから生まれた和太鼓のパフォーマンス集団。平成二十五年（2013）に結成され、紅葉八幡宮を拠点とし小学生から大学生までが参加し、現在は他の地域のお祭りに参加したり、老人施設を訪問したり、演奏会を開いたりと活躍しています。

福岡市の登録無形文化財の獅子祭りは、享保の大飢饉のとき、藩主が人々が安穏を願って祈禱させたことによるともいわれます。

猛暑のなか、青年が赤と青の獅子頭を担ぎ、家々を回ってお祓いをする「祓い獅子」は子ども神輿の行列とともに紅葉八幡宮の重要なお祭りで、「おしし」の睨みが厄を避けてくれます。昔から周辺各地域で催されていた「祓い獅子」が廃れていくのを惜しんで、平山宮司が祭りを復興されたもので、たくさんの人が参加し、沿道からの気負い水に歓声が上がります。

商店街の店のどこにも飾られている凧、ユーモラスな干支の絵は博多の絵師・金太夫さんの作。これも宮司のアイデアです。初詣のとき社務所で授与される凧、「凧は運気が上がるというんですよ。ポスターなどと違って破り捨てられることもないでしょ（笑）」。

最後にニコニコと見せてくださった日本初の「御朱印AR」。携帯電話でQRコードを読み込んでアプリを起動、御朱印に画面をかざすと宮司の気合の入ったお祓いとともに、神功皇后等四柱が現れ、それぞれの由緒を知ることができます。紅葉神社の境内がポケモンGOのフィールドになって日夜構わず訪れるトレーナーに困ったことから着想を得られたそうです。

「神社はその土地の人の誇りですから、決して粗末に扱われてはいけません。転勤族が多いまちです。この土地を離れた人が何年も後になって戻ってきて、まちはすっかり変わってしまったけれど、ここにくれば以前と変わらぬ景色があると思えるところ」「神社は人々のよりどころです」とおっしゃる平山宮司。

真夏の炎天下に社殿に手を合わせる人がいます。夕方、社務所が閉まってからも、石段を一段一段上ってくる年配の男性、それを追い越して社殿に向かう若い女性、本殿で手を合わせた後、境内の末社一社一社に額ずく人……境内には人影が絶えません。

鎮守の神様は、今を生きる私たちのまちを土台から支えておられます。

御朱印ARのQRコード
アプリの指示に従って、
御朱印の上にかざすと…

子ども神輿の出御

そして、令和の時代

2019　二〇一五年に閉館した西新エルモールプラリバの跡地に地上四階地下二階の商業施設ＰＲＡＬＩＶＡが開業。地上四〇階地下二階の高層住宅ブリリアタワー西新との複合施設となる。

同年　紅葉八幡宮の獅子祭りが福岡市の登録無形民俗文化財に指定される。

同年　ラグビー・ワールドカップ（Ｗ杯）日本大会で、日本代表が初の８強入りを果たす。福岡高校出身の福岡堅樹の活躍に湧いた。

2020　（令和二年）一月、国内で新型コロナ感染者が確認。福岡市も感染拡大し、県は四月七日に国の緊急事態宣言発令対象県となる。

同年　西新商店街連合会加盟店を対象に「新型コロナウイルス支援策臨時相談窓口」を開設。

同年　新型コロナ対策として、市内の公立小中学校を対象にオンライン授業が始まる。

同年　福岡ソフトバンクホークスが四年連続日本一を達成する。

2021　（三年）大正十一年（1922）四月一日、西新町が福岡市に編入して百周年を迎えることを祝して、「西新町一〇〇年記念事業」を起こし関係者が集う記念会、及び「西新町百年のあゆみ」を発行する。

同年　福岡市がコロナ対策に緊急事態措置期間（五月十二日～六月二十日）、まん延防止等重点措置期間（六月二十一日～七月十一日）を設ける。

同年　コロナ蔓延のために延期された第三十二回東京オリンピックが開催。

2023　（五年）西新小学校が創立一五〇周年を迎え、記念式典（十二月二日）に長谷川町子美術館の川口淳二館長を迎え、サザエさんと西新町のつながりなど話をしてもらう。

2024　（六年）五月、地行浜及び百道浜でドローンやレーザー、３Ｄサウンドなどとコラボした花火大会（STAR ISLAND FUKUOKA2024）が開催。

同年　十月二十日、元寇神社で元寇祭が執り行われた後、「元寇七五〇年プロジェクト」の一環として、紅葉八幡宮で「平和への祈り」が行われる。

PRALIVAとブリリアタワー西新

（左）西新町福岡市制編入100年を記念して発行された記念誌「西新町百年のあゆみ」
（右）記念して作られた博多人形のサザエさん

ソフトバンクホークス４年連続優勝　日本一

紅葉八幡宮の神前で読経する僧侶。左はモンゴルの寺院から来日された僧侶たち

資料提供サイト・参考文献ほか協力いただいた皆様、関係機関

画像、地図、文献など資料提供、参考にしたサイト〈順不同〉

- 西南学院　https://www.seinan-gakuin.jp
- 修猷館　https://shuyu.fku.ed.jp
- 西南学院高等学校・中学校　https://hs.seinan.ed.jp
- 西南学院大学　https://www.seinan-gu.ac.jp
- 九州歴史資料館　https://kyureki.jp
- 福岡県立図書館　ふくおかデジタルライブラリ
  https://adeac.jp/fukuoka-pref-lib/top/
- 九州大学附属図書館
  https://catalog.lib.kyushu-u.ac.jp/ja
- 九州大学総合研究博物館　https://www.museum.kyushu-u.ac.jp
- 文化遺産オンライン　https://bunka.nii.ac.jp/heritages/
- 福岡市博物館　https://museum.city.fukuoka.jp
- 福岡市埋蔵文化センター
  https://bunkazai.city.fukuoka.lg.jp/maibun/
- 福岡市文化財　https://bunkazai.city.fukuoka.lg.jp
- 福岡市総合図書館　https://toshokan.city.fukuoka.lg.jp
- 早良区総務部地域支援課「早良区お宝写真今昔　いーね！」
- 伊都国歴史博物館　糸島市　https://www.city.itoshima.lg.jp
- 紅葉八幡宮　https://momijihachimangu.or.jp
- 中村学園大学・中村学園短期大学　https://www.nakamura-u.ac.jp
- 西日本新聞フォトライブラリー
  https://c.nishinippon.co.jp/photolibrary
- 高取焼味楽窯　https://takatoriyaki.jp
- 西新中央商店街　https://nishijin-fukuoka.com/
- 高取商店街　http://i-taka.net/
- NMRのページ　中村　博　http://ramonyan.ec-site.jp
- kotoniブログ　魚田　建博
  http://737pic.cocolog-nifty.com/kotoni/
- 肉の勉強屋　https://benkyoya.jp/
- 綿屋文庫前原宿研究所　有田和樹　https://karatsukaido.jugem.jp
- 株式会社てんぐ屋産業　https://www.tenguya-group.com
- 風じゃー　片山　文博　https://whosanf.exblog.jp
- 博多ラーメンしばらく　https://shibaraku-honten.com

他多数

寄稿していただいた方、お話を聞かせていただいた方、
写真を提供していただいた方、その他ご協力いただいた皆様
〈50音順　敬称略〉

有田　和樹／魚田　建博／大森　光洋（百道浜校区自治協議会会長）
片岡　洋子（肉の勉強屋）／桂　仁徳（修猷館高校卒業生）
亀井　味楽（高取焼味楽窯十五代）／栗林　美樹（石橋商店）
久我　隆雄（西新白寿連合会会長）
高井　誠（高取食品代表取締役）／高井嘉代彦（高取食品前代表取締役）
高田　伸夫（まさいち店主）／高杢　修平（高杢材木店会長）
鳥巣　勲（西新発展協議会会長）／鶴原創一郎
中村　博／中村　博輔
中村　好宏（エスポアナカムラ代表）
波多江伸子／原　完治／日高　和子（上野商店）／藤本　光博
平山　晶生（紅葉八幡宮宮司）／古野　南斗
松藤　裕太／満生　美保
吉武　勝美（高取校区自治協議会会長）／吉武　豊眞（極楽寺住職）
吉武　朋彦（極楽寺副住職）／吉村　修一／吉村　雄二／吉安　寅彦

他多数

主な参考文献、サイト（本文中の引用書籍は外す）

- 「西新　作り始めて350年」
- 「西新　創立百周年記念誌」
- 「百人家族」福岡県立百道松風園
- 「開設40周年記念誌」西南学院高等学校
- 「修猷館高校ラグビー部80周年記念誌」修猷館高等学校
- 「修猷館ヨット部五十周年記念誌」修猷館高等学校
- 『福岡市史』
- 『早良郡志』
- 『福岡県の百年』福岡県
- 『福岡県史』
- 「ゼンリン住宅地図」
- 『シーサイドももち』福岡市史ブックレットシリーズ②
- 『蒙古襲来絵詞展』熊本県立美術館
- 『「蒙古襲来絵詞」を読む』大倉隆二　海鳥社
- 『鉄輪の軌跡　いとしま周辺の鉄道111年』糸島市伊都国歴史博物館
- 『唐津街道　豊前筑前福岡路』図書出版のぶ工房
- 早良逍遥マップ記
  歩いて歴史を訪ね、未来に繋ぐ　内山　敏典
  http://www.ip.kyusan-u.ac.jp/J/uchiyama/sawaramap.pdf
- 続・早良逍遥マップ記
  鉄道跡を歩いて、未来に繋ぐ　内山　敏典
  http://www.ut.saloon.jp/zokusawaramapq.pdf
- 福岡大学機関リポジトリ
  https://fukuoka-u.repo.nii.ac.jp

他多数

ありがとうございました。

西新町クロニクル　百道砂丘から生まれたまち
2024年11月15日発行
2025年4月25日　第2刷　発行
山崎　剛　著　古野たづ子　編著

発行　図書出版　木星舎
福岡市早良区西新7丁目1-58-207
tel 092-833-7140 fax 092-833-7141　e-mail info@mokuseisya.com
http://mokuseisya.com
ISBN978-4-909317-38-4　C0021